AF316494

Exposition de 1834,

SUR LA PLACE DE LA CONCORDE.

NOTICE

DES PRODUITS

DE L'INDUSTRIE FRANÇAISE,

PRÉCÉDÉE

D'un Historique des expositions antérieures et d'un Coup d'œil
général sur l'Exposition actuelle.

(Ouvrage dédié au commerce.)

PARIS,

ÉVERAT, IMPRIMEUR, RUE DU CADRAN, N° 16.

—

1834.

TABLE DES NOTICES SUPPLÉMENTAIRES.

Nota. Jusqu'à la page 260 de cet ouvrage, les exposans sont classés par numéros d'ordre du Catalogue officiel, et dès lors le lecteur peut facilement les trouver; mais, à partir de la page 261, les numéros ne se suivent plus, parce que toute cette dernière partie de l'ouvrage se compose des Notices qui n'ont été fournies qu'après le 1er mai, jour de sa publication, et que par ce motif nous appelons *Notices supplémentaires*. Pour faciliter les recherches du lecteur, nous donnons ici une table dans laquelle il trouvera 1° les numéros d'ordre des exposans, à partir de la page 261 de l'ouvrage; 2° le numéro de la page de l'ouvrage où est la Notice.

Numéros.	Pages.	Numéros.	Pages.	Numéros.	Pages.	Numéros.	Pages.
146	274	831	266	1088	262	1431	273
318	270	856	263	1130	262	1446	265
328	262	873	274	1143	273	1582	275
434	264	961	269	1155	266	1699	272
677	276	1040	261	1234	268	1899	264
805	271	1041	268	1273	268	1939	270
824	273						

AVIS DES EDITEURS AUX EXPOSANS.

Nos mesures sont prises pour que la *Notice des produits de l'industrie française* se continue pendant toute la durée de l'exposition , par séries successives de 500 exemplaires. Nous engageons donc ceux de Messieurs les exposans qui ne se trouvent pas dans cette première série, à faire parvenir le plus tôt possible leur notice au bureau, rue de l'Arcade-Colbert, n° 2 , et elle sera comprise dans toutes les séries suivantes, sans retrancher pour cela aucune des notices actuelles. Malgré cet accroissement continuel du volume, qui dès le premier jour de l'exposition forme déjà dix-huit feuilles in-8°, le prix restera constamment le même.

Nous n'avons plus besoin d'insister sur les avantages que doit procurer à MM. les exposans l'immense publicité de cet ouvrage, le seul jusqu'à présent qui ait été conçu sur un pareil plan et combiné d'une manière à la fois si favorable et pour le commerce et pour le public. Nous les avons suffisamment expliqués dans notre Prospectus, et le succès de nos premières démarches prouve que nous avons été compris.

S'adresser au bureau de la *Notice des produits de l'industrie française* , rue de l'Arcade-Colbert, n° 2, près de la rue Vivienne.

[illegible]

HISTORIQUE

DES PRÉCÉDENTES EXPOSITIONS.

(Extrait du journal l'*Impartial*.)

Il y a trente-cinq ans que M. François, de Neufchâteau, dont le ministère a laissé d'heureux souvenirs dans nos annales industrielles et administratives, établit les expositions des produits de l'industrie. L'idée première de cette exhibition date d'une fête ordonnée en 1797 pour célébrer l'anniversaire de l'établissement de la république. Une disposition sans importance, placée dans un programme que vingt-quatre heures devaient jeter dans l'oubli, fut recueillie par un homme dont les vues avaient de l'avenir, et la France fut dotée d'un usage qui a été fertile en heureux résultats.

Il y a eu sept expositions jusqu'à ce jour ; c'est une pour cinq années ; mais comme elles n'ont pas eu lieu à des époques régulièrement périodiques, on a eu quelquefois deux expositions en deux ans, puis on a été dix années sans en avoir une seule.

La première exposition est du 19 septembre 1789 ; elle eut lieu au Champ-de-Mars et dura trois jours. M. François, de Neufchâteau était ministre, et ce fut Chaptal qui fit le rapport du jury. Elle fut peu brillante, car les industriels n'avaient pas été prévenus long-temps à l'avance, et beaucoup d'entre eux n'appréciaient pas encore tous les avantages qui pouvaient en résulter.

Chaptal, devenu ministre, essaya de rendre les expositions annuelles ; mais il dut bientôt renoncer à ce plan. Néanmoins deux expositions se succédèrent rapidement ; l'une et l'autre (19 septembre 1801 et 18 septembre 1802) eurent lieu dans la cour du Louvre ; la première dura six jours, la seconde une semaine ; ce fut M. Costaz qui fit les rapports au nom du jury.

En 1806, à l'époque la plus brillante de l'empire, un an après Austerlitz, et au moment où nos armées moissonnaient les lauriers d'Iéna, M. de Champagny, ministre de l'intérieur, fit faire une brillante exposition des produits de l'industrie sur l'esplanade des Invalides. Nos manufactures commençaient déjà à souffrir de la rupture de la paix d'Amiens et du blocus continental; mais l'élan était donné à l'industrie, et rien ne devait l'arrêter dans sa marche progressive.

La création de l'empire et ses hautes dignités avaient rendu au luxe toute sa splendeur; aussi le talent des fabricans avait été vivement stimulé. On admira donc les chefs-d'œuvre de notre orfévrerie, ce fut une époque de gloire pour les Odiot et les Biennais. Les produits de l'industrie lyonnaise furent nombreux et magnifiques, et l'on eut beaucoup d'éloges à donner à nos fabricans d'ébénisterie, qui se livrèrent à de longs travaux et à beaucoup d'essais pour faire rivaliser les bois indigènes avec le riche acajou. L'art de tisser le coton s'avançait rapidement vers le haut dégré qu'il occupe dans l'échelle industrielle; le tissage fut l'objet de nombreuses récompenses : et les basins, les coutils, les calicots, atteignirent une perfection qu'on regardait comme impossible quelques années plus tôt. L'impression de toiles peintes, qui jusqu'alors avait été en quelque sorte le secret de MM. Oberkampf, de Jouy, venait de s'établir avec éclat dans l'est de la France : des médailles d'or vinrent récompenser les travaux de MM. Dolfus-Mieg et Haussman, qui virent quelques années plus tard MM. Gros-Davillier et Roman, et Nicolas Kœklin, s'associer à leurs succès. Les fers, jusqu'alors trop négligés, commençaient enfin à être mieux travaillés. De l'exposition de 1806 date l'ère qui aura affranchi la France du tribut qu'elle payait à l'étranger pour les aciers, les faulx, les limes. Enfin, les arts chimiques étonnèrent par leurs progrès aussi bien que la fabrication de la haute horlogerie et des instrumens de précision.

Il serait trop long de citer toutes les industries qui se distinguèrent à cette époque; mais nous devons mentionner surtout les toiles, les casimirs, la ganterie, les couvertures et les nankins de Rouen, qui remplacèrent les nankins des Indes que l'Angleterre nous refusait.

La gloire de nos armées fit ensuite oublier l'industrie : pendant douze années la France fut privée d'expositions. Cependant rendons justice au monarque qui régnait alors, il veillait avec sollicitude aux progrès de l'industrie; et c'est sur les champs de batailles qu'il venait d'illustrer qu'il signa plusieurs décrets d'encouragement. On n'a pas oublié sans doute les primes et les récompenses données aux hommes qui s'occupaient du suc de betteraves et du pastel, le million promis à l'inventeur d'une machine à filer le lin; les essais pour l'amélioration des laines, etc., etc.

En 1819, un ministre eut l'heureuse idée de rétablir le retour périodique des expositions des produits de nos manufactures; Louis XVIII ordonna « qu'il y aurait une exposition publique des » produits de l'industrie française à des époques qui seraient dé-» terminées, et dont les intervalles n'excéderaient pas quatre » années. »

La plus prochaine exposition fut fixée au mois d'août 1819. La suivante devait avoir lieu en 1821. L'ordonnance contenait une disposition assez sage qui, sans doute, aura été exécutée; elle voulait qu'un échantillon de chacune des productions admises fût déposé au Conservatoire des arts et métiers, avec une inscription particulières qui rappellerait le nom du manufacturier ou du fabricant qui en serait l'auteur. On parviendra ainsi à former pour l'industrie des archives précieuses, qui permettront de suivre les progrès, de signaler les époques stationnaires ou rétrogrades, et l'on établira une surveillance dont le resultat sera de rendre difficiles, impossibles même, ces momens de décadence qui succèdent quelquefois aux époques les plus brillantes.

L'exposition de 1819 eut lieu dans le Louvre; elle dura trente-sept jours; plus belle encore par ses résultats que par le magnifique spectacle qu'elle présenta, elle prouva qu'un mouvement général de perfectionnement s'opérait avec une rapidité presque miraculeuse dans toutes les parties de notre industrie. Au surplus, laissons parler nos rivaux : c'est à eux que nous abandonnons le soin de faire l'éloge de l'exposition de 1819 : voici ce qu'on lit dans un journal anglais de cette époque :

« Imaginez vingt-huit salles du plus magnifique palais de l'Eu-» rope, remplies de tout ce que peuvent perfectionner le goût et » le luxe, de tout ce que le génie peut créer, de tout ce que le » talent peut exécuter. C'est un véritable triomphe pour la » France, triomphe plus glorieux que tous ceux qu'elle a jamais » obtenus. Dans ce pays, les arts marchent à pas de géant vers » la perfection. Des manufactures, encore dans l'enfance il y a » cinq ans, sont déjà parvenues au plus haut point de développe-» ment; d'autres à peines connues l'année précédente, appellent » aujourd'hui les regards et l'attention publics. Dans les arts » d'agrément, les Français ont toujours occupé le premier rang » parmi les nations industrieuses; les voilà pour le moins au se-» cond dans les produits des choses usuelles. »

L'ordonnance de 1819 avait statué qu'il y aurait une exposition en 1821; mais, sur les réclamations des manufacturiers, elle fut ajournée à 1823, et s'ouvrit le 25 août dans le palais du Louvre : sa durée fut de cinquante jours.

Soixante-treize départemens envoyèrent leurs produits industriels, et cette exposition surpassa toutes celles qui l'avaient précédée, tant par le nombre que par l'importance des objets qu'elle soumit à l'examen du public. On avait craint un instant qu'une exposition succédant si promptement à une autre eût peu de progrès à signaler; mais, comme le dit le rapport du jury, depuis 1819 une certaine communauté de lumières s'était établie entre les industriels par la comparaison qu'ils avaient réciproquement faite de leurs procédés et de leurs produits, et il en était résulté plus d'améliorations, plus de découvertes qu'il ne s'en fait ordinairement dans un quart de siècle.

En 1819, on avait distribué, outre des médailles, des croix d'honneur et des titres de noblesse; le ridicule avait attaqué ces derniers, et on n'osa pas, en 1823, les replacer au nombre des récompenses; mais peut-être fut-on prodigue de médailles, de citations, de mentions honorables, car leur nombre s'éleva à près de 1200. Des récompenses prodiguées perdent beaucoup de leur prix; aussi pensa-t-on que la politique pouvait être pour quelque chose dans cette prodigalité : le gouvernement voyait sa popularité diminuer de jour en jour, et il essayait de se rattacher une classe de citoyens dont il commençait à apprécier l'influence et l'utilité.

L'exposition de 1827 eut à peu près le même éclat que celle de 1823; comme les précédentes elle eut lieu au Louvre. Nous ferons remarquer que son caractère distinctif fut une certaine aristocratie industrielle qui était dans l'esprit du gouvernement d'alors, et qui devait nuire au progrès. La majorité des objets exposés avait été fabriquée pour le luxe; on oubliait que le peuple offrait le plus grand nombre de consommateurs, et les produits à son usage furent moins nombreux qu'en 1819 et 1823.

On commençait à s'éloigner de ces principes que nous retrouvons dans les circulaires de M. Decazes aux préfets, principes qu'ils ne faut jamais perdre de vue :

« Rappelez au jury, écrivait ce ministre, qu'il ne doit pas re-
» jeter les produits grossiers lorsqu'ils sont à bas prix et d'un usage
» général ;...... il faut aussi qu'il excite le zèle et l'émulation de
» tous les manufacturiers et fabricans, pour qu'ils donnent à leurs
» produits tous les degrés de perfection dont ils seront suscepti-
» bles, sans oublier que c'est moins un produit très-soigné et fa-
» briqué à grands frais qu'un bel échantillon d'une fabrication or-

» dinaire qu'il faut présenter à l'exposition.... Il faut surtout
» exciter le zèle des artistes qui travaillent au bien-être de la classe
» indigente. »

La révolution de juillet est arrivée au moment où l'on songeait
à une nouvelle exposition. Le gouvernement, appréciateur des
maux que les commotions populaires de la fin de 1830 firent souffrir à l'industrie, ajourna l'époque où nos manufacturiers seraient
appelés à faire apprécier les résultats de leur travaux. Aujourd'hui
que la prospérité commence à réparer toutes les pertes, un appel
a été fait à l'industrie, et l'industrie y a répondu de manière à
prouver que ses souffrances momentanées n'ont pu ralentir ses
progrès.

[illegible] taux d'intérêt [illegible] l'exposition [illegible] Il faut [illegible]
[illegible] de l'État [illegible] se répartiront [illegible] de la class[illegible]
[illegible]

La [illegible] de billets [illegible] est [illegible] que [illegible] ou [illegible] de la monnaie [illegible]
[illegible] rapport [illegible] De [illegible] ne [illegible] qu'une [illegible] administrateur [illegible]
[illegible]

[illegible]

COUP D'ŒIL GÉNÉRAL

SUR L'EXPOSITION DE 1834.

La superficie des quatre salles destinées à l'exposition de cette année excède d'un tiers au moins celle que présentaient les constructions de la cour du Louvre, et les salles du rez-de-chaussée de ce bâtiment, qu'on avait affectées à l'exposition de 1827. L'administration a pensé qu'après une interruption de sept années le retour de cette solennité industrielle provoquerait un concours plus considérable d'exposans. Aussi bien, dans ce long intervalle, de nouvelles manufactures ont été fondées, des procédés nouveaux se sont fait jour, des méthodes de fabrication, jusqu'alors inconnues, ont été inventées ou importées; enfin, les fabricans et les artistes déjà connus ont perfectionné leur travail. Le catalogue de l'exposition de 1827 ne contenait que 1795 exposans; celui de 1834 en contient plus de 2400.

L'industrie parisienne brille, sans contredit, au premier rang parmi toutes les industries. Aussi, croyons-nous devoir commencer, par une revue générale de ses produits, l'examen détaillé de l'exposition. Quelques articles supérieurs attirent avant tous les autres l'attention publique; en première ligne nous devons placer les châles qui se sont élevés cette année à un degré de perfection inconnu jusqu'ici. (Voir la *salle n.* 3, à gauche en sortant du jardin des Tuileries).

On a fait des progrès dans la finesse du tissu, la richesse des dessins, l'éclat des couleurs, le découpage et la grandeur des châles. Tel châle qui coûtait 500 fr. en 1829 pourra être livré cette année pour moins de 300. Ces progrès sont dûs à l'introduction en fraude d'une grande quantité de châles de l'Inde, qui ont pu être imités, et sur le modèle desquels la fabrication a dû se guider. C'est une preuve entre mille autres de ce que gagnerait la France à la liberté du commerce, réclamée depuis si long-temps et avec tant de raison par les économistes éclairés de tous les pays.

x

Dix-huit ou vingt exposans (1) représentent jourd'hui cette magnifique industrie, qui n'a point de rivale en Europe. Toutefois nous devons dire, pour ce qui concerne les châles de l'Inde, que jusqu'ici nos fabricans ne les ont parfaitement imités qu'au *lancé* et non point à l'*espoulinage*. La manière européenne au lancé consiste à passer un fil de trame tout entier, pour obtenir souvent un seul point coloré à l'*endroit;* tout le reste doit être coupé à l'*envers.* L'espoulinage a pour résultat de donner une plus grande solidité, c'est-à-dire une plus grande durée aux châles, en fixant chaque couleur par un nœud de tissage particulier, au moyen d'un petit fuseau appelé *espoulin,* qui circule avec la plus grande facilité entre les divers fils de la chaîne. Les châles ainsi travaillés ne peuvent pas se *défaire*, et cette circonstance leur donne un prix très-élevé. Ils ne sont pas plus agréables à la vue, encore moins au toucher, et cependant ils

---

(1) Il est en outre des maisons qui, sans exposer, méritent une mention honorable à cause des efforts qu'elles font pour répandre sur la surface du globe les produits de l'industrie française. C'est par les relations étendues que s'opèrent ces prodigieux écoulemens des marchandises qui vont inonder les marchés de l'Europe et qui alimentent sans cesse les fabriques françaises.

En tête de ces maisons importantes marche celle de M. Gagelin, rue Richelieu, n° 93; là se trouvent réunis les plus riches étoffes de Lyon; les blondes de Caen et de Chantilly, les châles français des meilleures fabriques, et notamment de celle si renommée de M. Deneirouse, successeur de Lagorce, les tissus si distingués d'Amiens et de Reims, et cette inépuisable variété de fantaisies qui naissent et meurent tous les jours, et que la fabrique de Paris ne cesse d'imaginer et de produire pour nos élégantes.

A cette occasion, le public nous saura gré de le prévenir qu'une exposition particulière aura lieu dès le 1er mai, dans les salles du *Bonhomme Richard,* ainsi que dans les anciens appartemens de M. Ternaux, place des Victoires, et qu'on y verra non-seulement les draps et autres produits des successeurs de M. Ternaux (MM. Descous et Bournhonet), mais encore une magnifique collection de châles français.

sont préférés, peut-être parce qu'ils viennent de l'Inde, et qu'on leur attribue un mérite exagéré. Il y en a de fort bien imités à l'exposition ; mais ils sont presque tous carrés, et ne coûtent pas moins de 12 à 1,500 fr., circonstance qui dépend presque uniquement du haut prix de la main-d'œuvre, quoique les petites filles employées à ce travail fastidieux ne reçoivent que douze à quinze sous par jour ; mais dans l'Inde elles se contentent de quinze centimes.

Après les châles, ce qui attire le plus l'attention, ce sont les tapis. (Voir la *salle n.* 4, à droite en sortant du jardin des Tuileries.) Qu'y a-t-il réellement de plus beau que les tapis de M. Sallandrouze? Ce jeune industriel a fait construire un pavillon pour les exposer. Il ne fallait rien moins en effet pour étaler un seul de ces tapis, qui a près de 80 pieds de long sur 40 de large. M. Sallandrouze a imité avec un rare bonheur les tapis orientaux et les moquettes anglaises ; et quelques-uns de ses confrères ont reproduit avec une fidélité remarquable les dessins de plusieurs tapis de Perse et de Turquie, réputés fort curieux pour l'originalité des dessins et pour la vivacité des couleurs. Nous ne reprocherons à cette grande industrie qu'un seul tort, c'est de n'avoir pas encore trouvé le moyen d'abaisser le prix de ses produits pour le mettre à la portée des fortunes médiocres. Nous savons tout ce que le droit malencontreux de 53 p. 100 qui pèse sur les laines peut avoir d'influence sur cette élévation de prix ; mais nous aurions espéré que les progrès de la fabrication auraient permis d'en atténuer les conséquences.

Nous ne mentionnerons ici que pour mémoire les tapis de peaux de chats qui figurent à l'exposition, véritables greniers à puces comme disait un plaisant, et qui n'ont d'autre mérite que l'assemblage plus ou moins ingénieux d'une centaine de peaux assorties. Il suffit de dire que le plus grand de ces tapis, qui ne présente pas plus de vingt pieds de long, est du prix de *dix mille francs !* Combien faut-il fabriquer ou acheter de chefs-d'œuvre de ce genre pour se ruiner?

Les pianos qui, au nombre d'environ 130, figurent à l'exposition (salle n. 4), sont généralement remarquables par une foule de modifications ou de perfectionnemens nouveaux. Ils ont beaucoup gagné sous le rapport des formes, du son, de l'étendue, de la solidité. Nous sommes aujourd'hui en état de rivaliser avec les Anglais, et nous ne croyons pas que Broadwood et Clémenti

de Londres puissent offrir des instrumens supérieurs à ceux
d'Érhard, de Pleyel, de Pape, et de nos principaux facteurs. Les
harpes laissent encore à désirer. C'est un bel instrument que
la harpe ; mais nous croyons qu'il est encore susceptible de beaucoup d'améliorations, et que ses imperfections tiennent peut-
être à ce que nos jeunes virtuoses font un usage plus général du
piano, qui a l'avantage de se désaccorder moins fréquemment et
de fatiguer très-peu l'exécutant. En somme, les instrumens de
musique, pianos, harpes, clarinettes, flûtes (1) et bassons ont par-
ticipé au mouvement progressif de l'industrie. Les cors et les
trompettes se sont armés de plusieurs clés, qui rendent les sons
plus doux, plus variés et plus justes. Quelques diaboliques trom-
bonnes ont aussi apparu, et même quelques *serpens* d'église,
dont l'harmonie infernale semble plutôt du ressort des charivaris
que des hymnes religieux.

La lustrerie s'est élevée au rang des beaux-arts. Ce ne sont plus
seulement les lampistes qui peuvent juger aujourd'hui du mérite
des lampes, ce sont les sculpteurs, les dessinateurs, les artistes les
plus habiles. Le luxe des candélabres a gagné nos fortunes les
plus modestes ; les bronzes ornent toutes les cheminées, sont
suspendus dans tous les salons, figurent dans toutes les fêtes.
M. ~~Denière~~ a dépensé, dit-on, cent mille francs pour représenter
dignement cette industrie à l'exposition et il a produit le chef-
d'œuvre du genre. Tout le monde admirera ce temple soutenu par
des colonnes de malachite qui supportent un dôme surmonté de
l'aigle russe à deux têtes, ~~magnifique présent du comte Démidoff
à l'empereur de Russie.~~ (Voir la *salle n.* 4.) M. Delafontaine a
exposé des chapiteaux de colonne d'ordre ionien, des pendules,
des vases, des bustes admirables de goût, d'élégance et de simplicité.

Quant au mécanisme même des lampes, placée dans la *salle
n.* 4, nous n'essaierons point de décrire tous les essais plus ou
moins heureux qui ont été tentés. Il suffit de dire qu'on trouve
sept à huit systèmes plus ou moins nouveaux, et autant d'imitations
ou de plagiats d'inventions déjà connues ; mais le système de Carcel
sera long-temps encore préférable.

---

(1) On remarquera notamment parmi les notices celle relative aux flûtes perfectionnées par le fameux Tulou, qui est au
nombre des exposans.

Les meubles ont éprouvé peu de changemens. Les formes varient peu ; mais la nature des bois, leur couleur, leur disposition diffèrent sensiblement du système général de la dernière exposition. (Voir la *salle n. 4.*) On s'est moins servi de bois indigènes, soit qu'en effet ces bois jaunissent désagréablement avec le temps, soit qu'ils aient été plus chers, soit, ce qui est plus probable, que la mode ait atteint ce genre de fabrication jusqu'ici presque monumental, et l'ait condamné comme tout le reste aux révolutions quotidiennes du goût. Cependant le palissandre avec incrustations de couleur, les bois sombres, les bois vernis et même les imitations des laques chinoises paraissent avoir eu l'avantage. Quelques meubles tombent dans l'oubli. L'ignoble *secrétaire* aux formes lourdes, les *lavabos* en manière de trépieds sont généralement abandonnés. Les coupes des lits sont plus gracieuses. Quand donc nous redonnera-t-on ces belles formes de l'antiquité, si pures, si sveltes et en même temps si commodes? Nous l'espérons ; car, il faut l'avouer, le genre cathédrale est abandonné ; nous avons vu moins de fauteuils gothiques, moins de pendules en ogives, moins de canapés *moyen âge*. Le goût s'est épuré.

La reliure occupe un trop petit espace. (Voir la *salle n. 2,* du côté des Champs-Élysées.) Hélas! qui peut faire relier les livres qu'on imprime aujourd'hui ! On relie les livres pour les conserver. Ce n'est pas assurément pour conserver les mauvais romans dont nous sommes inondés depuis plusieurs années, qu'on pourrait faire les dépenses d'une reliure élégante. Le cartonnage a donc remplacé la reliure ; le cartonnage qui est à nos bibliothèques, ce que les constructions légères de nos villes sont à notre architecture. La typographie s'est fait représenter par quelques éditions compactes, par des livraisons à quatre sous, par des *Molières* énormes, des *Racines* monstrueux et des *Voltaires* ophtalmiques. La gravure des cartes nous semble avoir produit des objets bien dignes d'intérêt. M. Tardieu expose une carte du comté de Mayo en Irlande, sur une grande échelle, et qui mérite l'attention des connaisseurs. M. Langlois a présenté une belle carte de France. Un essai intéressant de gravure topographique à l'aqua tinta, représentant l'île de Ténériffe, permet d'espérer que désormais on pourra concilier la perfection des cartes avec le bon marché.

La belle industrie des stores transparens de MM. Atramblé et

Briot, a fait de nouveaux progrès. Il n'y a rien de plus gracieux que ces paysages éclairés par un jour direct et qui dissimulent la monotonie des fenêtres par des aspects charmans et des dessins du plus joli goût. Nous souhaitons beaucoup que l'usage s'en répande. Tout ce qui tend à embellir le foyer domestique contribue à l'amélioration des mœurs, et nous sommes encore fort loin sous ce rapport de l'élégance des habitations anglaises, hollandaises et allemandes. Quelques exposans ont envoyé des verres de couleur dont la disposition est agréable à la vue, mais dont l'usage est sujet à quelques inconvéniens, tels que la difficulté de les remplacer au besoin, sans parler de la physionomie sérieuse qu'ils donnent à certains appartemens. Malheureusement tous ces objets sont encore fort chers, et il est à craindre que leur consommation ne soit long-temps restreinte aux grandes fortunes qui ne suffisent pas toujours pour faire prospérer les grandes industries.

Les armes à feu brillent de tous côtés à l'exposition (voir la *salle n.* 4), et cette fois, du moins, les amateurs auront à choisir entre divers systèmes. Les plus habiles arquebusiers se sont ingéniés depuis quelque temps à perfectionner les armes à feu, de manière à permettre une plus grande quantité de tirés dans un temps donné, avec de moindres chances de ratés.

Sans parler des petits perfectionnemens qu'on a fait éprouver au fusil ordinaire, deux nouveaux systèmes se sont partagé l'attention publique et l'enthousiasme des amateurs; le système Robert et le système Lefaucheux. Ces deux systèmes ont un point de commun, c'est que le fusil se charge par la culasse; mais ils diffèrent pour tout le reste d'une manière assez notable pour être au moins indiquée.

Le fusil Robert n'a point de batterie apparente; les chiens sont contenus dans une espèce de platine mobile qu'on élève pour introduire dans le canon une cartouche garnie de son amorce, consistant en un petit tube plein de poudre fulminante. En rabattant la platine, le fusil se trouve prêt à partir. Ce fusil est extrêmement commode en ce sens qu'il est tout à la fois chargé, amorcé, armé, et à l'abri de la pluie. Nous renvoyons pour plus de détails à la notice, n° 681.

Le fusil Lefaucheux est on ne peut plus simple, sa batterie est extérieure comme dans le fusil ordinaire; seulement, au moyen d'une vis de pression, facile à lâcher et à resserrer, le canon s'ouvre par la culasse, fait bascule, et reçoit la cartouche, qu'il faut ensuite amorcer avec une capsule ordinaire pour l'enflammer. Le fusil Lefaucheux a l'avantage de pouvoir se charger à la baguette, et de se nettoyer avec la plus grande facilité. (Voir la notice, n° 668.)

M. Lepage a présenté une arme qui tient de ce système, avec quelques modifications; car il ne faudrait pas croire que ces nouveaux systêmes soient tout-à-fait sans inconvéniens, et nous savons que MM. Robert et Lefaucheux travaillent sans cesse à les perfectionner. Au reste, la lice est ouverte, et il y a lieu de penser que d'ici à peu de temps, il s'opérera de très-grands changemens dans la fabrication des armes à feu.

L'industrie des peaux préparées a pris un grand essor. (Salle n. 2) Nos maroquins sont généralement demandés aujourd'hui dans toute l'Europe, ainsi que nos gants, dont la supériorité s'accroît de jour en jour. Plusieurs fabricans de Paris ont exposé des gants cousus à la mécanique, qui nous ont paru parfaitement solides, et qui pourront être vendus à bon marché. Nous sommes persuadés que cet article est encore maintenu à un prix trop élevé, et qu'une excellente spéculation serait d'établir un dépôt où les consommateurs paieraient les gants à un taux raisonnable. La paire de gants glacés, bien cousus et de bonne qualité, ne revient pas au fabricant à plus de 75 c., et elle se vend depuis 2 fr. jusqu'à 5 fr. 50 c.

Quelques cordonniers ont exposé des bottes sans couture, et des souliers de femme d'un travail admirable.

Que dirons-nous du travail de l'écaille qui puisse donner une juste idée de la réalité? Des objets préparés avec cette matière première se multiplient avec une grande rapidité, depuis que nous en exportons dans les ci-devant colonies espagnoles de l'Amérique du sud. On voit à l'exposition des peignes gigantesques, travaillés à jour comme de la dentelle et très-curieux du moins sous ce rapport, s'ils ne le sont sous le rapport du goût. Quelques fabricans ont même essayé d'imiter ces peignes en teignant la corne de bœuf au moyen du nitrate d'argent et en appliquant un vernis de la même couleur sur la tôle de fer.

L'horlogerie (salle n. 4) et tous les instrumens de précision appartiennent plus spécialement à la ville de Paris qu'à aucune autre ville de France. Ces instrumens ne sont pas en très-grand nombre cette année, et nous avons même entendu dire que plusieurs pièces d'horlogerie avaient été importées de Genève, et quelques autres pièces, de Londres et de Liverpool. Le jury central constatera sans doute dans sa sagesse l'origine véritable de ces diverses pièces que certains mécontens attribuent par jalousie aux étrangers, comme si dans une ville qui a produit Bréguet, Perrelet, Leroy, Lepaute, Garnier, Jacob, Lerebours, et d'autres artistes justement célèbres, il n'était pas naturel de trouver des mécaniciens ou des opticiens du plus haut mérite.

La serrurerie a fait aussi des efforts dignes d'intérêt. (Voir la *salle n.* 1, en face du garde meuble, côté des Champs-Élysées.) Quelques fabricans sont parvenus à fermer d'énormes serrures avec de fort petites clés ; d'autres ont imaginé des cadenas ingénieux et des fermetures à toute épreuve. Peu à peu la tôle tend à se substituer au bois en tout ce qui concerne les portes, les fenêtres, les chassis exposés à une grande fatigue. Des lits en fer creux et en laiton, composés de quelques baguettes rentrant les unes dans les autres, ont permis de simplifier le coucher des militaires et de retrouver dans les camps les habitudes agréables des villes. Les principaux fabricans de machines de Paris exposent des appareils distillatoires et rectificateurs très-remarquables, des machines à vapeur à haute et à basse-pression, des bancs de filature à la continue, des presses mécaniques, des laminoires, des cylindres à calandrer, des pompes à feu et à irrigation, des moulins à huile, et en général tous·les grands appareils de l'industrie. C'est là surtout que se porteront les regards des hommes avides de constater les vrais progrès de la fabrication française. Combien cette galerie présentera de vides ! quelles que soient ses richesses, combien de mécaniques précieuses y manquent encore !

Les fabricans de papiers peints se sont particulièrement distingués (voir la *salle n.* 2). Quelques-uns ont exposé des dessins admirables, de véritables modèles qui semblent retouchés au pinceau et qui se font au rouleau comme les plus vils devans de cheminée. Ces exposans ont peut-être un peu trop suivi la manière de Boucher ; il y a trop d'oiseaux, trop d'arabesques, trop de mignardises dans quelques-uns de leurs papiers ; mais, en revanche, on ne saurait rien voir de plus vif et de plus brillant que leur coloris. Cet immense progrès est dû au perfectionnement que la chimie tinctoriale a éprouvés depuis dix ans, progrès tels que de vieilles couleurs, comme le bleu égyptien, ont été retrouvées, sans parler de celles qu'on a inventées et qu'on améliore chaque jour.

La lithographie a envoyé fort peu de chose, soit qu'il y ait un temps d'arrêt dans le développement de cette belle industrie, soit, ce qui est plus probable, parce qu'elle est assez avancée maintenant pour n'avoir plus besoin de se faire connaître aux expositions.

Le nombre des objets de fantaisie qui composent ce qu'on appelle les articles de Paris, et qui figurent dans la *salle n. 2*, consacrée aux *objets divers*, est pour ainsi dire incalculable. Coutellerie fine ou commune, orfévrerie de choix ou de pacotille, corsets, perruques, ombrelles, parapluies, bottes plus ou moins imperméables, parfums et pommades, cosmétiques de toute sorte, élixir pour la bouche, poudre pour l'estomac, plumes sans fin, clysoirs plus ou moins élastiques, colliers en perles d'étain, vaisselle de ferblanc, chapeaux de paille, de feutre ou de soie, nul ne saurait nombrer ces produits variés à l'infini, et dont la fabrication nourrit une foule d'ouvriers.

Deux cent mille parapluies à dix francs, fabriqués chaque année dans Paris, font un capital de deux millions. La seule ville de Grasse envoie dans le département de la Seine pour plus de huit millions d'objets de parfumerie, auxquels les Parisiens donnent la dernière main. Le jury de la Seine a refusé plusieurs centaines de corsets. La chapellerie de soie, qui a remplacé presque partout l'usage du feutre, occupe plusieurs milliers d'ouvriers. Il n'y a pas une seule de ces industries qui ne mérite dès lors un intérêt beaucoup plus grand qu'on ne le croirait au premier abord.

Il en est une surtout dont l'exploitation est peu connue, et sur laquelle nous allons offrir quelques détails, qui nous paraissent de nature à piquer la curiosité de nos lecteurs. L'admission des perruques a été quelques instans douteuse; le jury de la Seine hésitait à leur accorder les honneurs de l'exposition. Voici les motifs ou plutôt les faits qu'on a soumis à son examen, et qui ont vaincu ses scrupules.

Autrefois la récolte des cheveux ne se faisait que dans quelques parties de la Normandie et de l'Auvergne, et dans la Bretagne. Depuis quinze ans, ce commerce a pris tant d'extension, que les départemens des Côtes-du-Nord, du Finistère, du Morbihan, d'Ille-et-Vilaine, de la Loire-Inférieure, de Maine-et-Loire, de l'Eure, de la Manche, de l'Orne, de la Mayenne, du Calvados, de la Vienne, de la Haute-Vienne, de la Creuze, de la Nièvre, de la Corrèze, du Cantal, du Puy-de-Dôme, de la Haute-Loire, sont abondamment exploités par les coupeurs de cheveux. Il existe pour cette exploitation quinze à vingt maisons principales, qui ont à leur service trente, quarante et jusqu'à cent colporteurs, auxquels elles donnent, pour l'échanger contre la chevelure des villageoises, telle ou telle espèce de marchandises, selon les pays qu'ils doivent parcourir. Ainsi, pour les départemens de l'ouest, ce sont des mouchoirs, des indiennes et des objets de rouenneries; pour le midi, des mousselines et des calicots.

Ces *coupeurs de cheveux* suivent les foires, les fêtes, les marchés, et achètent les chevelures des paysannes en leur cédant un ou plusieurs mouchoirs, un fichu ou telle autre marchandise. Ils envoient à fur et mesure cette récolte à leurs maîtres, qui chargent d'autres ouvriers d'arranger et de classer ces cheveux selon leur couleur, leur qualité et leur longueur. Puis, ils les expédient pour Paris, Bordeaux, Marseille, Lyon, et pour les foires de Caen, Guibraie et Beaucaire, où les étrangers viennent s'approvisionner.

D'un côté, quel bizarre commerce! de l'autre, quelle étrange coquetterie, ou plutôt quelle indifférence pour l'un des plus beaux ornemens que la nature ait donnés aux femmes! Eh quoi! pour quelques aunes de toile ou d'indienne livrer à un brocanteur cette abondante chevelure qui, plus tard, payée au poids de l'or et entourée de fleurs et de diamans, doit parer dans les bals la tête de nos grandes dames, ou bien, en couvrant le front chauve du vieillard et du savant, de l'homme d'état et de l'homme du monde, réparer les ravages du temps et du travail, des chagrins et des plaisirs! Voilà, ce nous semble, une industrie qui ne laisse pas que d'être fertile en observations morales, peut-être même en contrastes et en émotions dramatiques. Aussi, un de nos peintres distingués, M. Collin, en a-t-il fait tout récemment le sujet d'un tableau plein de vérité et d'intérêt, et devant lequel s'est plus d'une fois arrêtée la foule pendant l'exposition actuelle du Musée. Qui sait si le même sujet, que vient de féconder habilement le pinceau d'un artiste, ne serait pas digne aussi de la plume d'un de nos auteurs dramatiques, et n'aurait pas à la scène autant de succès qu'au Salon? Nous engageons M. Scribe à y réfléchir, et nous nous hâtons de reprendre notre narration industrielle.

La *récolte* des cheveux se fait du mois d'avril au mois de mai ; et c'est si bien une récolte, que les coupeurs de cheveux savent que dans tel village, où ils ont été coupés telle année, ils ne seront bons à couper qu'à telle autre époque. Ajoutez qu'à une distance de 10 à 15 lieues, la qualité change au point de faire une différence de 10 à 20 sous par livre.

On évalue la coupe des cheveux à 200,000 livres pesant par année. A l'appui de ce chiffre, nous pourrions citer à Paris une maison de commerce de rouenneries (MM. Carré frères, rue Saint-Martin), qui fournit annuellement à quatre maîtres coupeurs des départemens de l'ouest pour 400,000 fr. de marchandises, qui servent aux échanges.

Les cheveux s'achètent sur la tête 5 fr. la livre environ. Voilà donc un million en circulation, sans y comprendre la dépense des colporteurs dans leurs voyages et le prix du transport des marchandises.

Une fois à Paris ou dans les autres villes, les cheveux sont livrés à d'autres marchands, dont l'état est de les nettoyer, les friser, les préparer enfin pour les divers ouvrages auxquels ils doivent plus tard être employés, et ceux-là les paient, terme moyen, 10 fr. la livre, ce qui double déjà le prix de la première vente ; et notez que ces maisons occupent pour ce travail trente à cinquante ouvriers, et font jusqu'à 200,000 fr. d'affaires par an ! Les cheveux, ainsi préparés, passent ensuite aux coiffeurs, qui les paient depuis 20 fr. jusqu'à 80 fr. la livre ; de telle sorte qu'en prenant le terme moyen de 40 f., il y a une progression des sept huitièmes.

Ici cette progression cesse d'être calculable ; car, dès que les cheveux ont passé chez les coiffeurs, la main d'œuvre en accroît le prix à l'infini. Qu'il suffise de savoir qu'une perruque qui se vend le moins 25 fr., n'emploie que trois onces de cheveux, qui n'ont coûté primitivement qu'un franc.

Ce n'est pas tout. A la fabrication des cheveux se rattachent une foule d'autres industries : c'est d'abord la soierie. Jusqu'en 1815, on ne connaissait en France que des réseaux très-grossiers et à large maille, qui servaient de coiffes à perruques. Mais les relations qui se sont établies avec l'Angleterre nous ont fait découvrir un tulle en soie que les Anglais consacraient très-avantageusement aux ouvrages de ce genre. Les tulles étaient prohibés, on ne pouvait les avoir qu'en fraude ; ils coûtaient 50 fr.

l'aune. On est parvenu à les fabriquer à Lyon et avec un tel avantage, que les Anglais eux-mêmes les font venir de France, où ils ne valent que 10 fr. l'aune. Or, d'après des renseignemens positifs, on estime que les métiers employés, à Lyon, aux tulles et aux rubans à perruques, en fabriquent pour un million par an.

Puis viennent les métalliques, qu'on avait abandonnés en France, et qu'on était parvenu à perfectionner en Belgique, où on les vendait 60 fr. la douzaine. Ils ne coûtent à Paris que 10 fr. la douzaine, et on peut bien évaluer à 100,000 fr. les métalliques et les agrafes qui s'y fabriquent pour cet objet.

Enfin, de ce commerce dépendent une foule d'autres petites industries : le cartonnage, par exemple. Il est à Paris tel établissement de coiffeur dont les expéditions absorbent 1,000 fr. de carton dans une année.

On remarquera que ce commerce est pour nous d'un très-grand rapport, non-seulement à cause de ses exportations dans l'étranger, mais encore parce qu'il a cet immense avantage que tout ce qu'il emploie provient de la France. Loin de faire sortir des capitaux de notre pays pour l'achat des matières premières, il en fait entrer, puisque, pour cette partie, l'étranger se fournit en France. Il est certain que les coiffeurs français expédient des perruques pour tous les pays étrangers, sans en excepter un seul. Un fait digne de remarque, c'est que, malgré l'impôt considérable (30 pour 100) qui pèse sur l'entrée des ouvrages de cheveux en Angleterre, il y a des maisons à Londres (celle d'André et compagnie, par exemple) qui les font venir de Paris pour les expédier dans les colonies.

Nous n'avons pu nous procurer le relevé des douanes de 1833, parce que le travail n'est pas encore terminé. Mais voici, pour les années 1816, 1831 et 1832, la quantité et la valeur des cheveux, soit ouvragés, soit non ouvragés, qui ont été exportés en grande partie pour l'Angleterre et pour les États-Unis.

Cheveux non ouvragés.

En 1816,   5,240 kil.   valeur 55,652 fr.
1831, 13,721   109,768
1832, 16,551   132,408

Cheveux ouvrages.

En 1816,   1,568 kil.   valeur 19,256 fr.
       1851,   9,411   94,110
       1852, 13,741   137,410

Encore faut-il observer que, dans toutes les expéditions, les commettans recommandent expressément de ne faire les déclarations qu'aux deux tiers de la valeur réelle, à cause des droits d'entrée qu'ils paient dans leur pays.

Nous n'osons dire si l'espèce humaine devient de plus en plus difforme, ou si les accidens sont plus nombreux dans les divers âges de la vie ; mais les orthopédistes et les bandagistes se multiplient avec une effrayante rapidité. Une partie des salles de l'exposition est tapissée d'objets que nous aurions grand' peine à définir, objets utiles pourtant, et confectionnés avec un tel soin qu'on les prendrait pour des articles d'art. Les instrumens de chirurgie en acier, en gomme élastique, appartiennent à cette division de l'exposition (*salle n.* 2), où l'on admire principalement ceux qui sont relatifs à la lithotritie.

Plusieurs entrepreneurs rivaux ont présenté des tissus en caoutchou, imperméables à l'air et à l'eau. On en fait des coussins de voiture, qui se remplissent d'air, et qui remplacent avec avantage les coussins ordinaires. Le public remarquera des bretelles et des doublures de gilet en gomme élastique recouverte de soie par le moyen du métier à lacet ; qui croirait que cette seule industrie a fourni aux Américains du Nord des marchandises pour près d'un million de francs en une seule année ?

En somme, dans la partie de l'exposition qui appartient surtout au département de la Seine, on place en première ligne les châles, puis les tapis, les instrumens de musique, les meubles, la lustrerie et les articles de bronze en général, les blondes de soie, les peaux préparées. Le reste se classe selon les goûts et les connaissances des industriels, et, par exemple, nous aurions volontiers mis en première ligne certains produits chimiques admirablement *réussis*, si leur consommation naturellement bornée nous eût permis de leur accorder ce rang. Nous suppléerons, par les détails de la notice, aux lacunes qu'une revue forcément rapide nous a imposées. Heureux si le public reconnaît dumoins l'impartialité parfaite que nous avons mise dans cet exposé général et s'il ratifie nos jugemens de son suffrage !

NOTA. Dans une édition suivante, nous parlerons des produits envoyés par les départemens. Avant d'apprécier, il faut voir.

NOTICE

DES PRODUITS

DE L'INDUSTRIE FRANÇAISE.

NOTICE

DES PRODUITS

DE L'INDUSTRIE FRANÇAISE.

N. 1. — M. GRONDARD fils, rue Jean-Robert, n. 17.

M. Grondard, qui a obtenu un brevet d'importation et de perfectionnement, tient une fabrique de tubes de fer recouverts en cuivre, de tubes cuivre et de petit bois pour devanture de boutique.

On trouve dans ses magasins un grand assortiment de tubes fer et cuivre, de tubes tout cuivre depuis trois lignes jusqu'à 56 lignes de diamètre; de tubes de tôle dans toutes les dimensions, de tubes en cuivre à rainure polis pour horlogers et bijoutiers, de tubes bruts et de petit bois de toute grosseur, fer et cuivre, demi-rond, plat à moulures, bien supérieur à ce qui s'est fait jusqu'à présent, et qui une fois posé, ne nécessite aucune réparation. Ne voulant en rien nuire aux fabricants de bronze, aux entrepreneurs de serrurerie et menuiserie, ce fabricant tient à ne pas vendre d'objets confectionnés, tels que devanture de boutique, rampes d'escalier, porte-aunes, lits en cuivre, etc., etc.; mais il prévient qu'il a constamment à sa disposition d'habiles monteurs, et que si on l'exigeait, il exécuterait les commandes qui lui seraient faites.

N. 5. MM. MANUEL et MACAIGNE aîné, fabricans de Châles cachemires; rue Neuve-Saint-Eutache, n. 5. — Fabrique à Bohain, département de l'Aisne.

Cette maison, que la longue expérience de ses chefs a mise en état de rivaliser avec les plus renommées de la capitale, jouit d'une réputation méritée pour la fabrication des châles *pur cachemire*, qu'elle a portée à un haut degré par la parfaite imitation des dessins de l'Inde.

C'est une de celles qui ont le plus contribué au perfectionnement des châles *indous-cachemire*, qu'elle fabrique avec une supériorité incontestable, et qu'elle est parvenue à faire lutter avantageusement avec les châles *pur cachemire*, non-seulement par la fabrication et la qualité des matières, par la beauté des tissus et le choix des dessins, mais encore par une différence considérable dans les prix.

N. 8. — MM. MENIER et Cᵉ, rue des Lombards, n. 37, à Paris. Médaille d'or en 1832.

Usine hydraulique. — Système de pulvérisation.

Pour donner une idée exacte et complète des nombreux produits que le public a sous les yeux et qui forment une des parties les plus importantes de l'exposition de cette année, nous ne saurions mieux faire que de donner ici en abrégé les rapports faits à la société d'encouragement par MM. Amédée, Durand et Pelletier, au nom des comités des arts mécaniques, chimiques et économiques sur le bel établissement de MM. Menier et Adrien, situé à Noisiel-sur-Marne, et destiné à la pulvérisation en général, ainsi qu'à la fabrication en grand des chocolats, gruaux d'avoine et orges perlées.

Rapport de M. Amédée Durand.

Si les progrès de l'industrie entraînent avec eux, comme conséquence inévitable, la division des arts, on doit admettre également cette division comme condition forcée des progrès de chaque art en particulier. De là résulte qu'à mesure qu'un art se perfectionne, il tend à se diviser, et que chacune de ses parties, traitée ainsi séparément, devient à son tour un art distinct; dès qu'il se trouve un homme doué de l'esprit d'observation, disposant d'une intelligence active, et soutenu par une grande persévérance. Dès que le concours de ces circonstances a lieu, on peut signaler la naissance d'un art nouveau, qui, s'affranchissant du joug de la routine, viendra de lui-même se ranger sous le patronage de la science.

Tel est l'art de la pulvérisation et le point où il se trouve aujourd'hui entre les mains de MM. *Menier* et compagnie, qui en ont fait l'objet de leur bel établissement de Noisiel-sur-Marne.

L'étendue ne manquait point à leurs projets, car les articles différens qui sortent de leur usine s'élèvent à plus de cinq cents; les difficultés se présentaient également en nombre, car il s'agissait de modifier les appareils et de les varier à ce point que les matières les plus résistantes comme les plus délicates arrivassent sans altération à un état de division extrême.

L'utilité de cette entreprise se déduit naturellement du développement qu'elle a déjà reçu si près de son origine. Fondé en 1825, l'établissement de Noisiel, animé par une magnifique chute de la Marne, consomme aujourd'hui en force motrice une valeur approximative de trente-deux chevaux, qui, en raison de considérations qui seront présentées plus tard, indiquera seulement un travail égal à celui qu'on obtiendrait annuellement de l'emploi de cinq à six cents hommes.

L'usine se divise en trois étages; celui par lequel on entre renferme :

1° Un jeu de meules verticales en grès, agissant sur un bassin en fonte de fer non tourné, mais suffisamment poli pour que le lavage en soit facile et complet. Cette opération se renouvelle à chaque changement de substance. Les commissaires y ont vu préparer de la farine de riz d'une blancheur éblouissante et supérieure, de leur avis unanime, à celle qu'ils avaient vue jusqu'à ce jour;

2° Un autre jeu de meules verticales en pierre, dont la circonférence est garnie en fonte, et qui opèrent dans un bassin en fonte comme le précédent. Cet appareil est employé pour les substances minérales et résistantes;

3° Tous les appareils à piler, que des convenances de localité ont forcé à concentrer dans cet étage. La forme et l'action des pilons sont et devaient être variés comme les différens genres de matières sur lesquelles ils opèrent ; mais une disposition leur est commune à tous, et elle a pour objet de rendre toute volatisation impossible. De là résulte une économie dans la fabrication, et, ce qui est bien plus important, une garantie positive contre tout mélange ou altération des substances les unes par les autres.

Voici le nombre et la nature de ces appareils, que dans l'usine on appelle *pilerie* :

1° Pilerie à poudre impalpable, composée de six pilons;
2° Pilerie à couteaux pour les matières filandreuses, telles que la réglisse et la salsepareille, etc. ;
3° Pilerie à poudre commune, composée de douze pilons, qui sont réunis par quatre dans chaque mortier;

4

4° Pilerie ayant sept pilons à bases rétrécies pour les semences oléagineuses ;

5° Pilerie à pilons de bois et mortiers de marbre pour les substances que
le fer altère ;

6° Pilerie à gomme ;

7° Dans un cabinet entièrement séparé et hermétiquement fermé, trois
pilons sont exclusivement destinés aux substances vénéneuses, qui sont
traitées de manière à ne faire courir aucun danger aux ouvriers ;

8° Dans un cabinet placé dans la partie opposée des bâtimens, et également séparé, se trouvent trois pilons d'une forme appropriée, et destinés
au travail préparatoire des chocolats communs, qui seuls sont soumis à l'action
de cet agent ;

9° Tamisoirs mécaniques. Ces appareils méritent à eux seuls une attention très-grande. L'opération du tamisage joue un si grand rôle dans les
arts, qu'on peut regarder comme un progrès important tout perfectionnement qui s'y rapporte. L'état où cette opération se trouve dans l'établissement de Noisiel est extrêmement remarquable, et n'aurait pas été indigne
d'être l'objet d'une présentation distincte à la Société.

Les moyens employés ici sont d'une simplicité extrême ; les
appareils tellement réduits, qu'ils peuvent être variés suivant la
nature ou la propriété des différentes substances, pour éviter
toute possibilité de mélange. Leur action reçoit d'un moteur mécanique l'avantage immense de modifications graduées à l'infini
et d'une uniformité que la main de l'homme ne peut lui procurer. De ces circonstances résulte une identité parfaite entre les
produits de même espèce.

L'ensemble des coups frappés par les différens pilons renfermés
dans cet étage est d'environ deux mille par minute, et l'énergie
du coup peut être considérée comme sept fois plus grande que
celle qu'on obtient du travail à bras.

En montant au deuxième étage, on trouve :

1° Deux moulins à orge perlé et gruau d'avoine ;
2° Deux tamisoirs ;
3° Un moulin à blé à meules ordinaires ;
4° Un moulin à drogues, même disposition ;
5° Un blutoir à gomme ;
6° Un autre tamisoir ;
7° Un jeu de cylindres pour écraser les graines oléagineuses.

Passant au troisième étage, on rencontre les appareils à chocolat.
Ils sont au nombre de deux, et composés, ainsi que celui anciennement employé chez M. *Auger*, l'un de quatre et l'autre de six
cônes liés par leur sommet et conduits circulairement sur un plan
horizontal. Ces cônes font office de rouleaux ; mais le développement de leurs surfaces étant différent de celui du plan sur lequel
ils sont mus, l'action propre des rouleaux n'a lieu dans sa pureté

que suivant une zône très-étroite située généralement vers le milieu de leur longueur, tandis que cette action se combine aux deux extrémités avec celle de la porphyrisation. Ces appareils, qui s'alimentent d'eux-mêmes, et qui peuvent produire un résultat d'environ 700 livres par jour, occupent la partie la plus élevée des combles du bâtiment, mettant ainsi à profit le dernier espace qui restât à remplir dans l'usine. Malgré le resserrement du local en cet endroit, rien ne nuit à la facilité du service et aux soins de la plus exacte propreté.

C'est dans un état aussi satisfaisant que se présente immédiatement, à côté, l'étuve où on fait sécher les sucres pour les chocolats. Les rayons et les récipiens où ils sont déposés sont en fer, de sorte qu'aucun corps étranger ni aucune parcelle détachée des objets sur lesquels repose cette matière ne peuvent venir en altérer la pureté.

Le nombre d'appareils mentionnés est très-considérable, et la pensée saisit trop facilement la puissance de production qui doit lui appartenir pour que nous devions insister à cet égard. Nous rappellerons seulement, et comme un fait très-honorable pour cette entreprise, que c'est à cette puissance de production qu'elle a dû de rendre des services publics par l'immense quantité de médicamens qu'elle a pu fournir pendant la désastreuse circonstance de l'épidémie dont nous sommes à peine sortis.

Dans cette énumération, on a pu remarquer quelles diverses modifications reçoit l'agent le plus généralement employé. Le pilon prend quatre formes différentes, suivant les convenances de son application. Après lui, on voit figurer soit les moulins à meules horizontales, soit les moulins à meules verticales, soit le broyoir, soit même le laminoir. Il est facile de comprendre, d'après cette variété de combinaisons, que MM. *Menier* et *Adrien* n'ont négligé aucun des moyens d'atteindre le but immense qu'ils s'étaient proposé, celui de soumettre à la pulvérisation toutes les substances pour l'emploi desquelles cet état était nécessaire ; et, de plus, qu'en formant un système de Machines ingénieusement combinées, et liées entre elles par des rapports raisonnés, ces messieurs peuvent être considérés comme ayant érigé en art particulier une opération qui jusqu'ici ne semblait pouvoir être pratiquée que par de simples manœuvres. D'après ces perfectionnemens dans les moyens, on doit s'attendre à une grande supériorité dans les produits, et vous allez, messieurs, être en état d'en juger, d'après les notes par lesquelles M. *Pelletier*, au nom du Comité des arts chimiques, m'a chargé de terminer ce rapport.

RAPPORT DE M. PELLETIER,

PROFESSEUR A L'ÉCOLE DE PHARMACIE, ETC.

L'art de la pulvérisation n'était point encore considéré parmi nous comme une branche spéciale d'industrie, car chaque industriel préparait lui-même les poudres dont il avait besoin.

Un établissement dans lequel pouvaient se trouver toutes ces préparations bien faites manquait donc en France.

Pour le former avec succès et sur une grande échelle, il fallait à de forts capitaux réunir une réputation qui entraînât la confiance publique. MM. *Menier* et *Adrien* se sont présentés.

Dès 1820, M. *Menier* commença d'une manière peu étendue, mais toujours par procédés mécaniques, la fabrication des poudres et farines pharmaceutiques.

Sa persévérance et son activité pour donner à cette industrie tous les perfectionnemens dont elle était susceptible ne tardèrent pas à lui mériter la confiance de quelques pharmaciens ; ses produits commencèrent à être recherchés, ses relations s'étendirent, enfin son établissement prit chaque jour plus d'accroissement et d'importance. Il avait déjà vingt chevaux employés à faire mouvoir ses machines rue du Puits, à Paris, lorsqu'en 1825, voulant donner à son usine des proportions plus larges, il la transporta à Noisiel-sur-Marne.

Là, profitant de l'expérience qu'il avait déjà acquise, il jeta, conjointement avec M. *Adrien*, les fondemens de l'établissement que vous jugez aujourd'hui digne de votre examen.

Nous ne parlerons pas de la belle chute d'eau que possède cette usine et qui lui sert de force motrice ; nous ne ferons pas la description des machines ; nous nous attacherons à faire ressortir, autant que possible, le mérite des produits de cette fabrique, leur beauté, leur finesse, leur pureté, et conséquemment les avantages incontestables que doivent en retirer les arts, et la pharmacie en particulier.

Toutes les substances qu'on emploie dans la pharmacie et les arts ne présentent pas les mêmes caractères à la pulvérisation. Les unes sont dures, ou molles, ou filandreuses ; les autres sont oléagineuses, résineuses ou élastiques : eh bien ! chaque substance trouve sa pulvérisation sous le pilon, la meule ou le moulin qui lui est propre. Ainsi, par exemple, les substances dures, telles que le kina, la noix-vomique et la fève Saint-Ignace, sont forcées de céder à la puissance des coups redoublés d'énormes pilons; il en est de même pour les substances élastiques, telles que la gomme-adraganthe, la coloquinte, l'agaric, etc., que, par un procédé particulier, que les pharmaciens ne peuvent employer dans leurs officines, MM. *Menier* et compagnie parviennent à obtenir en poudre impalpable.

La pulvérisation des substances filandreuses avait toujours été considérée, sinon comme impossible, du moins comme extrêmement difficile et dispendieuse : ici nous avons vu la salsepareille, la réglisse, l'écorce de garou, etc., réduites en poudre impalpable à l'aide de pilons-couteaux de l'invention de ces fabricans.

Des pilons à base rétrécie nous ont paru parfaitement adaptés à la pulvérisation des substances oléagineuses, telles que la moutarde, l'anis, les cubèbes, etc.

Pour obvier aux inconvéniens qui résultent de la pulvérisation de certaines substances dans le fer, ces messieurs ont eu l'idée d'établir une pilerie en marbre, de laquelle nous avons vu sortir du sel ammoniac d'une blancheur remarquable.

Enfin, pour vous donner une idée des soins et de l'ordre qui règnent dans l'organisation de l'usine, nous citerons une pilerie destinée exclusivement aux substances vénéneuses, qui par sa bonne disposition n'a aucune communication avec le reste de l'établissement.

Indépendamment des produits obtenus à l'aide du pilon, nous avons vu avec intérêt ceux qu'on obtient à l'aide des meules verticales et horizontales : tels sont les farines de lin et de riz, le curcuma, le chromate de fer, le talc, etc. Ces produits nous ont paru également bien fabriqués, avec le plus grand soin et avec une économie extraordinaire de main-d'œuvre, résultat sur lequel nous insistons d'autant plus qu'il s'applique à des quantités toujours considérables.

La description mécanique a fait ressortir à vos yeux les soins qu'on a mis pour éviter toute perte dans la pulvérisation, pour obtenir un tamisage mécanique et régulier, ainsi que pour con-

8

server aux substances aromatiques leurs principes volatils dans lesquels résident souvent leurs propriétés.

La fabrication du chocolat de cet établissement est trop importante pour n'avoir pas été de notre part l'objet d'un examen particulier. Ne devant pas vous parler des machines, nous nous bornerons à vous signaler la perfection du broyage des pâtes, et l'avantage qui résulte pour le cacao de n'être soumis que très-peu de temps à l'action mécanique, afin de lui conserver sa saveur et son parfum. Nous devons encore ici signaler l'économie incontestable que présente une aussi grande fabrication, ainsi que les soins et la propreté extrêmes qui y président.

Nous terminerons notre rapport en vous faisant connaître une nouvelle application que MM. *Menier* et *Adrien* viennent de faire dans leur usine ; nous voulons parler de la fabrication des orges perlées et mondées, ainsi que du gruau d'avoine.

Pendant long-temps la France a été tributaire de la Hollande pour l'orge perlée ; dorénavant ce privilége lui est enlevé par les produits que nous avons eus sous les yeux, et qui, sans contredit, peuvent rivaliser avec ceux des Hollandais. Quant au gruau, nous pouvons affirmer que jamais il n'en a été fabriqué d'aussi beau, et que de plus il présente l'avantage de pouvoir se conserver indéfiniment sans s'aigrir.

D'après toutes ces considérations, les Comités des arts mécaniques, chimiques et économiques réunis ont l'honneur de vous proposer d'accorder à MM. *Menier* et *Adrien* une médaille d'or comme témoignage de la satisfaction que vos commissaires ont éprouvée dans la visite qu'ils ont faite d'un établissement unique dans son genre, et remarquable par la simplicité des procédés qui y sont mis en pratique, par l'ordre qui y règne, et par la multiplicité et la beauté des produits qui s'y confectionnent.

Approuvé en séance générale, le 27 juin 1832.

N. 10. — M. BACOT (Auguste), fabricant de couvertures de laine et de coton, rue de la Monnaie, n. 26.

M. Bacot, propriétaire d'un foulon, d'une filature, d'une chaudière, et qui a obtenu en 1823 et 1827 la médaille d'argent, expose cette année des couvertures de laine, de coton et de soie en usage en France ; il offre un échantillon de tous les genres de couvertures qui lui ont été demandés par les armateurs et négocians tant pour les colonies françaises que pour les deux Amériques et dont plusieurs sont fabriquées d'après des échantillons anglais.

N° 12. — M. DUTRON jeune, successeur et neveu de M. Michault, rue Saint-Denis, n. 345, au fond de la cour.

Fabrique de rubans moirés pour décorations de tous les ordres français et étrangers et décorations maçonniques ; on y fait aussi les rubans unis, façonnés et brochés pour ceintures de dames et cordons de montres.

N. 13. M. AUCOC aîné, breveté du Roi, et fournisseur de sa maison, rue Saint-Honoré, n. 154.

M. Ancoc aîné, qui fabrique toute espèce de meubles propres à la toilette, a soumis au jury quelques articles sortant de ses ateliers, et qui justifient bien l'estime et la confiance que le public accorde à cette maison.

Voici les objets qu'il a exposés :

1° Un très-riche nécessaire incrusté en cuivre, représentant une chasse ;

2° Une toilette pour homme, dont l'intérieur représente une chasse et divers animaux en relief ;

3° Un riche nécessaire en vermeil. Cette pièce, qui joint à la ciselure plusieurs parties guillochées, peut servir de toilette ou de table à déjeuner ;

4° Une toilette d'homme, où tous les objets nécessaires se trouvent réunis ;

5° Un coffre avec de belles incrustations en argent ciselé, renfermant un déjeuner complet ;

6° Une boîte à pipes et une à cigarres ;

7° Deux jolies caves à liqueurs.

On trouve dans les magasins de M. Ancoc aîné un grand assortiment de nécessaires de toutes espèces, des meubles de campagne, perfectionnés par ce fabricant, et pouvant, au moyen d'un pied, servir de toilette ; divers pupitres de voyage, d'une très-grande légèreté ; des coffre-forts pour argent et papiers ; des coffrets à ouvrage, garnis en or, argent, nacre et ivoire ; des corbeilles de mariage, avec et sans pieds ; des boîtes pour baptêmes ; des porte-liqueurs avec plusieurs flacons ; des boîtes à thé, à jeux et à lettres ; des étuis à timballes couverts, pour chasses et voyages; des trousses de toutes espèces; des porte-feuilles de voyages, avec secret; des serre-papiers; des porte-feuilles de ministres, à soufflets; des serviettes pour les notaires, avoués; des écritoires et des roulantes de toutes espèces. Il tient enfin un très grand assortiment, en première qualité, d'orfévre-rie, brosserie, tabletterie, fine coutellerie et cristaux.

N. 14. M. BALAINE, fabricant d'orfévrerie plaquée, rue du faubourg du Temple, n. 95. — Dépôt à la galerie Colbert.

Cette maison, avantageusement connue depuis plus de vingt ans, fabrique l'orfévrerie plaquée en tous genres, particulière-ment tout ce qui a rapport au service de table; elle rivalise pour la qualité avec les meilleures fabriques anglaises, quoiqu'à des prix très-modérés.

En 1825 cet établissement a obtenu une médaille de bronze; c'était la première fois qu'il exposait.

Pour ne laisser aucun doute sur la qualité des produits de sa fa-brication, le nom de M. Balaine est poinçonné en toutes lettres sur chaque pièce.

M. Balaine fabrique également en argent tout ce qui lui est commandé.

N. 15. — M. le colonel **AMOROS**, inspecteur des gymnases militaires, fondateur et directeur du gymnase Petit-Grenelle et de plusieurs autres.

Tout le monde reconnaît aujourd'hui l'utilité des exercices gymnastiques et les avantages qu'en retire l'éducation physique des enfans. Ces exercices développent leurs forces et leur pré-parent pour la suite des ressources inappréciables dans les cir-constances difficiles où, devenus hommes, ils pourraient être momentanément placés. Car, sans parler de l'état militaire, qui exige le développement le plus parfait de tous nos organes, de toutes nos facultés, quel est celui qui, dans sa vie, ne peut se trouver rigoureusement forcé de n'attendre son salut que de sa force ou de son adresse, et comment oserait-il y recourir, si son corps n'a pas été fortifié, assoupli d'avance par des exercices bien entendus et souvent répétés? Sous le rapport de l'hygiène, le succès des exercices gymnastiques n'est pas moins solidement établi. Là l'opinion des médecins est unanime, et en cela du moins elle est parfaitement d'accord avec les lois et les besoins de la nature.

M. le colonel Amoros, qui s'est fait un nom célèbre dans cet art si utile, présenta à l'exposition de l'industrie, en 1827, une collection de modèles de machines, qui attira l'attention publique, et dont les historiens de cette exposition parlèrent très-avantageusement. Un, entre autres, M. Blanqui, disait : « Il » n'y avait peut-être rien de plus intéressant dans toute l'ex- » position que la collection des machines employées aux études » de ses élèves. « En effet, si les productions de l'industrie intéressent en raison de leur utilité et de leur application aux besoins de la vie, les machines, les procédés qui servent à développer cette même *industrie* et l'*aptitude* de l'homme, doivent se placer tout naturellement en première ligne. Aussi une commission de savans, disait-elle en parlant de la méthode d'éducation de M. Amoros, qu'elle *était l'appprentissage de toutes les professions.*

Cette année, M. le colonel Amoros n'a pas voulu présenter les mêmes machines ; riche d'inventions nouvelles, il n'expose que des modèles de machines et instrumens destinés par le gouvernement aux gymnases divisionnaires ; un portique inventé, en 1825, pour le gymnase spécial des sapeurs-pompiers de la rue Sainte-Catherine ; un mât à chevilles correspondantes en fer, soutenant un levier double, qui sert à l'exercice de la bascule brachiale ; une grande machine, à rotation horizontale, appliquée à l'apprentissage de la natation, où l'on peut dresser seize élèves à la fois, et produire l'illusion du mouvement de progression sur l'eau. L'utilité de cette machine et l'amusement qu'elle produit (car elle peut entraîner, en même temps, huit mères de familles qui surveillent leurs enfans) sont incontestables et telle est sa simplicité qu'on s'étonne qu'elle n'ait pas été inventée plus tôt.

Enfin, M. Amoros expose un modèle de tente de campagne, destinée à un chef militaire et à sa suite ; elle offre plusieurs avantages : 1. celui de résister aux averses et aux bourasques les plus impétueuses, car elle est fondée sur deux cantines ; 2. de pouvoir se monter et se démonter facilement ; 3. d'être transportable par des bêtes de somme, et de pouvoir passer ainsi par les endroits les plus difficiles.

Quant aux machines et instrumens destinés aux gymnases di-

12

visionnaires, ils donnent aux facultés humaines tout le développement dont elles sont susceptibles, pourvu que ces exercices
soient conduits suivant les principes du fondateur, expliqués
dans son *Manuel d'éducation physique, gymnastique et morale*,
car il ne faut pas se faire illusion sur ce point : ces mêmes machines ne produiront rien de bon, et même pourraient nuire,
si les personnes qui en font usage ne savaient pas en tirer le
parti convenable. La méthode de M. Amoros se distingue des
autres par l'influence morale qu'elle exerce, par les procédés
ingénieux et profondément étudiés dont il se sert ; ces procédés
viennent de fixer l'attention de deux sociétés savantes qui ont
accordé des médailles d'honneur à ce philantrope éclairé. Il
fonde maintenant, au moyen d'une souscription, un gymnase
civil et orthopédique, dans la rue de Jean-Goujon, n. 6, quartier de François Ier aux Champs-Élysées, pour satisfaire aux in-
stances des personnes qui trouvaient fort éloigné celui de la place
Dupleix au-delà du Champ-de-Mars. Nous ne saurions trop engager les pères de famille, les instituteurs et institutrices à visiter
ces établissemens, où la jeunesse, en s'amusant, acquiert les
facultés les plus précieuses.

N° 16.—MM. FAYARD et DESOUCHES, marchands de bois
à brûler au poids, tout scié et à couvert, de toutes longueurs
et qualités, parfaitement sec en toute saison, quai d'Austerlitz,
n. 7.

Peso-stère.

La vente du bois au poids n'est point une chose nouvelle ; on
le vend ainsi dans divers pays, et même dans le midi de la France.
Depuis long-temps on avait songé à introduire à Paris ce mode
de livraison ; mais on avait à craindre la brusque transition du
système du mesurage, à celui du pesage.

Le nouvel appareil dit *Peso-stère*, de l'invention de M. Fayard aîné, servant à la fois à peser et mesurer le bois, a complétement résolu la difficulté, puisqu'il présente la mesure d'un stère ou double stère de bois, en même temps qu'il en offre le poids ; de telle sorte que le consommateur peut en achetant son bois au quintal ou au cent pesant, se rendre compte si le prix demandé est en rapport avec le prix courant du double stère.

Cet appareil consiste en un pont-à-bascule, ou balance de proportion suivant le système de Rollé de Strasbourg et du rapport de *un à cent* ; sur cette balance est établi un double stère, mesure de Paris, contenant deux mètres cubes, dont la base est un plan horizontal de la longueur de la bûche, et dont le haut est terminé par une barre transversale, en sorte que les quatre côtés sont ainsi arrêtés d'une manière fixe et invariable.

L'invention de cet appareil, qui peut donner ainsi en toute saison, et à tous les instans, le poids du double stère de chaque espèce de bois, a conduit naturellement son inventeur à livrer au poids du *bois tout scié* d'avance, de toutes les longueurs qu'on peut désirer ; ces bois sciés qui sont placés à couvert, et dont le poids est ainsi indépendant des variations du tems, présentent plus d'un avantage au public.

En effet, les bois sciés à l'avance, et exposés à couvert au grand air, acquièrent ainsi de la qualité pour la combustion, puisque chaque bûche présente à l'action de l'air six ou huit surfaces au lieu de deux, et que le bois achève de perdre toute espèce d'humidité ; puis on évite par là les embarras du sciage à domicile, la surveillance qu'il faut y apporter, le bruit, la malpropreté, la longueur de cette opération pendant laquelle le bois était souvent exposé à la pluie et dans la boue, enfin beaucoup d'autres inconvéniens.

L'usage de faire arriver à domicile du bois tout scié est devenu surtout indispensable, depuis que des trottoirs se construisent dans beaucoup de quartiers, et que le passage fréquent des omnibus à 30 centimes a de beaucoup accru la circulation des voitures, déjà si nombreuses dans la capitale.

L'appareil de M. Fayard a été approuvé par le comité consultatif des arts et manufactures ainsi que par la société d'encouragement de la société nationale, et son admission a été autorisée par M. le ministre de l'intérieur en 1830.

Appareil-Fardier de M. Fayard.

Cet appareil est destiné à remplacer l'usage dangereux du levier de bois avec lequel on enlève par la force des chevaux les fardeaux suspendus sous les voitures dites Fardier.

De fréquens accidens étaient occasionés par l'emploi du levier en bois qui nécessite le concours de trois forts chevaux et de trois hommes qui sont exposés aux plus grands dangers. Au moyen de l'appareil de Fardier, inventé par M. Fayard, un seul homme sans l'aide des chevaux, peut, sans aucun risque, soulever avec deux vis, qu'il fait tourner alternativement, les fardeaux les plus pesans, et les suspendre ainsi sous le Fardier.

Cet appareil a été l'objet d'un rapport fait par MM. Charles Dupin et Girard, à l'académie royale des sciences, qui lui a donné son approbation.

N. 20. M. BEUGÉ, ingénieur - mécanicien, rue des Vieux-Augustins, n. 64, à Paris.

Cet habile mécanicien a déjà obtenu deux médailles aux expositions de 1823 et 1827 comme auteur de plusieurs machines d'une utilité reconnue et en récompense surtout du perfectionnement très-important qu'il a introduit dans la confection des presses à timbre sec à deux conducteurs parallèles. Celle qu'il expose cette année a été forgée dans son atelier avec un soin admirable; il offre en outre à l'appréciation des connaisseurs une *presse à copier* à arcade en acier solide et poli; *deux presses à cachet* en cuivre orné et ciselé, l'une à vis; l'autre à levier monté sur socle; enfin *deux presses à percussion* pour modèle, en bois d'acajou avec vis et balancier en fer, l'une servant pour presser les draps ou autres objets, et l'autre servant à presser les végétaux.

Le public est intéressé à savoir que M. Beugé tient un assortiment complet de ces diverses machines; qu'en outre il fait la gravure des timbres et cachets sur acier ou sur cuivre, qu'il construit des vis à filet, carrées et autres de toutes dimensions, et se charge du filetage à façon. Il est aussi associé-gérant et consturcteur du balancier ou de la presse à percussion de Revillon, breveté.

N. 23. — MM. PLEYEL (Ignace) et compagnie, facteurs de pianos et de harpes du roi et de S. M. la reine de Portugal, rue Cadet, n. 9. — Médaille d'or à l'exposition de 1827.

Voici quels sont les objets de leur fabrique admis à l'exposition :

Un piano à queue à sept octaves, bois de courbaril, construction intérieure en fer fondu, à sommier prolongé en fer ;

Un piano carré à trois cordes, six octaves et demie, en racine de frêne, sommier prolongé en fer ;

Un piano carré à deux cordes, six octaves et demie (grand patron) ;

Un piano carré à deux cordes, six octaves (petit patron).

Ces pianos carrés sont tous sur des x à bascule qui maintiennent l'instrument toujours d'aplomb. Ce mode de pieds, dont MM. Ignace Pleyel et compagnie *sont les inventeurs* et pour lequel ils avaient un brevet d'invention, a été depuis imité par presque tous les facteurs. Il se recommande par son élégance autant que par sa solidité.

Un grand piano vertical à deux cordes, six octaves et demie, bois de palissandre, d'après un nouveau système de construction qui, en plaçant la mécanique et les cordes derrière la table d'harmonie, donne au son une plus grande intensité et une grande pureté, résultant de ce que rien ne s'interpose entre les vibrations de la table d'harmonie et l'oreille ;

Un petit pianino à deux cordes, six octaves, bois de palissandre ;

Un grand pianino à deux cordes, sept octaves, bois de calliatour.

Ce genre d'instrument, dont la disposition verticale des cordes et la mécanique sont complétement différens des pianos appelés droits, a été importé en France par MM. Ignace Pleyel et compagnie, en 1830, et leur pureté de son, ainsi que la perfection du clavier, ont assuré depuis lors leur succès.

Dans le pianino à sept octaves, on est parvenu à vaincre une difficulté qui paraissait presque insurmontable, celle de faire rendre l'ut grave de l'extrême basse à une corde qui, par sa position verticale, ne peut avoir que 35 pouces de longueur, lorsque dans le piano à queue, elle en a ordinairement 65.

Harpes à double mouvement, à quarante-quatre cordes, mécanique simplifiée et perfectionnée, par F. Dizi.

Une harpe à double mouvement, dans laquelle M. Dizi a introduit un nouveau système de position des pédales pour faciliter l'étude et le jeu de cet instrument. (Voir la notice spéciale sur cet important perfectionnement.)

Tous les instrumens ci-dessus sont *à table d'harmonie plaquée*. Cette application d'un placage à la table d'harmonie faite par MM. Ignace Pleyel et compagnie, qui ont obtenu un brevet d'invention de quinze ans en 1830, a pour but d'empêcher la table de fendre ou de gercer, ce qui arrive si fréquemment dans les pianos et les harpes ordinaires. L'excellence de ce procédé est maintenant constatée par l'expérience, M. Ignace Pleyel et compagnie ayant fait depuis cette époque plus de quinze cents pianos et de cent harpes dans lesquels il n'est pas arrivé le plus léger accident à la table d'harmonie.

N. 24. — M. TONNELIER, ingénieur-mécanicien, rue des Gravilliers, n. 30.—Inventeur des presses mécaniques pour la typographie.

Ces presses mécaniques, si nécessaires aujourd'hui dans une foule d'ouvrages, et dont la rapidité est si étonnante pour reproduire tout ce que l'imprimerie exécute de mieux, sont dues à M. Tonnelier. Le comité des arts mécaniques de la société d'encouragement disait, dans un de ses rapports, que les presses sorties des ateliers de cet artiste étaient mieux exécutées que celles de M. Cowper, et que, grâce à elles, nous pourrions cesser d'être tributaires de l'étranger. On ne peut s'empêcher d'admirer la simplicité du travail de ces machines que deux hommes suffisent pour faire maneuvrer ; les rouleaux d'encrage se distribuent l'encre d'abord de l'un à l'autre par le frottement des surfaces ; cette encre vient s'étendre sur une table d'acajou, et d'autres rouleaux l'enlèvent et la déposent sur les caractères pour que la forme vienne passer sur ces derniers rouleaux ; le mouvement alternatif de la table suffit pour l'étaler avec régularité sur les rouleaux, puis ceux-ci sur les caractères, et tout cela marche au moyen d'un engrenage qui prend alternativement l'un et l'autre côté, afin que la rotation du pignon se fasse toujours dans le même sens et que le même mécanisme fasse tour à tour avancer et reculer la table. En voyant la simplicité de ce mécanisme, on conçoit facilement la supériorité que ces presses doivent avoir sur les autres.

N. 26. — M. VERDIER, rue Notre-Dame-des-Victoires, n. 40, chirurgien-herniaire de la marine royale, des hôpitaux militaires de France, successeur de M. Féburier, pour la fabrication des instrumens de chirurgie en gomme élastique, inventeur du taffetas imperméable, sans odeur, gommé avec la dissolution de caoutchouc, pour lequel procédé la Société d'encouragement lui a décerné, en 1830, une médaille.

Les principaux objets de ce fabricant sont, 1° des bandages herniaires de différentes espèces, dans lesquels nous en avons remarqué d'imperméables, propres aux personnes qui habitent les pays chauds ainsi qu'à celles qui font usage de bains ; 2° des instrumens de chirurgie en gomme élastique ; 3° des étoffes de soie imperméables, gommées au caoutchouc, dont la couleur n'est pas altérée et dont la pesanteur est peu augmentée. Elles sont souples, sans odeur, et l'on s'en sert en médecine pour les affections goutteuses, rhumatismales, pour garnir les lits des femmes en couche, des blessés, des vieillards et des enfans, et pour une infinité d'usages domestiques. Le prix est à peu près le même que celui des anciens taffetas gommés à l'huile et à la cire et dont l'odeur infecte fera abandonner l'usage. Les articles exposés aux regards des curieux sont des capotes ou grands manteaux (du poids de 15 à 18 onces), parapluies, tabliers de nourrice, serre-têtes, chaussons, ceintures destinées à conserver la chaleur et à empêcher les coliques, suites d'un refroidissement subit. Ces ceintures ont été employées avec succès, d'après la recommandation d'un grand nombre de médecins, pendant l'invasion du choléra.

N. 27. — M. BIGNON, peintre en décors, faubourg Saint-Martin, n. 64, à Paris.

Après plusieurs années d'expérience et des essais nombreux, M. Bignon est parvenu à imiter en peinture, par un procédé nouveau, toutes sortes de bois indigène et exotique. Cette peinture sèche dans l'espace de dix minutes, et ne laisse après elle aucune odeur ; sa solidité est à toute épreuve. Elle peut même facilement se laver et s'adapter sur toutes sortes de tons et même sur bois cru.

N. 29 et 30. M. LAINÉ, négociant-droguiste, rue Paradis, n. 10, au Marais. Engrais-Lainé, ou cendres calcinées, salées et animalisées.

La *poudrette*, le *noir animal*, les tourteaux de *colza*, et autres agens, sont utilisés avec plus ou moins de succès pour remplacer le fumier ; mais ces auxiliaires, qui déjà ont rendu tant de services, ne conviennent pas à toutes les terres ; ils sont loin d'ailleurs de suffire aux nécessités de notre agriculture, et la France, dont la cinquième partie du sol est en friche, achète toujours des laines, des chanvres, des lins, presque annuellement des blés étrangers, tandis que mieux cultivée, et surtout mieux fertilisée, elle devrait en vendre à ses voisins.

Pour concourir à changer cet état de choses, et augmenter les moyens de production que nécessite une population journellement croissante, M. Lainé composa, en 1830, un nouvel engrais, et les cultivateurs lui ont donné son nom. Neuf à dix hectolitres de cet agent suffisent pour bien fertiliser un arpent de terre, mesure de Paris, soit pour la culture des céréales, soit pour celle des prairies et des jardins : les trois quarts de ces quantités suffisent dans les terres légères. Mais pour les graines oléagineuses, les chanvres et les lins, les asperges, les artichauts, les ognons, les betteraves, les pommes de terre et autres racines, il convient d'employer de quinze à dix-huit et même vingt hectolitres par arpent, suivant la nature du sol ; ce qui fait une dépense de 50 à 70 fr. seulement. MM. les agriculteurs de la Flandre, de l'Artois et des environs de Paris, dépensent le double ou le triple de ces sommes en fumier pour fertiliser la même étendue de terain, indépendamment des frais pour transporter ce fumier et l'épandre, tandis qu'un ou deux chevaux, en une seule fois, conduisent l'*Engrais-Lainé* aux champs, où un seul homme suffit pour l'employer en un jour.

La nouvelle gélatine, inventée aussi par M. Lainé, est trois fois moins chère et plus pure que la colle de poisson, qu'elle remplace dans tous ses usages. Elle se vend six francs la livre ou demi-kilogramme, chez madame Lainé, rue Paradis, n. 10, au Marais.

N. 31. MM. NIOT et CHAPONNEL fils, horlogers-mécaniciens, *à l'Horloge*, rue Mandar, n. 10, Paris.

Il serait difficile d'énumérer tous les objets de première utilité
qui se trouvent dans leur établissement : mentionnons ici surtout
les tourne-broches à poids, à ressorts, à cuisine et à fumée dans
les prix de 40 à 60 fr., et des horloges de toute forme et de toute
grandeur depuis le prix de 250 fr. jusqu'à celui de 3,000 fr.
N'oublions pas non plus les miroirs et mouvemens pour la chasse
aux alouettes, qui sont faits avec une rare perfection, comme
tout ce qui sort de la fabrique de MM. Niot et Chaponnel.
Aussi ont-ils déjà obtenu une médaille à l'exposition de 1827.

N° 32. — M. DELARUE, successeur de M. d'Herbecourt, fabricant d'outils, à l'orme Saint-Gervais, rue du Monceau-
Saint-Gervais, n. 6.

Cette maison est très-ancienne et avantageusement connue,
non-seulement en France, mais aussi à l'étranger et jusque dans
les colonies où elle expédie des houes et des couteaux. Elle fabrique toute espèce de modèles et d'outils de fantaisie. Les
charrons et les tourneurs y trouvent surtout une grande quantité de planes en acier fondu dont la qualité est supérieure à
tout ce qui s'est fait jusqu'à ce jour.

N. 34. — MM. THILORIER et SERRUROT, rue du Bouloi,
n. 4. — Fabrique de lampes hydrostatiques.

N. 37. — M. LEVAILLANT, vieille rue du Temple, n. 27,
tenant une fabrique de sels de Quinquina et d'Opium.

Ce fabricant qui obtint une médaillle d'encouragement à l'exposition de 1827, se présente cette année avec des produits mé-
dicinaux qui nous paraissent avoir atteint le plus haut degré de
perfection.

Son *sulfate de quinine*, entre autres, se distingue par une pureté
parfaite et par une blancheur tellement éclatante, qu'on peut la
regarder comme le dernier point de la décoloration ; cette qualité est essentielle pour empêcher l'action destructive de la lumière sur toute substance végétale.

Ajoutons que le sulfate de quinine de M. Levaillant, d'après des analyses faites par plusieurs chimistes distingués de Paris et de Londres, est entièrement privé d'eau d'interposition, et par-conséquent est susceptible d'agir plus efficacement et de se conserver plus long-temps : aussi est-il préféré pour les expéditions dans les colonies.

Quant à la cinchonine et aux autres sels de *quinquina* et d'*opium* du même fabricant, ils ne peuvent manquer d'être particulièrement remarqués par les personnes qui se sont livrées à l'étude de la médecine et de la chimie.

N° 38. — M. BELLANGE, ébéniste du roi, passage Saulnier, n. 8.

Les ouvrages exposés par M. Bellangé sont dignes de la réputation dont il jouit. En voici le détail :

1° Commode en palissandre avec incrustations, moulures et filets en bois de houx, ornée de chapiteaux, bases et ornemens en bronze doré au mat ;

2° Secrétaire pareil ;

3° Lit à flasques en même bois et avec dorures ;

4° Table de milieu en palissandre avec incrustations en houx ; la ceinture et le pied de cette table sont richement ornés de bronzes dorés à l'or moulu ;

5° Table de milieu en bois de Gonzalès, supportée par trois Chimères ailées en bronze doré au mat, le pied triangulaire orné sur chaque face d'une figure en bronze doré au mat ;

6° Socle piédestal en bois d'orme orné de bronzes dorés.

N. 41. — M. TARDIEU, graveur-géographe, place de l'Estrapade, n. 34.

La réputation de cet habile artiste est faite depuis long-temps; aussi ne nous étendrons-nous pas en éloges inutiles. Le nom de M. Tardieu est inscrit au bas des cartes géographiques les mieux gravées et les plus exactes ; les objets qu'il expose cette année ne serviront qu'à consolider une réputation depuis long-temps et justement acquise.

N° 42. — M. MANON, rue des Enfans-Rouges, n. 13, et rue Porte-Foin, n. 1, près le Temple, déjà admis à l'exposition de 1827.

Perce par mécanique les planches à bouteilles de toutes longueurs et largeurs, pour bocaux à fruits de toutes grosseurs, pour les sirotiers et pour les tables des fabricans de chandelles, les planches pour l'épuration des huiles et pour les formes à sucre.

Il fait aussi des empiloirs ou casiers portatifs de toutes dimensions dont il est l'inventeur. Ils offrent l'avantage de ranger les bouteilles avec facilité et sans risquer de les casser, parce qu'elles ne se touchent pas ; on peut aussi y placer plusieurs sortes de vins, et les retirer à volonté sans déranger ceux qui sont placés dans le haut.

N. 44. — M. CRESPIN (Eugène), fabricant de châles , place des Victoires, n. 3.

Parmi les fabricans qui, depuis quelques années, ont fait faire à la fabrication des châles de notables progrès, nous nous plaisons à citer M. Eugène Crespin. Maintenant, grâce à ce fabricant et à quelques antres, les châles français peuvent rivaliser avec les plus beaux tissus de l'Inde ; élégance et nouveauté des dessins, éclat des couleurs, finesse des tissus, tout s'y trouve réuni.

N. 47. M. L.-V. FAURE fils aîné, sucesseur de M. Guillemot fils, marchand de laines, filées et teintes, pour tous tricots , passementerie, tapisserie et broderie à l'aiguille, dont il tient des assortimens complets, tant en laine française qu'anglaise, et poil de chèvre, rue des Orfèvres, n. 2.

Cet établissement, qui existe depuis quarante années, mérite la réputation dont il jouit pour ses teintures fines. M. Faure, qui le dirige depuis quinze ans, les ayant encore perfectionnées, nous offre aujourd'hui des dégradations de nuances suivies, à l'instar de celles de la manufacture des Gobelins, et qui réunissent la solidité à la vivacité des couleurs. Les dames dont les ouvrages de broderie et de tapisserie se fanaient presqu'au sortir de leurs mains, ou à la moindre exposition au soleil, apprendront avec plaisir que les teintures de M. Faure doivent long-temps conserver leur fraîcheur ; et qu'il tient, pour ce genre d'ouvrages, une qualité de laine extrafine, qu'on ne trouve que chez lui.

C'est surtout aux fabricans de châles et d'étoffes que nous recommandons cette maison, qui leur présente de grands avantages, non-seulement pour la solidité des couleurs, mais encore parce que M. Faure applique également ses procédés de teinture sur laine peignée, ce qui dispense les fabricans d'un redevidage onéreux ; il est parvenu à éviter entièrement le feutrage, qui était l'écueil de ce genre de teinture, au point que la laine est aussi facile à filer quand elle est teinte que si elle était écrue.

N. 51. M. PUREE (Hubert), rue Bourtibourg, n. 12.

Les instrumens de dessin exposés par M. Purée sont vraiment remarquables ; ils se recommandent à la fois par le bon marché et par des perfectionnemens très-importans.

Dans sa garniture de compas d'une nouvelle construction on trouve :

1° Un nouveau compas pour tracer des ovales de toutes dimensions ;

2° Un compas propre à tracer toutes sortes de spirales, qui a été adm's à l'exposition de 1827 ;

3° Un compas de réduction, dont les pointes peuvent se raccourcir sans changer les divisions, à l'aide d'un curseur mobile et d'une division transversale ;

4° Un compas à verge, pouvant se placer dans une boîte de mathématique d'un rayon de 18 pouces ;

5° Un tire-ligne ponctué, que M. Purée a livré au commerce en 1828 ;

6° Un compas de voyageur, remplaçant une boîte complète de mathématique, et pouvant se mettre dans la poche sans avoir de gaîne.

N. 52. — M. A. ÉVERAT, *Imprimeur, à Paris, rue du Cadran, n. 16, Presses ordinaires ; presses mécaniques mues par la vapeur. Caractères hébreux, grecs, persans, arabes, turcs, arméniens, etc., etc.*

Les presses de cet établissement, le plus considérable de Paris en ce genre, fournissent chaque jour à la consommation du public environ 150 à 160,000 feuilles, 47 millions de feuilles par an, réparties sur une composition égale à la matière que contiendraient 1,000 à 1,200 volumes. — M. Éverat a exposé une collection de classiques compacte ayant le triple avantage d'offrir une lecture aussi facile que celle des ouvrages publiés jusqu'alors, une diminution dans le nombre des volumes, puisqu'un seul n'en contient pas moins de six, une différence énorme dans les prix de fabrication et de reliûre; cette collection, remarquable par son exécution typographique et par la beauté de son format, se trouve chez M. Léfèvre, libraire, à Paris, rue de l'Éperon, n. 5.

N. 54. M. FAY, jeune, dessinateur; place de l'Hôtel-de-Ville, n. 8.

M. Fay a fait admettre un grand nombre de dessins de sa composition, savoir :

Un cadre renfermant treize dessins de tapis pour tapis veloutés, ras, moquettes et autres.

Un cadre renfermant un dessin d'aube d'une imitation parfaite pour dentelle avec le réseau et autres travaux à exécuter.

Un cadre renfermant un dessin pour écharpe de gaze brochée.

Deux cadres renfermant huit dessins pour damassé et autres étoffes.

Un cadre renfermant plusieurs dessins pour gilet broché, draps imprimés, meubles et autres.

N. 55. — M. FLEULARD, rue Monsigny, n. 3, derrière le passage Choiseul.

La machine, aussi simple qu'ingénieuse, inventée par M. Fleulard, s'appelle un *pantriteur* ou *broyeur universel*: vous allez en connaître les effets.

Le pantriteur, qui peut à l'aide d'une courroie, être facilement adapté à tous les moteurs, mout toutes les graines oléagineuses, broie et concasse indistinctement toutes le matières susceptibles d'être pulvérisées.

L'inventeur, qui est breveté, vient de former un établissement où l'on confectionne, sous une forme panaire, ces *tourteaux* que vous apercevez à côté du *broyeur universel*; ils sont composés de substances alimentaires, triturées, manipulées, cuites et propres à la nourriture des animaux. Cette nourriture remplace l'avoine pour les chevaux, sans nuire à leur vigueur et à leur santé, ainsi que l'ont prouvé de nombreuses expériences; l'économie est de 35 pour 100 sur l'avoine ; car un kilo. de tourteaux équivaut à un quart de bonne avoine et ne coûte qui 18 centimes.

Le *pantriteur* de la force d'un homme coûte 370 f. et celui de la force d'un cheval, 1,000 f.

N° 56. M. LELOGEAY, fontainier, rue Neuve-Saint-Etienne-Bonne-Nouvelle, n. 16, près du Gymnase.

Fontaines à filtration ascendante pour le service des ménages.
L'eau destinée à filtrer, est placée dans un réservoir supérieur, enfoncé d'une pierre non filtrante ; elle se précipite par le tube vertical dans un réservoir inférieur qui forme le fond de la fontaine, où elle se dépouille de ses impuretés ; c'est de là qu'épurée déjà par le premier dépôt et comprimée par la masse de liquide qui vient du réservoir supérieur, elle pénètre par ascension à travers une pierre filtrante dans un troisième réservoir intermédiaire. Le prix est de, une voie, 20 fr. ; une voie et demie, 25 fr. ; deux voies, 30 fr. ; et trois voies, 35 fr. Ce système a été approuvé par la société d'encouragement.

Fontaines réfrigérantes. — Ces petites fontaines établies comme les précédentes, donnent en tout temps une eau extrêmement pure et ont en outre le grand avantage de maintenir pendant les chaleurs d'été cette eau à 4, 5 et 6 degrés au dessous de la température atmosphérique. Elles sont construites de manière à servir en même temps *de raffraichissoirs de table* pour le vin et les liqueurs.

N° 57. M. GIBAUT, rue Charlot, n. 43, à Paris.

Qui a été l'un des premiers à fabriquer des pianos droits à développement, est parvenu à les perfectionner. Outre l'avantage dont ils jouissaient déjà, ils ont maintenant celui de n'occuper que peu d'espace et de produire des sons entièrement purs et et d'une telle flexibilité dans les touches qu'ils cèdent à la plus légère pression.

Le clavier et le mécanisme de ces instrumens s'enlèvent et se replacent avec la plus grande facilité ; leur élévation est au plus de trois pieds. L'économie introduite dans ces pianos permet une réduction dans les prix que nul autre que lui ne peut offrir.

N° 60. — **M. BERGERON**, artiste en corsets, orthopédiste, professeur de gymnastique pour femme, passage de l'ancien Grand-Cerf, n. 44.

Après quinze ans de travaux et de recherches, M. Bergeron est parvenu à réunir un assortiment complet des instrumens et appareils destinés à remédier à nos différentes difformités physiques. La nomenclature des objets qu'il expose est bien longue : mais aussi combien sont nombreuses et variées les infirmités de la nature humaine et quelle patience n'a-t-il pas fallu pour trouver à chacune d'elle un remède ou un palliatif!

1° Corsets de luxe ; corsets en ceintures ordinaires en tous genres ; corsets pour dames enceintes ; corsets en gomme élastiques ; corsets pour voiler ou redresser les difformités de la taille ; corsets-ceintures contre l'onanisme ; assortiment de bandages herniaires de toutes espèces, et ceintures sans ressorts ;

2°On remarquera un lit d'immobilité à plan brisé et incliné avec quart de cercle dans lequel un malade peut se placer en tous sens sans nuire au traitement qui lui est imposé. Il y a aussi des lits et machines orthopédiques pour le redressement des difformités de la taille et des membres ;

3° Assortiment varié de béquilles, les unes à crémaillières pour les allonger ou raccourcir à volonté ; les autres à crosses élastiques et à ressorts de l'invention de M. Bergeron ;

4° Les appareils acoustiques dont plusieurs ont été aussi inventés par M. Bergeron, produisent les résultats les plus remarquables. Tels sont ceux employés pour les voitures et avec lesquels on peut parler au cocher sans ouvrir les glaces ni se déranger. Nous citerons encore les acoustiques de spectacles ;

5° Appareils de frictions de toutes espèces, et autres appareils pour les maladies d'yeux, tels que conserves, doucettes, etc.

Il est à remarquer que M. Bergeron est le premier qui ait employé avec avantage dans les corsets, dans les ceintures et dans tous les appareils, les tissus en gomme élastique de MM. Ratier et Guibal, et qu'il est parvenu à leur donner toute la solidité nécessaire dans les coutures sans nuire à l'élégance des formes. Les hommes de l'art ne verront pas sans intérêt le grand parti que M. Bergeron a su tirer aussi de tissus de gomme imperméable de la même fabrique ; il est parvenu à les employer dans les appareils de chirurgie et d'orthopédie.

Moyennant 700 fr., M. Bergeron se charge de fournir les appareils complets pour un traitement des difformités de la taille ; ces assortimens se composent de chaises, béquilles, corsets et instrumens gymnastiques. Il loue les mêmes objets pour 500 fr.

On trouve encore chez lui un assortiment de mécaniques pour la guérison des pieds bats, pour la cambrure des jambes des enfans et pour toutes espèces de fractures. Pour plus de détails, voir le prospectus de M. Bergeron, qui contient près de 300 articles.

M. Bergeron a fait construire, dans le pensionnat de madame Jovenet, à Passy, un gymnase pour développer ou redresser la taille des jeunes personnes confiées à ses soins.

N° 61. **M. CHABERT**, rue Montmorency, n. 14.
Fabrique de nécessaires.

N. 67. **M. CLAES**, rue Saint-Paul, n. 5, hôtel de la reine Blanche.

Lit, Secrétaire, commode, table de nuit et table à thé, le tout en style gothique. Ces meubles, exécutés sur le même dessein, sont remarquables par l'élégance des formes et le travail du bois.

N. 69. — **MM. LASSALLE et BELLOCQ**, successeurs de M. Bronzac, rue Saint-Dominique-Saint-Germain, n. 25, et rue Vivienne, n. 23. — Brevet d'invention en 1829 et de perfectionnement en 1834, pour des cheminées à four mobile et à réservoirs calorifères.

Quatre années d'expériences et de succès et un rapport très-favorable de la société d'encouragement, attestent les nombreux avantages de ces nouvelles cheminées. On peut, au moyen de la mobilité de leur foyer, faire avancer et reculer à volonté le feu, de manière à ce que le calorique qui se dégage du combustible, soit tout en entier au profit de l'appartement, sans avoir à redouter la fumée toujours attirée dans le conduit par un mécanisme intérieur ; il en résulte une économie évidente dans l'emploi du combustible.

Cette utile invention vient d'être récemment complétée par l'addition de réservoirs et tuyaux de chaleur, qui s'adaptent au mécanisme très-simple des cheminées, sans aucune complication et procurent ainsi un nouveau surcroît de chaleur de cinq à six dégrés et une économie plus considérable encore dans le combustible, qui peut être indistinctement, du bois, du charbon de terre ou de cook, sans qu'il en résulte ni la moindre odeur ni fumée.

On les place dans des chambranles existans, ou bien en forme de poêles, et de manière à pouvoir au besoin chauffer deux pièces avec un seul foyer. Leur construction est simple, solide et élégante. Elles coûtent depuis 55 jusqu'à 550 fr.

N° 74. — M. BARTHELEMY, bijoutier, Palais-Royal, n. 112.

Ce n'est pas la première fois que M. Barthélemy enrichit l'exposition de ses brillans produits. Il a obtenu, en 1823, une médaille, et en 1827 une mention honorable en récompense du perfectionnnement remarquable qu'il a introduit dans la composition des pierres factices qui imitent les pierres vraies à s'y méprendre. Il suffit de jeter les yeux sur le n° 74 pour apprécier le bon goût des ouvrages de cet exposant et la richesse variée de ses assortimens en bijoux et joaillerie. Il fabrique aussi le service de table en argent plaqué et les bijoux en composition d'or.

N° 75. — DERVILLÉ, rue Saint-Guillaume, n. 29.

Ce fabricant s'est spécialement occupé, pendant plusieurs années, de la confection de meubles confortables, et après avoir apporté dans cette industrie becucoup d'améliorations il offre aujourd'hui au public, dans chacun des quatre modèles exposés, la réunion de la plus parfaite commodité et de l'élégance des formes.

N. 73. — M. GAUSSEN, fabricant de châles - cachemires, place des Victoires, n. 2.

M. Gaussen, que les anciens titres d'associé et successeur de M. Lagorce, placent au premier rang des fabricans de châles-cachemires, a fait faire, depuis l'exposition dernière, des progrès incontestables à cette industrie, par les améliorations dont il est l'inventeur. Nous ferons d'abord connaître celles des mécaniques Jaquard à doubles griffes qu'il emploie depuis cinq ans.

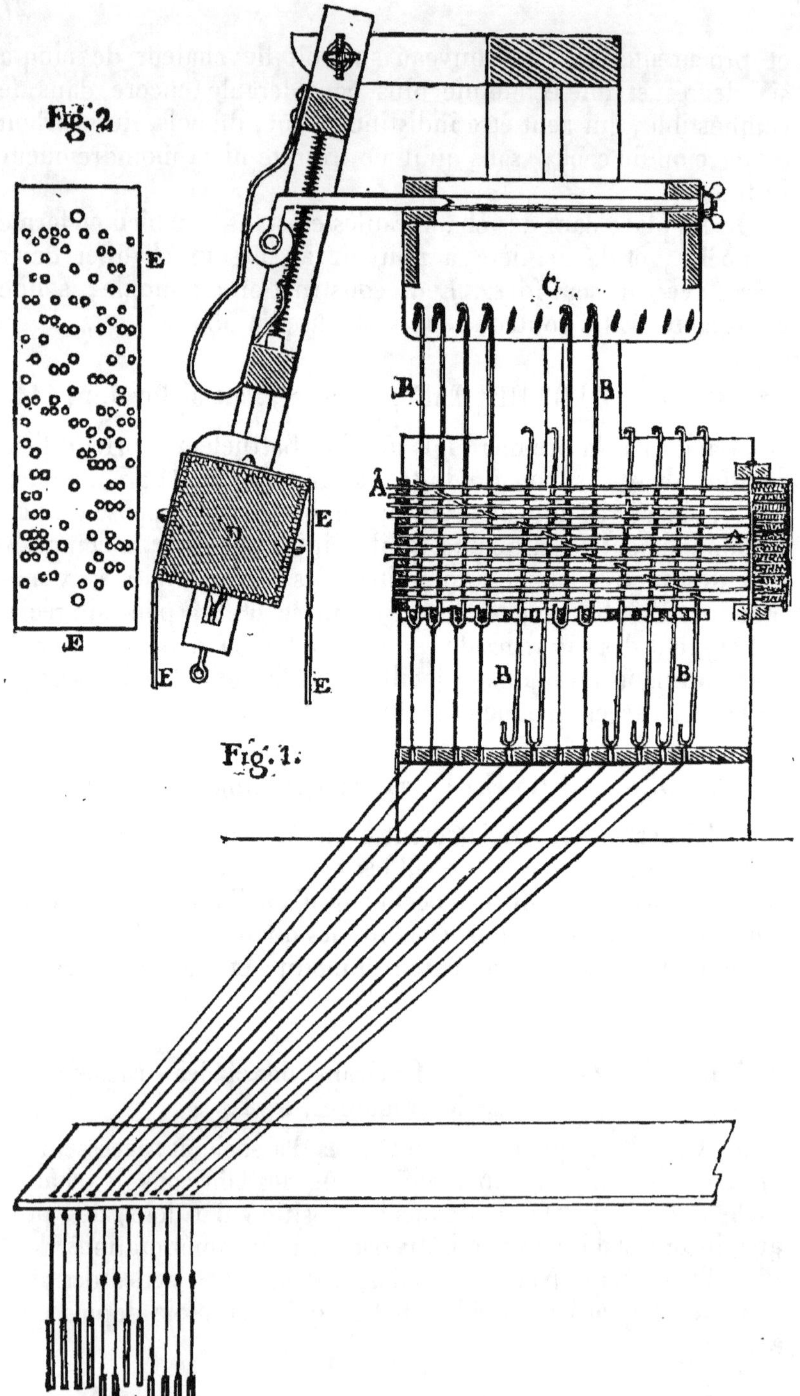
Fig. 2
E
E
E
E
C
B
B
A
A
A
D
E
E
E
B
B
Fig. 1.

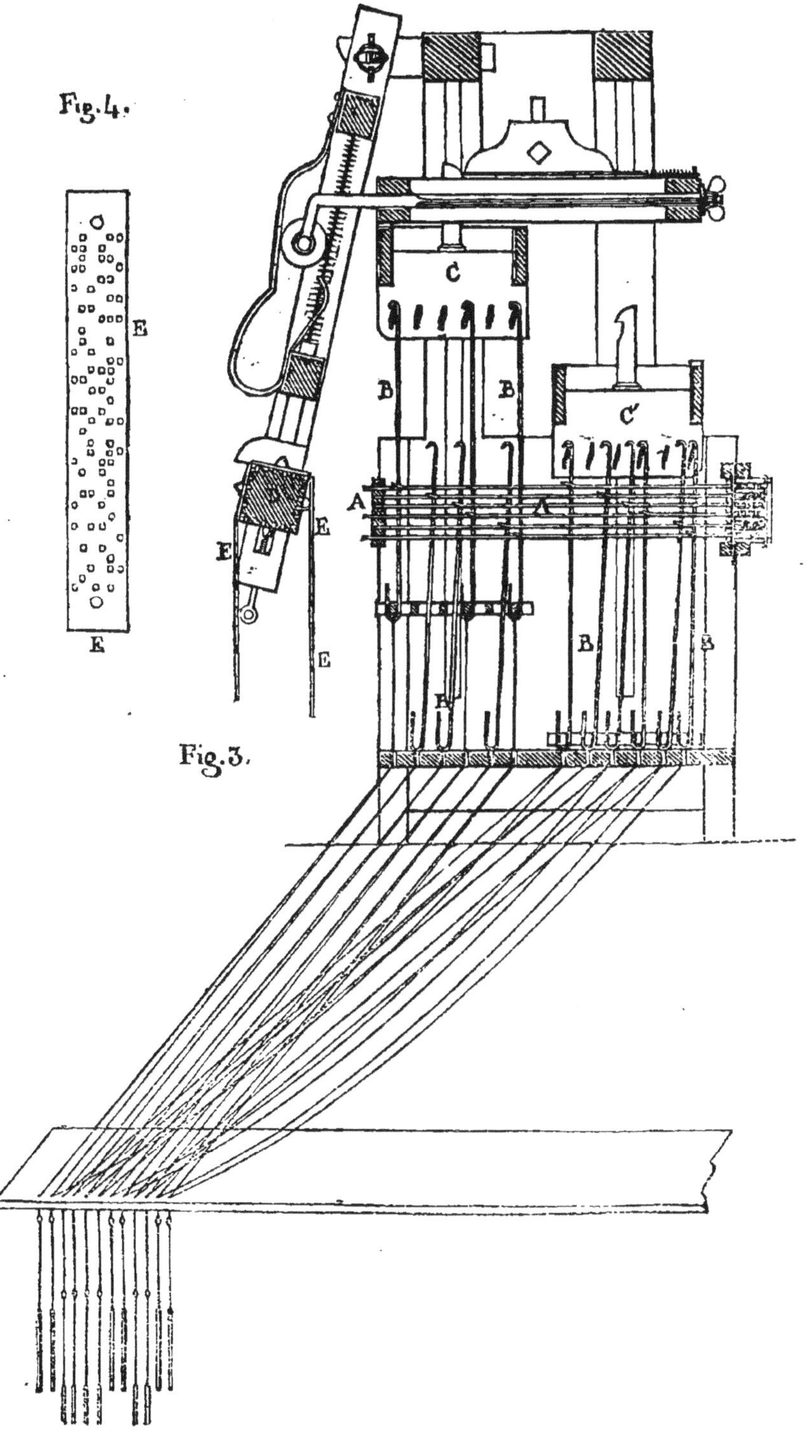
Fig.4.
E
E
Fig.3.
c
B
B
C'
A
A
B
E
E
E

30

On sait que pour imiter le croisé des châles de l'Inde, il faut que les fils soient toujours levés en nombres pairs (de 2, 4, 6, etc., suivant les dispositions et les couleurs du dessin) à chaque coup de la navette pour la formation des fleurs. On passe ainsi toute la course, c'est-à-dire toutes les couleurs qui correspondent à la même ligne; la course suivante se fait en échancrant d'un ou de plusieurs maillons, à gauche ou à droite, selon la disposition du dessin, les fils se levant toujours par nombres pairs.

Les deux dessins ci-dessus représentent les deux systèmes différens au moyen desquels on peut obtenir l'effet que nous venons d'énoncer. Nous avons cru devoir les figurer ici tous deux pour mieux en faire comprendre la différence, et par suite faire mieux juger des avantages que l'on peut retirer de l'emploi de la nouvelle mécanique.

La figure première représente une coupe verticale de l'ancien système, composé de douze rangées d'aiguilles A et d'un égal nombre de broches ou crochets B, pour chaque rangée; chacune de ces broches ne peut faire marcher qu'un seul maillon. La griffe C, à laquelle viennent successivement ou simultanément s'accrocher toutes les broches, est formée d'une seule pièce mobile. Cette disposition exige alors que la largeur du *cylindre* D. soit telle qu'il puisse contenir autant de trous qu'il y a d'aiguilles, puisque chacune d'elles n'est traversée que par un crochet. D'où il résulte que tous les cartons E qui servent à déterminer la levée des crochets, devant être de la même dimension que le cylindre sur lequel ils s'enroulent comme une chaîne sans fin, ont toute la largeur indiquée par la fig. 2.

Dans le nouveau système de mécanique, tel qu'on le voit représenté en coupe sur la fig. 3, il n'y a que six aiguilles pour douze crochets qui cependant font travailler le même nombre de maillons. Mais alors la griffe mobile, au lieu d'être d'une seule pièce comme dans la première mécanique, fig. 1, se compose de deux parties C, C' séparées l'une de l'autre, pour monter ou descendre alternativement, de telle manière que lorsque l'une, celle C par exemple, occupe la position supérieure, l'autre C' occupe la position inférieure. Chaque aiguille devant, en ce cas, livrer passage à deux crochets, doit être nécessairement percée de deux ouvertures allongées. Par cette disposition, il est facile de reconnaître que la mécanique n'ayant que six rangées d'aiguilles, pour produire le même effet que l'ancien, on n'a besoin que d'un cylindre moitié moins large, et par suite les cartons qui viennent s'y enrouler n'ont aussi que la moitié de la largeur donnée à ceux de la fig. 1. La fig. 4 donne les dimensions de l'un de ces cartons tel qu'ils sont exécutés par la nouvelle mécanique.

Cette différence de moitié dans la largeur des cartons est d'un avantage très-grand pour le fabricant, puisqu'il présente une économie de 40 p. 0|0, sur les frais de lecture de dessin. Cette maison dépense plus de 40,000 fr. pour frais de lecture, et en aurait dépensé 75,000 pour la même quantité de dessins par l'ancien système. La nouvelle mécanique de M. Gaussen a encore l'avantage de rendre possible l'imitation des beaux châles de l'Inde connus depuis peu, en donnant la facilité de faire des répétions plus larges, c'est-à-dire de varier le nué de toutes les palmes sur la largeur du châle, de pouvoir faire les galeries et guirlandes beaucoup plus riches, fond noir au fond blanc, avec les mêmes cartons; enfin ce qui prouve l'importance de cette invention, c'est l'empressement que tous les fabricans de Paris, Lyon et Nîmes, ont mis à l'adapter à tous leurs métiers.

Une autre amélioration que M. Gaussen a appliquée le premier et qui a beaucoup influé sur la faveur qu'on accorde aux châles-cachemires français, c'est la frange arlequinée et les chaînes à plusieurs couleurs, ce qui donne aux châles français une fraîcheur de nuance et de coloris qui a tout le brillant des cachemires de l'Inde, lesquels, du reste, sont faits aussi avec une chaîne à plusieurs couleurs; mais alors les franges, les palmes et les guirlandes sont cousues dans leurs châles.

Un perfectionnement a été introduit aussi dans la mise en carte, pour rendre plus facile au dessinateur l'imitation du modèle qu'il copie.

Nous ne parlerons pas ici de la beauté et de la parfaite imitation des dessins dans les châles de M. Gaussen, c'est au public à les juger; nous n'avons voulu que constater des faits.

N. 79. — M. TROTRY-LATOUCHE, rue Notre-Dame-de-Nazareth, n. 20.

M. Trotry-Latouche est peut-être le seul fabricant, à Paris, de

32

bonneterie orientale; les rapports du jury public, lors de la clô-
ture des expositions précédentes, ont consacré ses titres à la confiance publique. Les produits exposés par ce fabricant sont journellement exportés dans les diverses contrées de l'Orient, et
peut-être les *calottes* que nous avons sous les yeux couvriront-
elles un jour la tête d'une voluptueuse odalisque ou celle d'un
farouche osmanli.

No 83. M. MARION-BOURGUIGNON, joaillier-bijoutier,
marchand de Perles, Passage de l'Opéra, nos 19 et 20. —
Sa fabrique est barrière du Trône, no 4.

M. Bourguignon, breveté de S. M. la Reine des Français, s'é-
tait déjà fait distinguer à l'exposition de 1827. Il expose cette
année une couronne de fleurs qui est composée de bleuets d'é-
pis et de feuilles de blé; les épis sont à trois grains et sans pièces
de rapport; le tout est monté en or et argent. Cette couronne
peut se défaire avec la plus grande facilité et ses diverses parties forment alors huit jolis bouquets.

A coté de cette couronne se trouve une collection de différens
articles de bijouterie: peignes, guirlandes, boucles-d'oreilles,
perles artificielles, pierres taillées brutes, en morceaux et dans
leurs creusets.

N. 85. — M. PHILLIPPON (Pierre-Dominique), fabricant de cuirs à rasoir, passage Dauphine, n. 36, escalier D.
au troisième étage.

Inventeur d'une poudre anti-caustique pour le repassage des
rasoirs, canifs et autres instrumens tranchans, M. Phillippon,
après huit années de recherches et de travail, a découvert une
composition anti-caustique, qui, sans aucun apprêt, dispense
toutefois de se servir de la pierre, et donne le fil aux instrumens
les plus difficultueux, même aux instrumens chirurgicaux.

Le prix des cuirs à rasoir d'un nouveau genre est de 1 fr. 5o cent.
Les deux boîtes de composition anti-caustiques coûtent aussi 1 fr. 5o c.

N. 87. M. BOURDON (Eugène), constructeur de modèles de
machines, rue Vendôme n. 12, au Marais.

M. Bourdon s'occupe avec succès de construire en verre et en
métal, des modèles de machines à vapeur, qui par leur disposi-

tion et la transparence des pièces qui les composent en rendent la démonstration extrêmement facile. Les modèles de M. E. Bourdon parlent aux yeux. En les examinant avec attention, on se rend facilement compte du jeu de toutes les pièces intérieures, dont l'ingénieuse combinaison donne le mouvement à la machine. Leur mécanisme, si compliqué, si difficile à comprendre, lorsqu'il est exécuté en métal, devient complétement visible dans les tubes transparens dont les cylindres sont formés, de sorte que pendant que l'appareil fonctionne, on peut suivre exactement la marche de la vapeur, depuis sa sortie de la chaudière jusqu'au moment où elle s'échappe du condenseur, après avoir produit son effet utile. Deux rapports viennent d'être faits sur cet objet : l'un à l'Académie des Sciences par MM. Molard, Séguier fils et Becquerel ; l'autre à la Société d'encouragement par M. Delamorinière.

On doit aussi à M. E. Bourdon deux nouveaux systèmes de lampes à réservoirs inférieurs, qui présentent des avantages assez remarquables et pour lesquels il vient d'obtenir deux brevets d'invention. L'une à rouages comme les lampes *à la Carcel*, a sur celles-ci l'avantage de faire monter l'huile au bec, au moyen d'une pompe de nouvelle invention, dans laquelle il n'y a aucune soupape. Cette amélioration est d'une grande importance, puisqu'elle annulle la principale cause de dérangement de ces sortes de lampes.

L'autre lampe est d'une construction entièrement nouvelle : elle repose sur un principe purement physique, ingénieusement appliqué à faire monter l'huile au bec avec abondance, et à reprendre au fur et à mesure le trop plein, pour l'utiliser à la combustion. C'est un résultat que l'on n'avait encore obtenu qu'à l'aide d'un mécanisme d'horlogerie ; ainsi on verra avec beaucoup d'intérêt un modèle de cette lampe exécutée en verre, de manière à montrer par quel moyen M. E. Bourdon est parvenu à obtenir des effets très-remarquables sans le secours d'aucun rouage.

Parmi les objets déposés par M. E. Bourdon, nous indiquerons un modèle de machine à écraser les graines de colza, exécuté pour le Conservatoire des arts et métiers ; une presse à cylindre en verre, de petites pompes de divers systèmes, un appareil à gaz hydrogène, des modèles de chaudières à vapeur munies de tous leurs accessoires.

N. 89. — M. GUILBERT fils, successeur de son père, fabricant de peignes d'écaille, rue Neuve-Saint-Martin, n. 14, entrée par la rue Saint-Martin.

M. Guilbert est avantageusement connu, depuis nombre d'années, pour la perfection de ses peignes d'écaille, qu'il exporte en grand nombre à l'étranger ; il tient un assortiment de peignes imprimés, gravés, polis en or, émaillés : enrichis de découpures, gaufrés de toutes grandeurs et de toutes formes.

On trouve aussi chez lui des peignes de corne imitant l'écaille.

N° 88. — M. PEYSANT, dit TISON, fabricant de papiers marbrés, rue des Noyers, n. 8, quartier Saint-Jacques.

Les papiers marbrés qui, à une époque plus reculée, étaient tombés dans une sorte de discrédit, ont repris faveur depuis quelque temps et sont pour beaucoup dans le luxe de la reliure. M. Peysant a introduit, dans la fabrication de ces papiers, des amélioration notables, et pour s'en convaincre, il suffit de jeter les yeux sur les nombreux et divers échantillons qu'il a exposés.

On remarquera surtout ses papiers à petit peigne. Il y a soixante ans que tous ces papiers ne se fabriquaient que chez un seul artiste qui est mort en emportant son secret, et depuis tous ses confrères firent de vains efforts pour le découvrir. M. Peysant chercha à son tour ; il fut plus heureux, et bientôt il vit les amateurs de beaux livres affluer dans ses ateliers. On remarquera aussi le papier-marbre, que ce fabricant fait établir par rouleaux à un prix bien modique et qui sert à tapisser le soubassemens des appartemens. Il se fabrique par le même procédé que les autres papiers-marbrés.

Il faut observer que tous les papiers qui sortent des ateliers de cet exposant, peuvent être lavés avec une éponge sans que l'on risque d'altérer en rien la vivacité des couleurs qui reprennent bientôt leur premier éclat et peuvent ainsi supporter toutes sortes de vernis.

M. Peysant comprend aussi dans son exposition les papiers anglais, allemands et français qui valurent à M. Mossner une mention honorable en 1827.

N. 94. M. CHEMIN, balancier-mécanicien, rue de la Ferron-
nerie, n. 4, à Paris.

Cet artiste, qui a obtenu une mention honorable en 1819, a
exposé cette année :

1° Balance d'essai (dite de Berzélius), pour les produits chimiques, pesant de 200 à 250 grammes et sensible au milligramme;

2° Une grande balance d'essai pour peser 1000 grammes et
sensible au milligramme.

3° Une balance pour les essais d'or et d'argent, sensible au
1|4 de milligramme.

4° Balance pour connaître la pesanteur spécifique et la qualité du blé, adoptée par le gouvernement; cette balance, con-
tenue dans une petite boîte (forme valise), est tout-à-fait portative.

On trouve toujours dans son magasin des balances et poids à l'usage du
commerce, et des seringues mécaniques, dont il est l'inventeur.

N. 95. — M. SCHULTZ, successeur de M. Lassaut, rue
Saint-André-des-Arts, n. 12, breveté de la Reine et de S. A.
R. M.me Adélaïde, a exposé cette année quatre magnifiques
tapis en fourrure, dont un de quinze pieds sur treize.

Cette ancienne maison jouit à juste titre de la confiance publique et compte dans sa clientèle ce que Paris renferme de plus
distingué. On trouve dans les magasins de M. Schultz un assortiment complet de toutes sortes de fourrures dans les goûts les
plus nouveaux; il se charge en outre de la construction des fourrures, cachemirs et lainage, etc.

N. 96. — M. JULIEN, rue de la Vieille-Monnaie, n. 7.
Produits chimiques, dont nous parlerons dans une édition
subséquente.

N. 97. — M. PANIER, fabricant de couleurs, rue de Cléry,
n. 9.

Cet exposant, successeur de M. Lambertge, fabrique des couleurs superfines pour tous les genres de peintures : encre de chine,
pinceaux, fusains, pastels, papiers à dessin et généralement tout
ce qui a rapport aux arts. Il fait aussi la commission en papeterie.

Nº 104. M. FANON, Layetier, Coffretier, Emballeur, rue Montmartre, n. 172, à Paris, breveté du roi, pour le champignon mécanique servant à l'emballage des chapeaux de dames.

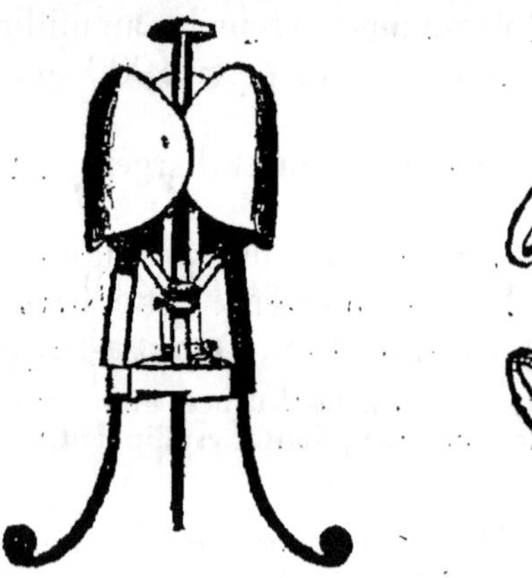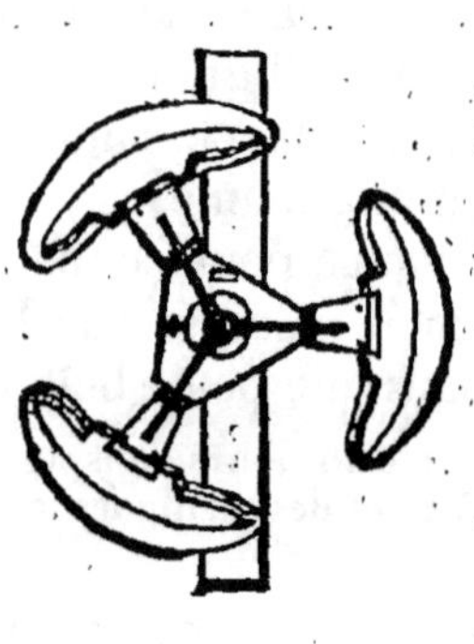

Depuis long-temps les dames désiraient que l'on inventât le moyen de transporter des chapeaux en province sans être obligé de les assujétir avec des épingles, ce qui a l'inconvénient d'y laisser des marques. Avec ce champignon elles n'en n'auront plus besoin; il a de plus l'utilité de pouvoir servir pour poser son chapeau dans un appartement. On trouve en outre chez M. Fanon une collection nombreuse de boîtes à robes et à chapeaux, distribuées de manière que les dames *peuvent les emballer elles-mêmes.*

N. 106. M. HALLÉ (Louis), fabricant de carton-pâte, rue Bailleul, n. 7.

M. Hallé se livre depuis long-temps à la fabrique des cartons-pâtes : son exposition se compose d'objets de théâtre, tels que casques, boucliers, etc. Les autres objets soumis aux regards du public sont d'une bonne exécution.

N. 111. — MM. SAINT-ÉTIENNE, père et fils, ingénieurs-mécaniciens, brevetés et fabricans de fécule, rue du Chevet-Saint-Landry, n. 1, à Paris.

Râpes et Appareils divers propres à la fabrication de la fécule de pomme de terre.

N° D'ORDRE.	DÉSIGNATION DES MACHINES.	FORCE NÉCESSAIRE.	FABRICATION D'UN JOUR.	ÉCONOMIE PAR JOUR.	PRIX.
1re SÉRIE.	Râpe à tamis mécanique.	5 chevaux.	500 hectolitres.	25 à 50 ouvriers.	4,000 fr.
	Tamis à petits sons.	1 homme.	Le produit du travail	5 à 6	900
	Blutteur mécanique.	1 cheval et demi.	5 à 6,000 kil. fécule.	7 à 8	1,200
2e SÉRIE.	Râpe à tamis mécanique.	4 chevaux.	250 hectolitres.	14 à 15	à 1 tamis 2,000
	Tamis à petits sons.	1 homme.	Le produit du travail	3 à 4	à 2 tamis 2,500
					700
	Blutteur mécanique.	1 cheval ordinaire.	2,500 à 3,000 kil. fécule.	3 à 4	800
3e SÉRIE.	Râpe à tamis mécanique.	3 chevaux.	120 à 130 hectolitres.	8 à 10	à 1 tamis 1,500
	Tamis à petits sons.	1 demi-homme.	Le produit du travail	2 à 3	à 2 tamis 1,800
					600
	Blutteur mécanique.	1 homme.	1,500 à 2,000 kil. fécule.	5 à 0	500
4e SÉRIE.	Tamis mécanique.	1 cheval.	60 à 70 hectolitres.	4 à 5	900
	— à bras.	2 hommes.	25 à 30	1 à 2	600
	Râpe ordinaire.	2 chevaux.	60 à 70.	0 à 0	500
	— à bras.	2 hommes.	20 à 25.	0 à 0	500

Les machines de la première série ou de première dimension se composent 1° D'un appareil complet à deux râpes et à quatre tamis mécaniques. Cette machine offre le double avantage de râper et de tamiser simultanément; 2° d'un appareil à repasser le menu parenchyme ou les petits sons; et 3° d'un *blutteur* mécanique qui s'alimente et ensache la fécule; cette machine remplace sept à huit bluttoirs ordinaires.

Les machines de la deuxième série sont, pour la force, semblables à celles de la première; mais l'appareil à râper et à tamiser ne comporte qu'une râpe et deux tamis mécaniques. Le tamis à petits sons ainsi que le blutteur sont d'une dimension un peu moins grande.

Les machines de la troisième série sont de même forme que celle de la deuxième série, mais d'un moindre volume.

La quatrième série se compose de machines simples à manège et à bras.

Indépendamment de ces diverses machines, on trouve chez l'auteur toutes celles qui sont nécessaires dans une féculerie, telles que, pompes, poêles à calorifères pour étuves, pièces de rechanges diverses; toiles métalliques, de crin et de soie, syphons, etc.

M. Saint-Etienne se charge de la pose de ses machines, dirige les constructions à faire, et montre la manière de bien fabriquer pour obtenir de beaux produits. Il remet à ses acheteurs une instruction écrite qui ne laisse rien à désirer et d'après laquelle on peut opérer soi-même.

Par ces procédés, on obtient non-seulement une augmentation de produits, mais des produits supérieurs en qualité; la dépense d'eau est égale à celle du tamisage à la main.

N. 112. — M. DEMILLY (Adolphe), rue du Dauphin-Rivoli, n. 1.

Bougie de l'étoile.

Parmi les sciences naturelles, la chimie occupe le premier rang pour les services qu'elle a déjà rendus, les progrès qu'elle fait chaque jour, et l'extension infinie dont elle est susceptible. Par son secours, l'économie domestique s'est depuis quelque temps enrichie d'une nouvelle découverte : la fabrication de la bougie jusqu'à présent avait laissé beaucoup à désirer. Les bougies de la cire la plus pure présentaient souvent dans leur usage de graves inconvéniens ; souvent elles coulaient, même sans agitation de leur flamme, et se couronnaient d'une partie charbonnée qui nuisait à l'éclat de la lumière.

La bougie dite de *l'étoile*, dont la propagation a été si rapide et l'usage si généralement adopté, est exempte de tous ces défauts. Placée dans un air tranquille, elle brûle d'un bout à l'autre sans jamais couler ; sa clarté est vive, blanche, brillante et d'une immobilité parfaite. Si, par l'effet de déplacemens brusques et successifs, elle vient à couler, le liquide qui s'en échappe se concrète instantanément, et se détache à l'instant sous forme de branches de la bougie, qui conserve tout l'éclat de son poli et la régularité de son aspect.

Ce produit est indigène, et le prix auquel il revient a permis de livrer la bougie de l'Étoile à la consommation à 2 fr. 25 c. Si l'on considère qu'à l'époque de la guerre, la cire, vu la difficulté des importations, se vendait 5 fr. la livre, importations qui aujourd'hui même sont encore d'une haute importance, on doit se féliciter d'une découverte qui, en satisfaisant à la fois à nos besoins et à toutes les exigences du luxe, tend à affranchir le pays d'un tribut que jusqu'à présent il a payé à l'étranger : aussi la Société d'encouragement de l'industrie, dans sa séance du 29 mars 1833, a-t-elle décerné une médaille d'argent à l'inventeur.

Les magasins de la manufacture des bougies de l'Étoile sont rue du Dauphin-Rivoli, n. 1, et rue Vivienne, n. 15.

N. 114. — M. AMBROIS, chapelier, rue de la Chaussée-d'Antin, n. 22.

M. Ambrois, par des procédés de son invention, a trouvé le moyen de fabriquer des chapeaux qui ne pèsent que *trois onces*, et grâce à un apprêt qu'il a aussi découvert, ces chapeaux, quoique si légers, n'ont pas moins de solidité que les autres.

N. 115. M. VALLON, jeune, coutelier, breveté ; boulevart des Italiens, n. 2, près le passage de l'Opéra.

Nouveaux affiloirs métalliques pour l'entretien des rasoirs. Il suffit de les repasser cinq à six fois dessus pour obtenir une coupe très-douce. Greffoirs-sécateurs pour toutes espèces d'arbres à fruits et à fleurs, vigne, etc. Rasoirs d'une trempe carbonisée à l'épreuve, qui ne coûtent que 1 f. 50 c.

N. 117. M. LAPREVOTE, luthier, rue Richelieu, n. 10.

Les violons et les guitares Laprevote, si avantageusement connus dans le monde musical, ont déjà figuré à l'exposition de 1827, et à cette époque une médaille fut décernée à l'habile inventeur. Nous pouvons même ajouter que dès 1822, M. Laprevote avait reçu de la cour une médaille d'argent comme récompence spéciale, et qu'il obtint aussi le titre de *Luthier du duc de Bordeaux.*

Ses guitares et ses violons sont construits d'après un même procédé, à l'aide duquel il supprime tout ce qui pouvait intercepter ou comprimer la vibration et la répercussion de l'air; c'est là le secret des sons harmonieux que M. Laprevote a su tirer de ces deux instrumens.

N. 119. M. FERON, rampiste, rue de Clichy, n. 29.

M. Feron, qui depuis long-temps s'exerce à perfectionner la partie des rampes, a exposé des mains courantes qui bien que légères ne perdent rien de leur solidité; les assemblages sont disposés de manière à éviter la dilatation. Il est prouvé que les bois les plus durs à travailler à plat, sur une courbe d'un mètre de longueur s'écartent ordinairement d'une ligne à une ligne et demie. Pour remédier à cet inconvénient, M. Feron a fait des assemblages à dents de scie qui, par leur construction, présentent toujours un angle saillant en opposition à un angle rentrant ; de cette manière, la chaleur qui opère un éloignement dans les bois, trouve une résistance qui les maintient dans leur état primitif.

M. Feron est aussi l'inventeur d'un assemblage d'angles connus sous le nom de traits de Jupiter et qui empêchent les bois de dévier.

Comme exemple de difficulté vaincue on remarquera plusieurs torses dont l'une est incrustée en mosaïque.

No 124. M. GOEBEL, rue de la Perle, n. 8.

C'est pour la première fois que M. Goebel expose des objets de fantaisie de son invention, que l'on nomme Paniers en bois de palissandre avec incrustation de bois d'houx. Cette fabrication ne date que de l'année actuelle; les objets qu'elle a produits ne peuvent manquer de fixer l'attention par la diversité de leurs formes et de leurs compositions; ils sont portatifs au bras et à la main, et font l'ornement des cheminées, consoles et commodes; il y en a de la même composition qui renferment plusieurs flacons d'odeurs pour la toilette.

N. 126. — M. GIVELET, marchand pelletier, fourreur du roi et du garde-meuble de la couronne, *au Chapelet de l'Enfant-Jésus*, rue Saint-Honoré, n. 159, près de l'Oratoire.

Le public remarquera certainement le superbe tapis que M. Givelet a exposé. On peut difficilement se faire une idée de l'immense travail qu'il a fallu pour obtenir une telle variété de couleurs.

Les magasins de M. Givelet renferment un grand assortiment de toutes espèces de fourrures.

N. 128. M. BOURBOUZE, fabricant d'Instrumens de physique, rue de la Tixeranderie, n. 27.

Les machines dont on a fait usage jusqu'à ce jour pour obtenir les deux électricités sont d'un prix si considérable qu'elles ne se trouvent que dans les établissemens royaux; elles sont d'ailleurs tellement compliquées que leur déplacement devient impossible; on obtient, il est vrai, les deux fluides, mais l'un après l'autre et par des changemens très-incommodes de diverses parties de l'appareil.

La *Machine électrique* de M. Bourbouze est d'une forme élégante, se transporte et se place facilement, fournit les deux fluides à la fois, ou l'un après l'autre à volonté, sans aucun dérangement; sa forme, qui n'exige qu'un support isolant, lui donne encore un très-grand avantage; enfin son prix la met à la portée de tous ceux qui étudient ou qui professent.

N. 130. — M. SCATTI, passage du Saumon, n. 56, banda-
giste breveté.

Ce fabricant est inventeur de nouveaux bandages herniaires d'une seule pièce, à un ou à plusieurs ressorts, à pelotte fixe ou à pelotte mobile et tournante à pression, approuvés par plusieurs médecins de la capitale. Ces bandages offrent un point de résistance permanent et invariable à toutes sortes d'hernies.

M. Scatti est en outre l'inventeur d'une nouvelle ceinture qui une fois placée, se maintient d'elle-même et ne gêne point les mouvemens du corps. Il tient aussi une fabrique de corsets pour l'usage ordinaire et pour corriger les difformités de la taille.

On trouve enfin chez lui un assortiment complet de tout ce qui a rapport à son état.

N. 135. M. JANET, rue des Trois-Bornes, n. 1.

Orseille de terre, perfectionnée.

Cette orseille se vend 1 fr. 50 c. le kilogramme ; elle provient de France, où elle occupe environ trois cent cinquante ouvriers pour la récolte ; elle vaut, *sous tous les rapports*, l'orseille d'herbes qui coûte 3 *fr. le kilogramme* (une fois plus), et dont la matière première est tirée de l'étranger. Ce haut prix force nos teinturiers à la remplacer par les bois de teinture, au détriment de la couleur. Avec *l'orseille de terre perfectionnée*, ils feront plus beau et à meilleur marché, et nos étoffes redouteront moins la concurrence des fabriques de Saxe et d'Angleterre.

Cette orseille était connue depuis long-temps dans le commerce ; mais la manière dont elle était préparée ne lui faisait représenter en qualité qu'un tiers de celle d'herbes, tandis que celle exposée rend pour le moins autant, ainsi que le prouvent les deux morceaux d'étoffe teints comparativement, à doses égales.

Nº 139. M. PEPIN (Théodore), quai de la Garre d'Ivry, n. 30.
Machine propre à décortiquer les légumes secs. (Brevet d'invention, prix remporté et une médaille d'encouragement).

On sait qu'il n'existe point d'aliment d'un usage plus général,

et à meilleur compte que *les légumes secs* ; mais on sait aussi que l'écorce ordinairement très-épaisse, dont ce genre de comestible est revêtu, en modifie sensiblement la saveur, altère à la cuisson la qualité de sa partie la plus substantielle, et diminue l'avantage de la consommation par plusieurs inconvéniens dont le moindre est une digestion laborieuse.

Les légumes décortiqués dont l'usage a été particulièrement recommandé par le Conseil de Santé (*voir* le rapport de la Commission de Salubrité de Paris qui a paru dans les journaux du 18 au 20 février, 30 et 31 mars 1832), et ainsi dégagés de leur enveloppe ligneuse et coriace, ne présentent aucun de ces inconvéniens; ils sont bien supérieurs en qualité, produisent un tiers de plus à la consommation, conservent leur saveur plusieurs années, et ont encore l'avantage d'être d'une cuisson plus facile: aux premières ébullitions, ils cuisent suffisamment pour la consommation ordinaire, et en la répétant ou en la prolongeant quelques instans, on peut aisément les réduire en purée pour potages, ou en faire un mets recherché.

Aussi la Société d'Encouragement pour l'Industrie Nationale a-t-elle, depuis long-temps, reconnu l'importance de la décortication des céréales ou légumes secs, en offrant une récompense à celui qui en ferait la découverte. En 1831 les comités de cette société se transportèrent deux fois dans l'établissement de M. Pepin, le visitèrent avec la plus soigneuse attention et, dans un rapport fait en séance d'assemblée générale le 28 décembre 1831, M. Amédée Durand déclara que ces comités *y avaient vu avec une grande satisfaction que le but offert aux concurrens étaient de beaucoup dépassé.*

« Quantité de produits, ajoutait M. le rapporteur, étendue des localités, nombre et disposition des appareils, puissance du moteur, rien ne manque pour que l'établissement de M. Pepin constitue réellement une usine importante.

« Vos Commissaires n'ont eu qu'à le féliciter de la bonne disposition de ses appareils, de l'intelligence qui a présidé à toutes les transmissions de mouvement et de l'ordre qui règne dans son établissement.

« Les légumes décortiqués par M. Pepin, disait encore M. le rapporteur, ne reçoivent aucune préparation avant d'être soumis à l'action de ses appareils; c'est tels qu'on les trouve sur les marchés, et dans les différens états de siccité où ils se rencontrent, qu'il les emploie. L'efficacité de son procédé est telle,

44

que ces variétés de conditions lui sont presque indifférentes. Tous ses produits peuvent être considérés comme nouveaux ; car si, depuis plusieurs années, des pois décortiqués se trouvent dans le commerce, c'est dans un état de division , tandis que les siens conservent leur forme sphérique. Pour ce qui est des haricots, à quelques variétés qu'ils appartiennent et quelle que soit leur forme, ils perdent, ainsi que les pois, complétement leur écorce. La lentille, contrairement aux deux autres légumes, ne reste jamais entière ; elle se divise en deux parties exactement semblables, et dans cet état se présente sous l'aspect de petites pastilles de la couleur la plus agréable. Indépendamment des légumes qui viennent d'être mentionnés, les appareils de M. Pepin décortiquent complétement la graine qui présentait le plus de difficulté. Le sarrasin déposé dans vos salles d'exposition est un des produits les plus remarquables et qui ne laisse rien à désirer.

» Le même établissement fabrique l'orge mondé et l'orge perlé ; ce dernier grain, qui était un article considérable d'importation, présente aujourd'hui un nouvel élément de notre affranchissement industriel. L'avoine travaillée dans cette usine offre le produit connu sous le nom de *gruau de Bretagne*, dans un état de perfectionnement auquel nous ne l'avions jamais vu porté.

» L'abondance et la variété des produits qui viennent de vous être énumérés exerceront incontestablement une influence marquée sur les habitudes alimentaires de toutes les classes de la société. Les personnes qui vivent d'un travail journalier, et qui bien souvent, surtout les femmes, ont contracté un genre d'existence qui atténue leurs facultés physiques dans ce qu'elles ont de dépendant de la nutrition, trouveront dans des légumes ainsi améliorés un aliment d'une facile digestion, et que leur estomac fatigué leur défendait souvent d'admettre dans son état brut. Les riches eux-mêmes trouveront dans cette industrie des moyens d'étendre les jouissances de leur table; et l'art culinaire, en s'enrichissant de ce produit, pourra fournir de nouveaux moyens de préparation qui seraient d'une grande utilité pour varier la nourriture des pauvres. »

Nota. Il importe de ne point confondre les légumes décortiqués par moulins mécaniques et sans apprêt, avec les pois cassés par étuve et force de chaleur; ceux-ci, dans l'opération, perdent leur saveur, et sont bien différens en qualité.

Le dépôt principal est l'usine de l'inventeur, quai de la Garre, n° 30 , en face de Bercy. Il se prépare dans le même établissement des farines légumiè- rés de lentilles, Pois, haricots et fèves de marais, moulues naturellement. Une livre de cette farine suffit pour faire à l'instant-même un potage pour quinze personnes, ou une purée pour six. Il suffit de les déposer dans un lieu sain pour leur conservation.

La manière de faire cuire les légumes décortiqués est la même que pour les légumes ordinaires. Les faire tremper une heure ou deux à l'eau froide, et les mettre sur le feu à petite eau bouillante, avec soin (surtout pour les lentilles) de remplir au fur et à mesure de leur cuisson, et de les remuer deux ou trois fois pour éviter qu'ils ne s'attachent.

N. 140. M. TIRRART, successeur de MM. Benoiste et comp. et de feu Sempé, ornemaniste en carton-pierre; ses magasins (depuis 1812), rue de la Paix, n. 11, et ses ateliers rue Basse-du-Rempart, impasse du Cendrier.

La nouvelle matière dont les ornemens de M. Tirrart sont composés, leur donne véritablement la solidité de la pierre la plus dure, et une légèreté que leur premier nom indique suffi-samment, ce qui en diminue les frais de transport pour les départemens.

La différence de leur prix, sur les autres, est considérable, puisqu'elle est au moins *de 30 et 40 pour 100 meilleur marché*; cette différence est produite par le procédé de fabrication, qui épargne beaucoup de main-d'œuvre.

Ces ornemens remplacent avec avantage tout ce qui peut être sculpté, depuis les plus petits détails jusqu'aux objets de la plus grande dimension, et ils s'emploient avec succès pour toutes les décorations intérieures et extérieures des *monumens, églises, théâtres, bâtimens et des appartemens*. Lorsqu'on les place à l'extérieur, il faut les peindre à l'huile à plusieurs couches, ou bien les dorerr

L'établissement de M. Tirrart étant le premier et par consé-quent le plus ancien que l'on ait formé dans ce genre à Paris, est riche de modèles, et cependant on y en établit encore tous les jours de nouveaux.

MM. les architectes et amateurs pourront se convaincre de la beauté de ces ornemens en visitant les magasins de la rue de la Paix, ou M. Tirrart a fait décorer un salon pour modèle.

N. 142. — M. DÉSIRABODE, dentiste, galerie du Palais-Royal, n. 154, au 2ᵉ étage.

M. Désirabode a exposé un très-beau cadre en bronze et marbre de Sienne de dix pieds de haut sur six de large, contenant un choix de pièces dentaires de toutes formes, exécutées d'après des systèmes nouveaux ou perfectionnés. Le but de cet habile praticien a été d'élever en quelque sorte un monument à l'art du dentiste et d'en développer toutes les ressources aux yeux du public.

On remarquera la bordure intérieure de ce cadre ; elle est fermée par une série de quatre mille dents minérales de toutes nuances et de toutes teintes, et chacune d'elles est garnie de sa gencive. C'est une collection, unique dans son genre.

Le cadre contient en outre: 1. un choix de rateliers faits d'une seule pièce en pâte minérale ; 2. Une collection d'obturateurs très-légers et très-variés, ainsi que de nouveaux ressorts de ratelier de l'invention de M. Désirabode ; 3. plus de quatre cents pièces artificielles, depuis une seule dent jusqu'au ratelier complet, montées sur des cuvettes soit en or, soit en platine, et presque toutes par des procédés jusqu'alors inconnus.

Il nous serait impossible de donner ici la description de tous ces ouvrages, exécutés avec un soin particulier. Chacun d'eux au reste est surmonté d'une inscription qui mettra le public à même de les apprécier. Cependant nous croyons utile de donner quelques détails sur les pièces suivantes :

La préparation de l'artère maxillaire interne ;

La préparation de la cinquième paire de nerfs et de ses branches ;

L'histoire de la première dentition ;

L'histoire de la seconde dentition ;

Deux mâchoires naturelles avec leurs racines, montées sur fil d'or, afin d'indiquer la disposition et l'arrangement de ces dernières dans les alvéoles.

Ces préparations anatomiques méritent un examen particulier. En effet, rien n'est plus curieux que de voir de quelle manière se nourrissent les dents, et comment se distribuent dans leur intérieur ces nerfs, cause si commune d'atroces douleurs. De nombreuses coupes pratiquées aux dents à cet effet, permettent de distinguer avec facilité la distribution des artères et des nerfs.

Les deux mâchoires d'enfans, exposées au-dessous, n'ont pas

moins d'intérêt ; elles présentent l'histoire de la première et de la seconde dentition ; des coupes judicieusement pratiqués aux os maxillaires, laissent voir les germes des dents. Ils sont très-distincts et très-faciles à observer ; c'est le premier exemple de cette préparation que l'on ait vu exposé en France avec tant de perfection.

Une collection de dents difformes, doubles, triples, contournées sur elles-même, offre un tableau fidèle des *anomalies* qu'elles présentent.

Une série de *cas pathologiques* montre les ravages que produisent le plus généralement sur les dents, la carie, l'inflammation du périoste, l'érosion, l'usure, l'action du tartre, de certaines substances médicamenteuses, mercurielles, arsénicales, quelques cas de fracture.

A ce triste, mais trop réel exposé des infirmités auxquelles les dents sont sujettes, M. Désirabode a opposé un autre écrin plus agréable aux yeux ; il contient quelques bijoux supportant chacun une dent d'une personne chérie, et formant le plus joli souvenir qu'une mère ou un parent puisse conserver.

Tous ces ouvrages ne peuvent qu'ajouter encore à la réputation dont jouit M. Désirabode.

N. 143. M. VALLON, passage de l'Opéra, n. 23, Galerie du Baromètre. — Inventeur d'appareils de cuisine économiques.

Avec deux sous de charbon, dans un appareil n. 5, on fait cuire en même temps un rôti de huit livres, un pot au feu de quatre livres et un plat de légume. Ces légumes cuisent à la vapeur ou à grande eau. Une fois en activité, l'appareil n'exige plus aucune surveillance. Expérience publique tous les mardis de une à quatre heures.

N. 152. M. DUVERNOY aîné, fabricant de pianos, rue Montmorency, n. 4, au Marais.

Les pianos à soufflets ont l'avantage d'avoir les sons continus, et sont par cela même très-commodes pour l'accompagnement. Tel est celui exposé par M. Duvernoy ; de plus, il imite parfaitement le son du hautbois, et conserve toujours son accord.

M. Duvernoy a établi en 1829 la première fabrique de pianos à trois, quatre, cinq et six octaves.

N° 155. M. THOMAS, rue Saint-Denis, n. 101.

Plusieurs pianos de sa fabrique, droits à six octaves et demi, bois indigène; droit; carré à six octaves et demi, bois d'acajou moiré, à échappemens perfectionnés et à X mouvante.

N. 156. — M. HORNER, entrepreneur de peinture, rue de la Planche, n. 16.

Par un procédé nouveau, M. Horner est parvenu à imiter avec la peinture toutes espèces de bois et même d'incrustations. Ce genre de travail, qui revient d'abord plus cher que la peinture à l'huile, est pourtant économique en raison de sa longue durée. Il convient parfaitement dans les riches appartemens; car il trompe l'œil le mieux exercé, et il fait d'un bois blanc un bois d'acajou ou tout autre bois précieux.

M. Horner se charge aussi de toutes espèces de peintures et décors.

N. 160. MM. TESSON frères, rue Guérin-Boisseau, n. 5.

Huile de pieds de Bœuf. Epurée et clarifiée, cette huile ne contient aucune partie siccative; elle sert pour le graissage de toutes espèces de mécaniques, de filature, de machine à vapeur, préserve les métaux de la rouille et ne produit pas de cambouis; elle entretient les cuirs, harnais d'équipage dans un état de souplesse parfait.

Huile de pieds de mouton. Elle a les mêmes propriétés que la précédente et elle sert particulièrement pour les engrenages d'horlogerie.

Colles fortes. L'une à la façon anglaise, l'autre connue sous le nom de *colle de Paris* et entièrement fabriquée avec la partie **nerveuse du bœuf.**

Plaques en ergots de bœuf de couleur naturelle et imitant diverses nuances d'écaille pour fabriquer des peignes, des poires à poudre, des bonbonnières, des boutons d'habillement, etc.

MM. Tesson ont obtenu une mention honorable à l'exposition de 1827; ils ont deux fabriques à Colombes (Seine), et un dépôt à Paris, rue Guérin-Boisseau, n. 5.

N. 161. M. PROT, fils aîné, fabricant de papiers-peints, passage Choiseul, n. 79 et 81. — *Paravens-théâtre.*

Ces paravens qui, placés dans un salon, y forment tout de suite un théâtre, pour jouer la comédie, se posent et se déposent en moins d'une minute. Une seule personne peut les placer, car, étant fermés, ils n'ont pas plus de 8 pouces d'épaisseur. Tous les ornemens dont se composent ces paravens, sont exécutés en papier peint, et s'ajustent à toute espèce d'appartement.

On en trouve toujours, dans les magasins de M. Prot, un bel assortiment. Il y en a même prêts en tout temps pour la location.

Cet établissement renferme une immense variété de papiers peints, genre étoffe et décors ; des perses à grandes fleurs, des perses étoffes de Chine, relevées d'or et d'argent ; des lampas qui ont le brillant de la soie. Les moulures sont remplacées par des boudins de bois recouverts de riches galons or et veloutés ; on y trouve aussi, pour salles à manger des panneaux bois citron ou d'érable, avec incrustation de bois de palissandre ou d'acajou, des coutils taille douce de toute dimension pour salle de billard et salle de bains.

On distingue surtout des satins noirs à fleurs vives, des satins tapis, genre turc, des châlis d'une nouvelle espèce, des mousselines et dentelles qui offrent la plus parfaite imitation d'une draperie doublée de soie, des veloutés de diverses nuances, des paysages charmans en coloris, grisailles et peints à la main, et généralement tout ce qui concerne le décor.

Avantageusement connue dans toute la France et à l'étranger, cette maison ne néglige rien pour soutenir sa réputation.

N. 162. M. RAIMBAUT, (Jean-Baptiste-Désiré) marchand de Papiers peints ; rue Montesquieu, n. 4. — Breveté.

M. Raimbaut expose cette année un *Papier-soie* importé de la Chine et qu'il a considérablement perfectionné. C'est là le produit d'une industrie qui depuis quelques années a fait de très-notables progrès, et il est à croire que bientôt ce nouveau genre de tenture décorera tous les appartemens fashionables ; éclat des couleurs, grâce des dessins, qui peuvent être variés à l'infini, rien n'y manque ; ces *Papiers-soie* coûtent moins cher et durent plus long-temps que les tentures de soie.

N. 163. — M.lle FAURE (Émilie), fleuriste, rue Saint-Pierre-
Montmartre, n. 15.

Cette demoiselle arrive du Brésil, et elle a rapporté de ce
pays une immense quantité de plumes d'oiseaux, qu'elle transforme en fleurs de toutes espèces. Ce sont donc des plumes d'oiseaux que le public a sous les yeux ; qu'il juge si la vérité d'imitation peut aller plus loin.

Mlle Faure fabrique aussi les fleurs en cire.

N. 164. M. HEBERT (Fréderic) et Comp., fabricans de châles,
rue du Mail, n. 15.

Ces fabricans ont une réputation justement acquise depuis la
création de leur établissement par le soin scrupuleux qu'ils ont
toujours mis à reproduire exactement les châles de l'Inde, tant
sous le rapport de la fabrication que sous celui du coloris, ainsi
qu'on en pourra juger par la copie fidèle qu'ils exposent cette
année des superbes châles de l'Inde saisis à la douane de Blanc-
Misseron.

N° 165. — ROBERT (Henri), horloger au Palais-Royal, n. 164,
au premier.

M. Robert présente cette année, à l'exposition :

1° des pendules de précision pour placer sur la cheminée et
servir de régulateur ; elles sont du prix de 250 francs et au-
delà ;

2° des pendules sur les dispositions ordinaires du commerce,
perfectionnées par lui ;

3° des pendules à réveil de plus de vingt combinaisons différentes ;

4° des montres à secondes à l'usage des ingénieurs, des mécaniciens, des médecins et des astronomes, et pour faire les observations les plus précises, sur des dispositions entièrement neuves
et d'un prix extrêmement modique ;

5° des réveil-matin perfectionnés par lui ; il sont du prix de
27 francs ;

6° des montres d'une exécution supérieure, entre autres un
montre à quantième séculaire et à phases de lune ;

7° plusieurs instrumens pour régler les montres et trouver l'heure au soleil;

8° Plusieurs mécanismes dont il ne fera connaître la destination que pendant le cours de l'exposition.

N° 167. — MM. CORDIER-LALANDE et DEFFIEUX, rue des Gravilliers, n. 10, lampistes et fabricans de bronze, brevet d'invention.

Parmi les différens objets sortis des ateliers de ces industriels, on remarquera une lampe appelée par ses auteurs lampe traversale, dite à suspension. Cette lampe, une fois en place, n'a plus besoin d'être descendue pour son service journalier ni pour le nettoyage ; elle peut être fixée à demeure ; on peut la remplir, la nettoyer et en extraire l'huile à volonté. Dans cette lampe, tout le travail s'opère en un instant et sans répandre une seule goutte d'huile ; elle reste dans un état de propreté impossible à obtenir avec d'autres lampes, même après un ample lessivage.

La lampe traversale veut être lavée de la même manière qu'on y introduit l'huile, et encore cela ne serait-il nécessaire que dans le cas où l'on aurait oublié de la vider, ou si l'on ne devait s'en servir que cinq ou six mois après.

Ni les becs, ni les conduits, ni enfin aucune partie de la lampe ne donnent refuge aux mouchures de mèches, aux résidus de l'huile; tout se précipite dans le bassin inférieur; les huiles mouillées ne pourraient même gêner aucunement l'éclairage, et dès que le bouchon est levé et le robinet ouvert, tout se répand dans le bidon qu'on a soin de placer aux crochets cachés dans la pomme de pin.

Ce système permet d'établir des lampes de la plus grande dimension; car, pour celles-ci, le service est aussi facile que pour les plus petites et sans qu'on ait besoin du secours du lampiste.

Les exposans sont aussi inventeurs d'une nouvelle lampe à vingt-quatre lumières, qui ne consomme que trois gros d'huile à l'heure et donne en résultat le foyer de quatre bougies.

N. 168. M. ROGER, facteur de pianos, rue de Seine, n. 32.

M. Roger expose un piano seulement ; il n'a rien inventé,

rien innové, persuadé qu'il suffisait pour bien faire de suivre à la lettre les traditions des grands maîtres de l'art. M. Roger a construit son piano avec un soin scrupuleux, et a plus cherché à arriver à un résultat tel que les personnes qui cultivent le bel art de la musique devaient l'attendre d'un fabricant consciencieux, qu'à éblouir l'œil par mille ornemens inutiles. Nous croyons pouvoir assurer qu'il a atteint le but qu'il s'était proposé. Nous recommandons M. Roger aux personnes qui visitent l'exposition ; elles trouveront chez lui de bons instrumens et à un prix modéré.

N° 170. — M. ECK (Charles), architecte, rue Belle-Chasse, n. 26.

Cet habile architecte a soumis au jury des machines de son invention qui méritent une attention toute particulière.

N° 1. Engrenage ou harnais moteur de la marche d'un chariot à utiliser dans les fortifications pour le transport des pièces d'artillerie de gros calibre, et pour le bardage des fardeaux considérables dans les chantiers de constructions, ports et usines.

Voici, pour les hommes de l'art, une description détaillée à l'aide laquelle ils pourront suivre et examiner cette machine dans toutes ses parties, dans toutes ses fonctions sur les cadres que M. Eck a placés à l'exposition.

Le haut pignon A, placé au sommet de l'engrenage, est considéré comme celui d'un triangle isocèle dont le pignon C se trouve être la base : agissant de sortie, il imprime le mouvement de rotation au premier pignon B.

Le pignon B de rentrée est marié par un pivot commun à un pignon plus grand B qui, enclavé dans celui C, lui imprime une rotation de sortie et le fait agir dans le même sens que le haut pignon A.

Ainsi, par première hypothèse :

$$A \times B' + = C.$$

le pignon C de sortie, agissant en perpendiculaire sur celui D, lui imprime une action de rentrée semblable à celle des pignons jumeaux BB'. Au pignon de rentrée D, est marié par un pivot commun un pignon plus grand D' qui, enclavé dans le cercle d'engrenage E attenant au moyen de la roue, lui imprime une rotation de sortie et la fait agir dans le même sens que le pignon C.

Ainsi, par deuxième hypothèse :

$$C \times D + D' = E.$$

Ainsi :

d'une part $A \times B + B' = G$;
de l'autre $C \times D + D' = E.$

D'où il résulte que

ACE, puissance directe, $\times$ BB' + DD', puissance contraires = F, somme totale du mouvement multiplié de rotation à imprimer à la mobilité du système.

Le quadruple rotant, adapté au pignon jumeau CC, active la puissance de rotations directes et contraires sur F, mobilité résultant de tout le système mécanique.

La volée continuelle de ce volant a aussi pour but de soulager les hommes occupés à tourner la manivelle en augmentant périodiquement de vitesse l'action du pignon BB' C DE'

Le trinquet, placé sur un casier à deux roues et adapté à l'arrière train du chariot, porte les hommes occupés à la manœuvre du harnais.

N° 2. — Grue ou machine en fer propre à mouvoir et enlever toutes sortes de fardeaux.

N° 3 — Machine à enlever les chapitaux corinthiens et autres fragmens de sculpture d'édifices publics.

Cette machine a servi avec beaucoup d'avantage dans les constructions du palais de la chambre des députés. C'est encore pour les gens de l'art que nous en donnons ici la démonstration technique. Elle est faite dans l'acception de la dépose et descente d'un chapiteau, ce qui exige la même manœuvre que l'ascension et pose de ce morceau de sculpture. La machine, armée de ses agrés, étant au-dessus du fragment de sculpture ou autre à enlever, l'ouvrier doit simplement dégroider avec précaution et dans une profondeur égale à la longueurdes lames de support le jointoyement du lit de pose de ce même fragment. Après avoir retiré les goupilles des cercles fixant l'ouverture de la partie inférieure des tiges à bisures, il amène ces dernières sur la même perpendiculaire que celle des parties supérieures ; il fait tout de suite descendre tout le système de machine sur le lit de dessus, et, ramenant les deux parties inférieures des ti-

54

ges au droit des paremens unis ou sculptés du fragment, il fixe
aussitôt les lames de support dans la cavité des joints pratiquée à
cet effet. Appliquant ensuite la plaque d'arrêt sur le milieu du lit
de dessus du chapiteau ou autre morceau de colonne, il rend
cette plaque inhérente au bloc à enlever à l'aide de la vis de pression dont la fonction maintient le chapiteau dans l'état le plus
complet d'immobilité, et pour ainsi dire dans un étau.

Cette opération faite, la descente s'effectue par les moyens ordinaires, tels que chèvres, grues, sapines armées, etc.

La pose sur le chariot bardeur est très-simple, en ce qu'il n'est
besoin que d'ôter à la vis de pression toute la puissance qu'elle
produit, et de retirer les goupilles fixant les parties inférieures des
tiges aux cercles qui les maintiennent dans le degré d'obliquité
voulue.

N. 171. M. MASSON, fabricant de Chocolat, rue de Richelieu,
n. 40. — Breveté de la Reine des Belges.

Ce fabricant a été admis aux expositions de 1823 et 1827
pour la supériorité de ses chocolats, et comme inventeur d'une
machine à broyer le cacao, dont le système est aujourd'hui généralement employé. Cette machine consiste en trois rouleaux cô-
niques mis ensemble en mouvement sur la surface d'une table
circulaire en marbre de quatre pieds de diamètre. Ces rouleaux,
en appuyant sur l'objet à broyer avec une pression de cinq cents
kilogrammes, opèrent une trituration parfaite. M. Masson se sert
de cette machine depuis 1818 et l'a fait admettre à l'exposition
de 1823, où elle a obtenu le suffrage des connaisseurs. Son établissement est en grande réputation en France et à l'étranger, où
il fait des envois considérables : on trouve dans ses magasins une
variété toujours nouvelle de bonbons d'un genre original, dont
il est l'inventeur.

N. 172. — MM. BURAT frères, chirurgiens-herniaires,
rue Mandar, n° 12.

MM. Burat ont été brevetés d'invention et de perfectionnement, en 1830, pour de nouveaux bandages à brisures, avec
pelotes fixes et ressorts mobiles, s'ajustant d'eux-mêmes sans fatiguer les hanches. Ils ont été approuvés et reconnus supé-

rieurs aux bandages anglais par l'Académie royale de médecine de Paris.

Les mêmes exposans ont été aussi brevetés en 1834, pour de nouveaux bandages à ressorts et à vis de pression.

N. 173. — M. LAGRANGE aîné, successeur de Débitte jeune, rue du Roule, n. 16, *à la Renommée*, breveté de perfectionnement et seul inventeur des *Bougies bâtardes*.

Il s'agissait de remplacer, sans qu'il en coûtât davantage aux consommateurs, la chandelle ordinaire, toujours insalubre et incommode, quels que soient d'ailleurs les soins apportés à sa fabrication. M. Lagrange aîné a obtenu ce résultat avec sa bougie bâtarde perfectionnée, qui est à la fois un objet de luxe et d'économie.

Cette bougie bâtarde dure quatorze heures, et elle éclaire autant que la bougie de cire, dite du Mans. Elle est d'une blancheur remarquable ; elle est de plus sèche, sonnante, transparente, ne répand aucune odeur en brûlant et n'a point le grave inconvénient de couler.

En raison de la longue durée de sa lumière, la bougie bâtarde n'est pas d'un prix plus élevé que la chandelle ordinaire, et elle a en outre sur elle tous les avantages que nous venons d'énumérer. Le prix du paquet de cinq livres est de 8 fr. ou 1 fr 60 c. la livre.

La bougie bâtarde est renfermée dans un meuble en palissandre destiné à faire bibliothèque ; ce meuble dont l'élégance et le travail sont généralement appréciés, est de la fabrique de M. Caron, ébéniste, rue du faubourg Saint-Antoine, n. 123.

N. 178. — M. GAVARD (Charles), officier-ingénieur-géographe, ancien élève de l'École Polytechnique, membre de la Légion-d'honneur, breveté en France et à l'étranger, rue Neuve-des-Petits-Champs, n. 37, à Paris.

M. Gavard a établi des ateliers où il se livre à la construction de divers instrumens de précision qu'une longue pratique, comme ingénieur-géographe, l'a mis à même de bien connaître ; il s'attache principalement à ceux de géodésie et de réduction, et

56

déjà il a imaginé quelques instrumens nouveaux dignes de fixer l'attention publique. Par exemple :

Le *diagraphe* (ou machine à dessiner), avec lequel tout le monde peut, sans étude, sans la moindre connaissance du dessin et en peu d'heures, copier un original quelconque et reproduire la nature avec la plus rigoureuse exactitude dans toutes les proportions désirées. Cet instrument, application complète de la géographie descriptive, est aujourd'hui en usage dans les études de l'École Polytechnique, à l'École d'état-major, aux arts et métiers, etc.

Le *diagraphe mycroscopique*, qui s'ajoute au diagraphe ordinaire et permet de dessiner avec une très-grande précision les plus petits insectes.

Le *compas-triangle*, dont la principale propriété est de réduire ou d'augmenter en une seule opération un triangle quelconque; le *compas à verge*, qui donne les distances en millimètres et fractions de milimètres au moyen du vernis qu'on y ajoute; le *compas de proportion*, qui divise une ligne en parties égales, et donne immédiatement une fraction quelconque de cette ligne.

M. Gavard se charge de la réduction de toutes espèces de dessin et de la construction de tous les instrumens de mathématique, et nous ne craignons pas de dire qu'il est appelé à perfectionner ce genre d'industrie, qui est loin d'avoir atteint tous les développemens dont il est susceptible.

N. 180. MM. DURAND fils et comp., rue Marie-Stuart, n. 8.

La fabrication du buffle pour équipemens militaires commença à s'améliorer sous l'empire, et cette utile industrie devait alors pourvoir à une immense consommation, qui depuis a été de beaucoup réduite. Après plusieurs recherches et à force d'essais et de soins, M. Durand fils et comp. sont parvenus à perfectionner cette fabrication; de creux, mous et spongieux qu'ils étaient, ils ont rendu les buffles serrés, fermes et forts; autrefois le tissu en était tellement lâche que de vrais buffles ont été souvent pris pour de vrais tissus de chanvre; aujourd'dui les buffles de cette fabrique ont une frise fine et un velouté remarquable: ils étaient si mal dégraissés que le blanc ne prenait pas sur les buffleteries du soldat à cause de l'huile dont elles restaient imprégnées : aujourd'hui cet inconvénient n'existe plus. Enfin ils ont donné à leurs buffles une qualité supérieure à tout ce que les fabriques de France et de l'étranger ont pu produire jusqu'à ce jour, au point que la Belgique, la Suisse, le Danemarck, l'Espagne et l'Italie s'adressent à ces fabricans quand ils ont besoin de belles buffleteries. Ces buffles sont fabriqués avec des cuirs de bœufs et de vaches secs en poil d'Amérique et des Indes. Leurs fabriques sont situées, l'une à Saint-Germain-Lescouilly, département de Seine-et-Marne, l'autre à Beausseré, près Gisors, département de l'Eure.

N. 183. M. LEPAUL (Camille), serrurier-mécanicien, rue de la Paix, n. 2.

Cet habile mécanicien qui, en 1827, reçut une médaille de bronze, a exposé plusieurs coffre-forts ; savoir :

Le plus grand, de cinq pieds et demi de haut, sur cinq pieds de large et deux pieds de profondeur, avec deux fermetures à combinaisons.

Deux autres, avec des serrures de sûreté à pompes et à petites clefs.

Une caisse de banque ou coffre-fort, de cinq pieds et demi de haut, deux pieds et demi de large, ornée d'une corniche à denticules en fer poli.

M. Lepaul tient un grand assortiment de tourne-broches, des cadenas de sûreté, des outils de jardinage, et généralement tous les articles de ménage.

N° 184. — MM. VIDECOQ et COURTOIS, fabricans de blondes, rue du Caire, n. 16.

Cette importante fabrique, située dans le département de l'Oise, et dont le dépôt est rue du Caire, n. 16, à Paris, se distingue particulièrement par la finesse et l'excellente qualité de ses produits. Ses blondes en bandes, larges et étroites, sont fort appréciées de l'Angleterre qui en consomme la plus grande partie.

Les produits que MM. Videcoq et Courtois exposent n'ont pas été spécialement fabriqués pour l'exposition. Ils ont voulu se garder de fabriquer de ces objets extraordinaires et qu'on ne peut présenter qu'une fois aux acheteurs. Leur but, en exposant, a été de donner une idée exacte de la bonne et solide qualité de leurs blondes qui sont constamment aussi bien établies.

Ces fabricans ont obtenu une médaille en 1827.

N. 187. — M. CHEVALIER, lampiste, breveté d'invention, rue Montmartre, n. 140.

Voici les principales découvertes que ce fabricant a exposées :

L'appareil nommé hydro-carbonifère, avec lequel on peut, sans vapeur, chauffer en quelques minutes plusieurs lits, et dont la construction aussi simple qu'ingénieuse, donne la facilité de ne point faire attendre un malade; il est monté sur pivots roulans, ce qui le rend fort commode. Prix : 56 fr.

De jolis chauffe-pieds d'appartemens attireront les regards des dames par leurs formes gracieuses. Ces nouvelles chaufferettes sont à eau bouillante et conservent leur chaleur une partie de la journée. Elles ne coûtent que 15 fr.

Le voyageur pourra se tenir les pieds chauds pendant dix heures, au moyen des nouveaux chauffe-pieds de voyage. Prix : 22 ou 24 fr.

La ménagère donnera la préférence à la Cuisinière économique dont elle a besoin journellement, et qui, avec 8 cent. de charbon, peut faire cuire un rôti de quatre livres en moins d'une heure. Prix : 18 fr. à 35 fr.

Le propriétaire des bains trouvera un grand avantage dans le calorifère portatif destiné à chauffer avec un peu de cendre en quelques minutes, le linge, et au besoin des assiettes. Le prix varie depuis 20 fr. jusqu'à 125 fr.

La nouvelle bassinoire à l'eau bouillante, et qui est recommandée par les médecins, est un meuble qui sert de boule de lit, et ne répand aucune mauvaise odeur. Le prix en cuivre est 18 f., et en étain 12 f.

Les appareils à vapeur, qui sont d'un nouveau genre, s'emploient avec avantage pour les douches, les fumigations, les bains de vapeur sèche, les bains de vapeur humide, et ils peuvent au besoin faire chauffer un bain. Prix : 18 fr. à 200 fr.

Le bdeslaphore, instrument pour lequel l'inventeur est breveté et auquel l'Athénée des arts a accordé une mention honorable, est construit de manière qu'on puisse se poser soi-même sur telle partie du corps qu'on voudra, depuis une jusqu'à trente sangsues. prix : 22 fr.

On trouve chez M. Chevalier tout ce qui a rapport à l'état de lampiste, tels que lampes mécaniques et lustres, candelabres, galeries de cheminées, flambeaux, etc. Il vient de livrer au commerce et à l'exposition, une petite lampe à mèche et à verre plat dont le pied sert d'encrier; elle est très-économique, ne brûle que 2 cent. d'huile à l'heure, et éclaire autant qu'une lampe à bec rond. Prix: 10 fr.

N. 192. — M. DARBO fils, marchand tabletier, passage Choiseul, n. 6 ; seul breveté d'invention et de perfectionnement pour les biberons et bouts de sein.

L'allaitement artificiel vient de faire un pas immense par le moyen des bouts de sein et biberons-Darbo, à mamelons en liége élastique très-souple, facilitant la dentition, remplaçant parfaitement les organes du sein naturel, les seuls reconnus incorruptibles et approuvés pour toutes espèces de bouts de sein et biberons, par M. le docteur Deneux, d'après son rapport fait à l'Académie de médecine de Paris, dans les séances des 12 et 19 février 1833; ainsi que par MM. le baron Dupuytren, baron Alibert, baron Desgenettes, baron Boyer; Cruveilhier, médecin en chef de la Maternité; Roux, Double, Evrat, Moreau, Guersent, Baudeloque, Recamier, Auvisy frères, Capuron, baron Le Breton, de Zeus, Flaubert, chirurgien en chef de l'Hôtel-Dieu de Rouen, Tauchou, Hatin, etc. Ces témoignages attestent la supériorité des biberons-Darbo sur ceux en tétines de vache.

Un jugement du tribunal de la Seine, en date du 17 avril 1833, a prononcé la déchéance du brevet par nullité d'invention. Ainsi M. Darbo se trouve seul breveté pour les bouts de sein et biberons.

On trouve chez M. Darbo des biberons d'ivoire 10 f.; biberons en buis 5 fr. ; bouts de sein en ivoire 8 fr.; bouts de sein en buis 4 fr. On y trouve aussi des hochets en liége, les seuls pouvant faciliter à la dentition, d'après les observations faites par le *Journal des connaissances utiles*, du mois d'août 1833; en buis 2 fr. ; en ivoire 4 fr.

N. 193. DUCOUDRÉ, fabricant de prussiate de potasse et de bleu de Prusse ; rue du Roi-de-Sicile, n. 27.

Il y a peu d'années la France était tributaire de l'étranger pour ces produits ; grâce aux efforts de M. Ducoudré et aux procédés ingénieux et économiques qu'il a apportés dans cette branche d'industrie, l'Allemagne, réputée pour la supériorité de ses bleus, se verra désormais rivalisée à Paris avec succès, et il est permis d'espérer que ce succès ne fera que s'accroître.

N. 194. M. DELAFORGE, breveté ; rue de Pontoise, n. 10, à la halle aux Veaux.

Fabricant de soufflets de forge et fonderie, usage ordinaire, auteur du perfectionnement du soufflet de forge et de fonderie, à double courant d'air ou à trois vents, approuvé en 1832, par le Ministre de la marine, pour le service des forges et fonderies de de son département ; Il fabrique aussi des soufflets à l'usage de la boucherie, et des forges portatives de toutes dimensions.

Fournisseur des ministères de la guerre et de la marine, M. Delaforge a été encouragé dans sa découverte par l'empereur d'Autriche et par le roi de Prusse, qui lui a décerné la médaille d'or. Il a obtenu une citation en 1823, et une mention honorable en 1827.

Voici les objets qu'il a exposés :

1° Pour un modèle de machine soufflante de son invention, propre à extraire l'air vicié et à le remplacer alternativement par une même quantité d'air pur.

2° Deux forges portatives, dont l'une est ployante, et la seconde a sa carcasse soudée dans toutes ses parties, comme si elle était fondue.

3° Un soufflet de forge à double courant d'air ou à trois vents.

4° Un soufflet de forge, usage ordinaire.

5° Un soufflet à l'usage de la boucherie.

N. 197. M. GACHE, fabricant de registres, presses à copier, encre et almanachs, rue Michel-le-Comte, n. 27, à Paris.

Ce fabricant qui, à l'exposition de 1827, a obtenu le suffrage d'un grand nombre de négociants pour ses re gistres à dos élastique, a encore, depuis cette époque, amélioré cette fabrication. Ses presses à copier portatives sont d'une grande utilité pour les voyageurs, et son encre est d'une excellente qualité. Sa jolie collection d'almanachs qui est renouvelée tous les ans se recommande et par le bon choix des sujets et par la perfection de la gravure et de l'impression.

N° 201. — M. SOLEIL père, opticien du roi, passage Vivienne, grande galerie, n. 23, et sa manufacture, rue des Poissoniers, n. 21, hors la barrière Poissonnière.

Cet habile opticien, qui a obtenu des médailles d'argent aux expositions de 1819, 1823 et 1827, expose cette année plusieurs ouvrages remarquables, dont voici le détail :

1° Un phare lenticulaire de premier ordre à éclypses, destiné pour Belle-Ile (Morbihan), d'après le système de feu M. A. Fresnel. Ce phare est composé de 8 grandes lentilles annulaires, produisant de minute en minute des éclats d'environ 3500 becs de quinquet, et de 382 miroirs courbes, donnant un feu fixe dont l'effet peut être aperçu dans tous les méridiens à 5 lieues marines de distance ;

2° Une lentille pour les phares à feu fixe de premier ordre ; il en faut 16 semblables et 336 miroirs courbes pour un phare destiné à éclairer l'horizon entier ;

3° Une grande lentille annulaire, ou verre ardent, au moyen duquel on peut fondre et volatiliser sous le ballon différentes substances et même le platine ;

4° Divers objets d'optique tels que baromètres, thermomètres, lunettes de campagne, lorgnettes jumelles, cassettes de mathématiques, etc.

N° 202. M. SOLEIL fils, opticien-mécanicien pour les pièces en cuivre des phares de Fresnel, rue de l'Odéon, n. 35.

C'est à M. Soleil fils que l'on doit l'exécution perfectionnée de la presse de feu Fresnel, inventeur des phares. Cet instrument représente à l'œil la double réfraction déterminée par la compression dans le verre. M. Soleil fils sentant l'utilité de cette précieuse découverte et le besoin de la rendre profitable, est parvenu par sa simplicité et la modicité de son prix, à la mettre à la portée de tout le monde. Il a eu recours à plusieurs professeurs distingués qui se sont fait un plaisir de l'aider de leurs conseils et son travail a été couronné de succès.

On remarque encore un prisme et sa lentille avec lequel on peut obtenir, à l'aide d'une bougie, les franges colorées dues à l'interférence des rayons lumineux. Il a aussi deux écrans, dont l'un transparent avec disques opaques pour la diffraction dans l'obscurité, lesquels disques semblent percés d'outre en outre; et l'autre en opaque percé de trous pour la diffraction, qui, placé dans des circonstances convenables, offre une tache noire à leur centre et des anneaux à leur circonférence.

L'appareil de polarisation de M. Noremberg est encore dû à la main exercée et laborieuse de M. Soleil fils; cet appareil l'emporte sur tous les autres par la simplicité de sa construction, par l'étendue qu'il embrasse et surtout parce qu'on peut à volonté obtenir avec la même plaque d'un cristal quelconque des effets qui dans les autres appareils, nécessitent l'emploi simultané de deux plaques semblables.

Les sciences lui sont encore redevables de deux presses destinées à courber et comprimer le verre; celle qui sert à comprimer le verre fait obtenir des figures caloptiques de Secbeck.

L'autre, propre à courber le verre, sert à produire d'une manière permanente les bandes richement colorées que la flexion fait naître dans le verre.

On remarquera également une collection de prismes, cristaux tailles en tous sens, verres trempés et tout ce qui tient à la double réfraction et à la polarisation.

N. 206. — MM. SAVOURÉ frères, à Choisy-le-Roi, rue des Vertus, n. 4.

Ces ruches en verre et en cristal, pleines de miel, ne peuvent manquer d'attirer les regards de tous les visiteurs de l'exposition, et nous les entendons s'interroger entre eux, se demander à quoi elles peuvent servir. Nous allons satisfaire leur curiosité.

Il s'agit d'un perfectionnement aussi utile qu'ingénieux dans l'exploitation des abeilles. MM. Savouré frères sont parvenus à faire travailler les abeilles dans de petites ruches en verre ou en cristal, annexées à des ruches ordinaires par un procédé de leur invention. Ce procédé, tout-à-fait nouveau, est le seul qui permette d'obtenir le miel avec toute la suavité que lui donnent les fleurs. Il n'éprouve pas la moindre altération, soit par la chaleur, soit par l'odeur des mouches, comme il arrive à celui qui a séjourné dans les ruches ordinaires, et qui a subi une seconde altération lorsqu'on l'extrait de la ruche. Dans cette opération, une partie du convain, (mouches à l'état de vers), est écrasé, et c'est ce qui cause ce goût un peu âcre que l'on trouve dans les plus beaux miels connus jusqu'ici. Le miel obtenu par le procédé de MM. Savouré frères, est au contraire dans l'état le plus naturel. Cet aliment, si sain et si agréable, renfermé dans les vases mêmes où les abeilles l'ont déposé, peut se présenter sur les meilleures tables, et être à la fois un objet de luxe et de curiosité, puisqu'on a le travail même des abeilles sous les yeux.

MM. Savouré frères ont exposé 1° Des ruches en verre et en cristal pleines de miel. 2° Une ruche perfectionnée. 3° Le plan en relief d'un grand établissement-modèle pour l'exploitation des abeilles suivant leur méthode nouvelle.

N. 207 M. CHARLES CHEVALIER, à Paris, Palais-Royal, n. 163, galerie de Valois et rue Neuve-des-Bons-Enfans, n. 1, ci-devant quai de l'Horloge ; ingénieur-opticien, membre de la société d'Encouragement pour l'industrie nationale, de celle des sciences physiques et chimiques de Paris et de celle entomologique de France ; premier constructeur en France des microscopes achromatiques et du microscope à gaz oxi-hydrogène ; auteur de diverses modifications de ces utiles instrumens, ayant reçu conjointement avec son père, M. Vincent Chevalier, une médaille d'argent, à l'exposition de 1827, une de la société d'encouragement en 1830, et une autre de l'Athénée.

Cet habile opticien fabrique de nouveaux microscopes simples et loupes pour la botanique, adoptés par plusieurs savans professeurs ; des chambres claires avec de nouvelles modifications, et des chambres obscures à prisme ménisque avec notice explicative, des fantasmagories perfectionnées, des baromètres très-portatifs pour la mesure des hauteurs, des longues-vues ou télescopes réfracteurs achromatiques pour la marine, l'astronomie et les voyages ; des cercles de Borda et Sextans, des lunettes micrométriques nouvelles pour les distances, des cassettes mathématiques, équerres, graphomètres, cercles et autres instrumens de géodésie ; des instrumens électro-magnétiques, diagomètres , galvanomètres , appareils pour la polarisation et toutes les machines qui composent un cabinet de physique.

Il offre aussi un assortiment de lorgnettes et de lunettes les plus à la mode et des verres fins de toute espèce pour conserver la vue.

N. 209. M. GANDAIS (J.-A.), fabricant d'orfèvrerie-mixte (plaquée à bords d'argent), rue du Ponceau, n. 42; dépôt Palais-Royal, n. 118.

Les produits de cette maison tiennent le milieu entre la belle orfévrerie de M. Odiot et le plaqué des fabricans de Paris. M. Gandais est l'auteur de l'application extérieure de l'argent pur sur les bords du plaqué, procédé qui rend son orfévrerie aussi durable que la véritable orfévrerie, qui permet d'en reproduire toutes les formes, et qui la rend infiniment moins chère.

M. Gandais expose :

1º Un plateau de surtout de table en cinq pièces, à fonds de glaces , orné de huit belles girandoles, de trois corbeilles garnies de fleurs artificielles, et enfin de coupes en cristaux, décorées de pierres précieuses de toutes les couleurs ;

2º Deux soupières ovales , qui ont pour anses une panthère étreignant un serpent ;

3º Une fontaine pour trois liquides, dont le robinet est dissimulé ;

4º Un service à thé, composé de six pièces, portant des médaillons de chasses richement ciselés ;

5º Un service à thé, de cinq pièces, avec ornemens moitié or, moitié argent ;

6º Deux plateaux richement ciselés , etc.

Un rapport fait à la société d'encouragement pour l'industrie nationale, en septembre 1833 , par M. le vicomte Héricart de Thury, au nom du comité des arts mécaniques, a demandé pour M. Gandais, attendu la perfection et la solidité de ses produits, qu'il lui fût décerné une médaille d'or de première classe.

N. 212. — M. DENEIROUSE et compagnie, fabricant de châles, rue des Fossés-Montmartre, n. 16.

Ces habiles manufacturiers (dont le chef a été associé et successeur de M. Lagorce) ont leurs fabriques à Paris et à Corbeil (Seine-et-Oise), où il font confectionner des châles-cachemires longs et carrés en pure matière, de toute grandeur et enrichis de dessins d'une variété inépuisable ; ils établissent aussi des châles faits au spoulin, c'est-à-dire à la manière de l'Inde. Un de ceux qu'ils exposent cette année est surtout très-remarquable par la complication et l'étendue du dessin qui encadre le châle tout entier ; il a fallu dix-huit mois de travail pour le terminer.

Parmi les châles-cachemires français plus ou moins beaux que MM. Deneirouse et compagnie présentent au concours, on en voit un qui offre sans contredit tout ce qui peut se faire de plus riche et de plus compliqué en ce genre ; le dessin qui a servi à son exécution est peint sur une carte de leur invention, dont la combinaison se rapproche tellement du travail et des procédés en usage dans l'Inde, que la belle imitation des produits indiens est devenue, pour ainsi dire, infaillible. Cette nouvelle carte est le complément de celle que M. Deneirouse fit paraître en 1825, et qui fut adoptée aussitôt à Paris et dans toutes nos principales villes manufacturières ; c'est à cette heureuse découverte qu'on doit l'immense avantage de pouvoir exécuter sur les châles des dessins d'une grande étendue.

N° 213. — MM. CHARLES et AUGUSTE POUILLET, fabricans de cheminées, rue Saint-Dominique, n. 211. — Cheminées d'appartemens, désignées sous le nom de *thermogènes*.

Ces cheminées sont établies d'après des principes nouveaux.

N 216.—LE MEME, thermopode breveté pour les bains de pieds.

Ce vase présente le premier avantage de pouvoir chauffer le liquide de manière à l'amener à une température assez haute pour obtenir, avec l'eau simple, le même résultat que par les excitans, (la moutarde, le sel) sans produire sur les pieds une sensation désagréable, et sans exiger un déplacement, circonstance qui empêche souvent cette médication d'avoir tout l'effet désirable.

N. 218. M. BRESSON aîné, fabricant de cotons et de fils d'Ecosse, en écheveaux et bobines, rue Saint-Denis, n. 180, à côté de l'église Saint-Leu.

Ce fabricant a exposé divers échantillons de sa fabrique ; savoir :

1ᵈ Coton à coudre, superfin, qualité supérieure, marqué d'une étoile ;

2° Coton à broder au plumetis, servant à marquer, en pelotes et écheveaux ;

3° Coton à tricoter, en écheveaux, pelotés, moulinés, se vend par onces ou par gros ;

4° Coton plat pour reprises, à la livre et à la grosse ;

5° Coton pour ganses, câbles lisses, guipure, cordonnets, napolitaines et corsets ;

6° Lacets superfins, de 9 à 36 aunes ; rubans percales, de 36 aunes.

N° 219. M. CHEVALLIER, opticien du Roi, chevalier de la Légion-d'Honneur, membre de l'ancienne société royale académique des Sciences, de l'académie royale des Sciences de Metz, de l'académie d'Amiens, etc.

Cet ingénieur renommé, dont les ateliers et magasins pour les instrumens de physique, d'optique, de mathématique et de minéralogie, sont situés Tour de l'Horloge du Palais, n° 1, en face du Marché aux fleurs, où est le seul établissement fondé par sa famille en 1740, et qu'il dirige depuis 1796, a publié le *Gleuco-œnomètre*, le *Caféomètre* et le *Galactomètre*, selon Cadet de Vaux ; le *Microscope de Selligue*, approuvé par l'académie royale des Sciences ; les *Verres de couleur* de son invention, ayant l'avantage de présenter une teinte uniforme dans toute leur surface, quel qu'en soit le foyer; les *Lunettes de spectacle* dites *Aclimiques*, dont le mécanisme donne plus de facilité pour les mettre au point convenable.

Il présente cette fois, à l'exposition de 1834, comme échantillons, des Lunettes astronomiques d'un très-court foyer, de quatre pouces à quatre pouces et demi, et cinq pouces et demi de diamètre, ainsi que divers instrumens de précision ; plus, le Polymètre chimique de feu Descroizelles, et son petit Alambic pour l'essai des vins, instrumens pour lesquels le jury lui a décerné une récompense en 1819. M. Chevallier a obtenu aussi une mention honorable en 1823 et une médaille en 1827.

N° 223. — M. CHENAL, rue Planche-Mibray, n. 6, au troisième, au coin du quai Pelletier, membre de la Société d'encouragement, fabriquant de couleurs fines, en tablettes, en poudre et en écailles, pour l'aquarelle, le lavis, la gouache, l'huile et la miniature.

Déjà admises à l'exposition de 1827, ces couleurs sont appréciées par beaucoup d'artistes pour leur finesse, leur facilité à se délayer et s'employer, le choix et la pureté des matières premières. Elles peuvent rivaliser avec les meilleurs produits de ce genre fabriqués en Angleterre, et présentent de plus l'avantage de la modicité des prix qui sont près de moitié moins élevés que ceux des couleurs anglaises.

N. 225. M. SELLIGUE, ingénieur, mécanicien et imprimeur, membre de plusieurs sociétés savantes françaises et étrangères, passage des Petites-Écuries, n. 2.

La réputation de M. Selligue et la haute importance des machines de son invention, ne peuvent manquer d'appeler l'attention et l'examen du public sur les nombreux objets qu'il a fait admettre à l'exposition de 1834. Nous allons nous efforcer de diriger et d'éclairer la curiosité des visiteurs par quelques détails sur la construction et les propriétés de ces diverses machines, pour lesquelles M. Selligue est breveté :

1. *Une petite grue ou levier à bascule à contre-poids mobile, donnant en même temps le poids des fardeaux :* elle est montée

sur chariot mobile pouvant marcher à angle droit sur chemin de fer. Ces grues, dont l'appui est perpendiculaire, servent pour l'intérieur des entrepôts, douanes, etc., et sont susceptibles de monter ou descendre les fardeaux à tous les étages sans treuils. Le fardeau une fois soulevé, on en connaît le poids. On peut avec la même grue monter ou descendre un fardeau, le charier et l'engerber à la place qui lui est destinée. Un seul homme suffit pour le service de chacune d'elles. *Ces grues mobiles sur chariot, ainsi que celles de position, font le service du nouvel entrepôt du Gros-Caillou, où on peut les voir fonctionner.*

2. *Une presse typographique à platine et à toucheur mécanique*, composée de marbre, platine, timpan, frisquettes mobiles portant pointures mobiles : elle peut être servie par un seul homme, ou deux hommes et un enfant, à volonté ; le tirage est de 800 à 1,000 à l'heure, et l'impression est aussi bonne que sur les presses à la Stanoppe : les unes portant platine de 19 sur 26 pouces coûtent 4,300 fr.; les plus grandes, portant platine de 20 sur 30 pouces, coûtent 5,200 fr. Trente-sept de ces presses marchent depuis un an, tant à Paris que dans divers départemens et à l'étranger. Cette invention a valu à M. Selligue une médaille d'honneur en or (grand modèle) décernée par l'académie de l'industrie.

3. *Trois cadres contenant les plans* des diverses machines que M. Selligue a inventées et exécutées précédemment, mais que le temps ne lui permettait pas d'exécuter pour l'époque de l'exposition à cause des travaux dont il est surchargé pour cette même époque et pour lesquels il avait pris des engagemens, savoir :

1. *Plan d'une presse typographique à cylindres, faisant la retiration* ; cette presse a gagné le prix de 2,000 fr. de la société d'encouragement ; elle est la première à cylindres importée en France par M. Selligue et à laquelle il a ajouté le perfectionnement de la retiration. Cette presse donne 1,000 à 1,200 exemplaires à l'heure.

2. *Plan d'une presse typographique à deux cylindres excentriques pour tirage de journaux,* donnant 2,000 exemplaires à l'heure. Cette presse est d'un maniement facile et d'une grande sûreté dans sa marche; elle tire sur papier double les deux formes sous presse sur le même marbre.

3. Plan d'une presse typographique, circulaire, à platine, fai-

sant la retiration. Cette presse, servie par deux hommes, donne 1000 de tirage à l'heure.

4. *Plan d'une presse typographique à platine et à toucheur-mécanique, avec l'addition pour tirage du papier continu:* un seul homme, faisant le service de cette presse, peut donner 1,000 à 1,200 de tirage à l'heure. Il ne faut point de frisquette, ni de pointures.

5. *Plan de la même presse pour papier continu et faisant la retiration.* Un seul homme comme force motrice suffit à son service, une fois sa mise en train faite. Cette presse donne 5,000 *de tirage à l'heure.* Sur ce même genre de presse, on peut imprimer également le papier de tenture ainsi que les toiles, lorsque le dessin n'exige que deux ou trois couleurs. (Ces deux dernières presses n'ont encore été exécutées que pour l'étranger.)

6. *Plan d'une presse à monnaies.* Cette presse, d'une puissance considérable comme pression, *a été faite et expédiée pour la frappe des monnaies de la Colombie* et principalement pour les *quadruples*; *deux hommes suffisent comme force motrice* et produisent trente pièces (quadruples) à la minute. La sûreté de sa marche et la simplicité de son mécanisme sont remarquables en raison surtout de ses produits. Les pièces qui la composent sont disposées de manière à ce que la plus lourde ne dépasse pas le poids de 200 livres, ce qui permet de transporter cette presse dans toutes les localités, et ce qui était de rigueur pour la Colombie où il faut faire transporter les fardeaux à dos d'hommes pendant près de 400 lieues; car il n'y a pas de routes accessibles pour d'autres moyens de transport.

7. *Plan d'un moulin uni, cylindre, à contre-parties dormantes.* Avec une force motrice de trois chevaux, ce moulin peut moudre 4,000 livres de blé par jour. Il est disposé de manière à moudre le blé en divisant de lui-même la mouture en quatre parties: chaque division de mouture est opérée à la fois par le seul mécanisme du moulin: la première division concasse le grain, la deuxième le gruaute assez fin, et la troisième et la quatrième achèvent la mouture, qui de là tombe d'elle-même à la blutterie. Entre le blé entrant dans le moulin et la farine qui en sort la différence de calorique n'est pas de deux degrés.

8. *Plan d'un petit moulin à bras* d'après le même système, pouvant moudre 20 livres de blé à l'heure par chaque homme de force motrice. Ces petits moulins son attenant à leur blutterie.

9. *Plan d'un pétrin mobile à forces compensées*, etc.

10. *Plan d'un four à plancher mobile.*

11. *Plan d'un appareil* sur le système des pétrins, servant au *lavage des minerais et au mélange des cimens et terres*, etc.

12. *Plan d'un appareil pour mélange du tabac en poudre avec le liquide* (appelé sauce) Cet appareil empêche que les ouvriers ne soient incommodés des émanations; ce service se faisant ordinairement sur des tamis à la main, occasionait beaucoup de maladies aux nègres chargés de ce travail. Plusieurs de ces appareils ont été faits pour le Brésil.

13. *Plan d'un appareil servant à voir dans l'intérieur de la gorge et du larynx*, etc., ainsi que les parties qui leur sont supérieures, la lumière et la vue pouvant se porter également dessus comme dessous.

14. *Plan d'une grande grue de position, ou levier à bascule, à contre-poids mobile, donnant en même temps le poids des fardeaux.*

M. Selligue, dans ses ateliers, peut exécuter également *toute espèce de machine* se rattachant soit à la *mécanique*, soit à la *physique*, soit à l'*optique*, etc., selon les besoins du demandeur, mais seulement d'après les plans qu'il combine pour remplir le but que l'on veut atteindre ; *il répond des résultats qu'il promet.*

N. 226. MM. MENTION et VAGNER, rue du Mail, n. 1.
Fabrique de bijoux en tous genres.

N. 227 MM. ARNHEITER et PETIT, mécaniciens, brevetés;
rue Childebert, n. 13.

L'agriculture et le jardinage doivent à ces mécaniciens une foule d'ustensiles aussi utiles qu'ingénieux, dont voici la nomenclature :

1° Charrue ratissoire d'un nouveau modèle, très-légère et servant pour les allées des jardins.

2° Coupe racine à tranchant circulaire. Cet instrument a été approuvé par l'Académie de médecine.

3 Nouvelle baratte pour faire le beurre.

4° Des sécateurs à deux bras de fer et à douille propres à couper des branches de deux pouces.

5⁰ Des sécateurs à main tout trempés, ce qui évite de mâcher en taillant.

6⁰ Ébranchoir à saules pour émonder les saules et les peupliers les plus hauts; on peut couper jusqu'à vingt lignes de diamètre.

7⁰ Échelle-Brouette servant à huit usages différens.

8e Seringue pour arroser les têtes des orangers.

9e Scie à croissant et à douille.

10e Charrue nouvelle pour couper le gazon.

Ils tiennent un assortiment de hache-paille, de ratissoirs, d'émondoirs, de cueille-fruits, de scies, de serpettes, de greffoirs, de transplantoirs et une foule d'autres objets qu'ils énumèrent dans leur prospectus

MM. Arnheiter er Petit ont déjà obtenu des mentions honorables aux expositions de 1823 et 1827, et une médaille d'argent de la société d'horticulture dont ils sont membres.

N. 228. M. REBILLIER, horloger, rue de la Monnaie, n. 9.

Le public ne peut manquer de s'arrêter devant le n. 228 et d'admirer l'ouvrage d'horlogerie exposé par M. Rebillier. C'est une montre simple à cylindre et à une seule platine en cristal de roche; la plus grande partie des pièces dont cette montre se compose, est en cristal et les vis sont taraudées. Il a fallu à cet artiste distingué plusieurs années de travail et de patience pour achever cet ouvrage, dont toutes les parties, même la boîte, ont été fabriquées par lui-même.

On remarquera aussi une montre à répétition, dont les pièces sont en cristal de roche, de rubis, de saphir et d'éméraude, et deux chronomètres à l'usage de la marine parfaitement exécutés.

N. 229. M. MORIN, gendre d'Harel, breveté d'invention, rue Neuve-Saint-Augustin, n. 20, seul dépôt rue de l'Arbre-Sec, n. 42.

M. Morin, qui s'est occupé depuis nombre d'années de perfectionner les ustensiles destinés à la cuisson des mêts, a présenté au jury un grand nombre de nouveaux appareils qui ne peuvent qu'ajouter à sa réputation. Son fourneau, qui est déjà avantageusement connu, réunit toute la solidité possible à la grande économie de temps et de combustible, et à la facilité avec laquelle on peut diriger à son gré toute la chaleur.

On trouve aussi, dans les magasins de M. Morin, une capsule à double cercle de son invention, qui est d'une grande commodité pour les fourneaux à ragoûts. A l'aide de cet appareil, il fait bouillir, en trois ou quatre minutes, deux verres d'eau avec une feuille de papier seulement. On remarque encore un autre objet très-utile aux cuisinières ; c'est une grille de fonte que M. Morin a ajoutée à sa coquille, en remplacement de celle de terre.

A l'aide d'un gril inventé par cet exposant, et qui déjà est très-connu, on fait cuire en quelques minutes des côtelettes sans fumée et sans aucune mauvaise odeur. Citons encore ses fours à pâtisserie, qui sont très-bien combinés, et dont les prix sont très-modérés ; ses chauffe-assiettes d'une forme élégante et qui peuvent contenir trois ou quatre douzaines d'assiettes ; sa cafetière en faïence et en porcelaine dont, grâce à l'heureuse combinaison d'un passe-fouloir, on ne retire absolument que la quintescence du café qui n'a rien perdu de son arôme.

Plusieurs autres objets dans les magasins de M. Morin sont dignes de fixer l'attention du public que nous engageons à aller les visiter.

N. 235. MM. CARALAT et GRANDCOURT, lampistes, et brévetés d'invention ; dépôt, galerie Colbert, n. 4, entrée par la rue Neuve-des-Petits-Champs.

Voici, d'après les rapports de l'Académie des sciences et de la société d'encouragement, les principales propriétés de la *lampe hydraulique* : Comme les lampes-Carcel, elle est à dégorgement continu et brûle à distance du bec, mais sans mouvement d'horlogerie. Elle ne renferme que de l'huile; son service est prompt et facile; elle n'a point de godet ; chaque fois qu'on prépare la lampe elle se nettoie d'elle-même ; elle n'est point sujette à réparation ; ses formes sont élégantes et variées; ses prix modérés.

N. 238. — M. LAMOTTE, mécanicien, pompier, plombier, fabrique de zinc, de garde-robes inodores à la française, rue du Faubourg-Montmartre, n. 4, à Paris.

M. Lamotte a été admis à l'exposition pour la confection des

74

garde-robes inodores, et pour la couverture des bâtimens. Il se charge également des couvertures de terrasses en plomb, cuivre et zinc ; fait et pose les gouttières et tuyaux de descente. Son dépôt est Boulevard-Montmartre, n. 10.

N. 239. M. BAUVAIS, rue Grétry, 3,

Est connu depuis l'exposition de 1827 comme le seul facteur qui établisse des pianos où le clavier se trouve placé au milieu de l'instrument.

Il vient d'y introduire une nouvelle amélioration, qui consiste à supprimer le fond sans nuire à la solidité, et il augmente ainsi de beaucoup le volume du son. Ce perfectionnement a mérité à son auteur un rapport favorable de la société d'encouragement au mois de septembre 1833.

N. 241 et 1012. — MM. RAINGO FRÈRES, brevetés, fabricans d'horlogerie et de bronze, rue de Touraine, n. 8, au Marais.

Cette maison, connue pour la belle exécution de ses ouvrages et les avantages qu'elle peut offrir au commerce, a exposé, en fait d'horlogerie :

1° Une pendule, montée sur marbre et bronze, pouvant servir de régulateur, battant la seconde au centre. Au-dessous du cadran principal s'en trouvent deux autres plus petits. Cette pendule se distingue par son bon goût et sa simplicité ;

2° Une pendule, dans un piédestal argenté et doré, échappement à ressort, balancier circulaire placé au-dessus de la corniche, et seconde au centre ;

3° Une pendule de voyage, boîte à glaces ; balancier circulaire, sonnant les heures, les quarts, répétitions et réveil ;

4° Une pendule, sur un piédestal simple argenté et doré, où les heures se trouvent peintes, mouvement avec balancier circulaire placé au-dessus, et qu'une entaille laisse apercevoir.

Comme fabricans de bronze, MM. Raingo frères ont exposé :

1° Un piédestal d'un genre nouveau, pour pendule, surmonté d'une corbeille avec fleurs, et quelques oiseaux en bronze doré. Il y avait une grande difficulté à obtenir ces fleurs aussi légèrement travaillées ;

2° Un cheval de course, sur une base en marbre griotte, avec ornemens dorés. Ce cheval est tiré d'une gravure anglaise ;

3° Un cheval libre, plus petit que le précédent, sur une base en marbre griotte, avec ornemens dorés ;

4° Un Turc méditant, pour pendules, sur marbre jaune de Sienne, avec ornemens en bronze ;

5° Une rocaille, pour pendules et flambeaux, même style, tout or, avec socles en bois, sculptés, dorés et garnis de velours, formant une garniture de cheminée.

N. 243. — M. ROUMESTANT JEUNE (Victor), fournisseur du roi et de la reine des Français, rue Montmorency, n° 10. Nouvelles cires à cacheter, registres à dos métallique et autres objets de bureau.

Les nouvelles cires à cacheter, de M. Roumestant, se produisent entourées déjà de la faveur publique et des recommandations les plus honorables. Dès le principe elles ont été adoptées pour le service du cabinet du roi. Depuis, un rapport de M. Mérimée, au nom du comité des arts chimiques, entendu et approuvé le 19 mars dernier, pär la Société d'encouragement pour l'industrie nationale, qui en a voté l'impression à son Bulletin, constate que les cires à cacheter de M. Roumestant jeune, unissent la perfection au bon marché, l'économie sur les anciennes étant de 50 pour cent, et conclut à ce qu'il lui soit donné un témoignage distingué de l'approbation de la Société.

Enfin, l'Athénée des arts, délibérant le 16 avril dernier, sur le rapport présenté, au nom d'une commission, par M. Mirault, l'un des membres, a voté à M. Roumestant jeune une médaille d'argent, comme témoignage de sa satisfaction pour les résultats obtenus par ce fabricant.

Tous les paquets et bâtons de ce fabricant sont marqués à son nom, et toutes les mesures sont prises contre la contrefaçon. La première qualité de ces cires, dite *royale extra-fine*, rouge, noire ou toutes couleurs assorties, ne vaut que 5 fr. le paquet, composé de 10, 20 ou 40 bâtons.

Les registres à dos métalliques, de V. Roumestant jeune, sont aujourd'hui si connus de toutes les bonnes maisons, qu'il devient inutile de les recommander autrement que par leur nom. On ne les confond plus à tort avec les registres à dos élastique, souple ou flexible, qui n'en peuvent avoir la solidité. Une longue habitude et des soins continuels ont porté la fabrication de M. Rou-

76

mestant jeune à un degré de perfection qui ne laisse rien à désirer. Cependant les registres de ce fabricant ne sont pas plus chers que tous les autres.

Notons encore une petite presse à copier, qui ne pèse que 16 onces, ne coûte que 10 francs, et peut remplacer les presses de voyage à cylindres.

N. 244 et 245. M. HAREL, fabricant de fourneaux et de divers appareils d'économie domestique, rue de l'Arbre-Sec, n. 50.

M. Harel, à qui l'art culinaire est redevable d'une foule d'objets de première nécessité, a obtenu une médaille d'argent en 1819, et a été mentionné d'une manière toute particulière aux précédentes expositions. Il vient d'ajouter encore à sa réputation en livrant au commerce différentes inventions, dont voici le détail :

1° Le vapococteur. Cet appareil est destiné à la cuisson des légumes, pour la nutrition des animaux dans les fermes ; il est disposé pour donner en même temps aux fermiers la facilité de faire leur cuisine ;

2° Four à pâtisserie. Quoique destiné surtout à la pâtisserie, ce four peut aussi servir à cuire le pain. Il est portatif et très-peu embarrassant ; il est en outre surmonté d'une étuve extrêmement commode dans les ménages ;

3° Fourneau à papier. Pour faire apprécier combien ce petit appareil est utile dans les ménages, il suffit de dire qu'au moyen d'une feuille de papier enflammée, on fait bouillir de l'eau en quatre minutes ;

4° Fourneau-potager. Cet appareil, dont la réputation est faite depuis long-temps, a été perfectionné et augmenté d'une étuve ;

5° Cafetière à filtre d'étain. Cet appareil est en terre de Sarguemines et à fouloir de bois. Il n'est exposé ni à l'odeur, ni à la rouille du fer-blanc ;

6° Chauffe-assiette ou étuve portative. Cet instrument est en tôle ou en cuivre ; il a l'avantage de tenir chauds les plats tout dressés, sans qu'ils courent le risque de se casser.

La maison Harel n'ayant point de dépôts, ne garantit que les appareils sortant de sa fabrique.

N. 249. M. PLOMDEUR, *arquebusier*, brevêté, connu pour divers perfectionnemens, ainsi que pour la bonne qualité de ses ouvrages et la modicité de ses prix ; sa fabrique et ses magasins sont faubourg Poissonnière, n. 5 *bis*.

Nᵒ 252. M. HURET (Léopold), ingénieur-mécanicien, fabricant, fournisseur du gouvernement, dépôt pour la vente, rue de Castiglione, n. 3.

Collection de fermetures à combinaisons et à garniture mobile même pour portefeuilles ministériels ; caisses, coffre-forts fermés avec de nouveaux procédés , et autres machines d'une utilité reconnue, toutes de l'invention de cet ingénieur-mécanicien, qui a une manufacture à Vanvres.

N. 253. — M. ROBOUAM, rue de Grenelle-Saint-Honoré, n. 33, bréveté pour les cannes-parapluies, polybranches.

M. Robouam a eu l'idée ingénieuse et nouvelle de faire de la charpente du parapluie ordinaire une canne que l'on peut facilement et promptement recouvrir d'un taffetas. Par leur réunion parfaite sous quelques petites bagues, jouant les nœuds d'un bambou, les baleines forment une canne du plus beau noir, à peine de la grosseur du doigt, du poids de dix à quinze onces, flexible, très-solide et surpassant en beauté les plus belles cannes en ébène. Pour la transformer en parapluie, on retire les petites bagues ; on passe et on boutonne le taffetas sur la canne , en ayant soin de ne pas croiser les baleines. C'est incontestablement ce qui, jusqu'à ce jour, a été fait de mieux en ce genre ; rien de plus commode pour la ville et surtout pour la campagne.

Il y a des cannes depuis vingt-trois pouces de parapluie jusqu'à trente : les prix varient selon la grandeur du parapluie et les ornemens depuis 25 fr. jusqu'à 50 fr. ; mais pour 28 à 30 fr., on peut avoir un fort beau polybranche de vingt-cinq à vingt-six pouces de parapluie.

Nᵒ 254. — M. JAMBON (René-François), mécanicien-astronome et professeur d'astronomie, rue Culture-Sainte-Catherine, n. 8.

Voici le détail des divers objets exposés par cet habile mécanicien :

1° un planétaire *complet* à rouages en cuivre, de 4 pieds 8 pouces de diamètre, monté sur un grand pied en acajou et à rondelles, représentant les mouvemens simultanés et vitesses respectives de la terre, de la lune et des dix autres planètes de notre système du monde, avec un mouvement d'horlogerie pour en régler la marche, mais dont on peut interrompre la communication avec la sphère si l'on désire accélérer les mouvemens pour en faire une démonstration ;

2° Un uranorama, représentant les constellations et les étoiles les plus remarquables de l'hémisphère boréal, avec les douze signes du zodiaque. Cette voûte hémisphérique de 6 pieds de hauteur et de 5 pieds de largeur, est à jour ; c'est une espèce de sphère armillaire, composée de cercles imaginés par les astronomes, et au centre et à l'intérieur de laquelle on peut se placer *assis :* c'est un moyen fort simple pour étudier et suivre avec plus de facilité le mouvement apparent du ciel et en reconnaître les constellations. Le soleil et la lune sont mis en mouvement dans l'intérieur par un rouage. Cette sphère doit être placée dans un lieu découvert, orienté suivant les quatre points cardinaux et la latitude des lieues et pour le jour et l'heure de l'observation.

M. Jambon exposera plus tard de nouvelles machines *géorgésiques*.

N. 256. M. PAVY, breveté d'invention, rue des Fossés-Montmartre, n. 25. — Fabrique de tissus-cordages.

M.. Pavy jeune, ayant importé en France les filamens de diverses plantes textiles des plus belles espèces, les a, en raison de leur éclat soyeux, appelées soie végétale. Ces filamens de la longueur de 10 ou 12 pieps sont, quoique très-fins, d'une force telle qu'avec quatre fils réunis on enlève un poids de quarante livres.

M. Pavy a appliqué ces matières à beaucoup des usages de la soie et du chanvre ; les cordages conviennent cependant spécialement à la marine, d'abord à cause de leur force, ensuite parce qu'ils n'ont pas besoin d'être goudronnés et ont l'immense avantage d'être moitié moins lourds que ceux en chanvre.

M. le ministre de la marine a demandé des cordages de soie végétale et en a envoyé dans les ports de Brest et de Toulon. La marine américaine, nos ports de la Manche ainsi que les grandes exploitations sur la Seine, ont déja apprécié la supériorité de ces cordages et en font une grande consommation. L'agriculture trouve aussi une économie notable à-les employer.

Les cordes a étendre le linge sont d'une beauté remarquable, et c'est sans contredit ce qu'on a fait de mieux.

Les cordages de couleur pour ameublemens, les brides, licols, longes, caparaçons, hamacs, carnac ères, sacs, cabas, dessous-de-plats etc., ainsi que les objets de passementerie de tous genres sont confectionnés avec le meilleur goût. M. Pavy fabrique aussi des tapis de toutes formes et toutes dimensions; ces tapis ont le tipe indien et sont d'une solidité à toute épreuve.

Ce fabricant distingué vient de recevoir la grande médaille d'or de l'Académie de l'industrie française.

N. 259. M. SPIEGELHALTER (Jean-Baptiste), gantier-culottier; Place Vendôme, n. 26.

M. Spiegelhalter a inventé en 1820 des pantalons de peau de daim large, et il a obtenu une mention honorable en 1827. Il expose aujourd'hui les objets ci-après :

1º Pantalons de peau de daim large ;
2º Culottes de daim blanc pour la chasse ;
3º Guêtres de daim ;
4º Gants de Rennes.
5º Gants de daim ;
6º Bretelles de daim ;
7º Cols de sa fabrique, très-bien confectionnés.

N° 263. — M. GAILLARD aîné, fabricant de toiles métalliques, rue Saint-Denis, n. 228, en de face celle du Petit-Lion.

A présenté à l'exposition de 1819 des toiles métalliques perfectionnées de la plus grande force et qui égalaient celles des Anglais; il a obtenu à cette époque une médaille d'argent, et il en obtint plus tard une seconde en 1827.

C'est à ce fabricant que l'on doit le beau numérotage par nom-

80

bre de fils au pouce, si intelligible pour les consommateurs. Cet établissement, un des plus considérables qui existent en France, se recommande par l'étendue de sa fabrication, la qualité de ses produits et la célérité de leur exécution.

Il y a toujours dans son magasin 600 pièces de toutes qualités.

N. 264. — M. HUAULT jeune, rue des Ménétriers, n. 6.

L'établissement de MM. Huault, si renommé pour la teinture des chapeaux en feutre, date de cinquante années et s'est continué de père en fils. La bonté de leurs produits a été mise surtout à l'épreuve par les chapeaux dits imperméables ; il était bien difficile de leur conserver l'élasticité et d'empêcher l'apprêt de se détruire par l'action de la chalenr et des acides, qui entrent dans la teinture noire des chapeaux. Ces difficultés ont été cependant surmontées de la manière la plus satisfaisante.

La société d'encouragement pour l'industrie nationale, dans sa séance du second semestre de 1830, sur le rapport de M. Mérimée, professeur des arts chimiques, a décerné à M. Huault jeune la médaille d'or de première classe.

N° 266.— M. GODEFROI aîné (Clair), facteur d'instrumens, rue Montmartre, n. 67.

On doit à M. Godfroy de grands perfectionnemens dans les instrumens à vent. Aussi en 1823 cet artiste obtint du jury une mention honorable, et en 1827 reçut une médaille de bronze. Cette année il expose encore des objets tout-à-fait nouveaux ; sa petite flûte, sa flûte-flageolet et sa clarinette offrent d'heureuses innovations.

N. 268. — M. POIRIER, mécanicien, fabricant de presses à copier, rue du faubourg St-Martin, n. 59.

Cet habile mécanicien est l'auteur d'un perfectionnement qui sera, nous n'en doutons pas, approuvé par les personnes qui font usage des presses dites à timbre sec. Au moyen du changement d'une seule pièce, on peut frapper à la fois et à timbre sec et à timbre humide. Les procédés employés pour confectionner ces pièces aussi simples qu'élégantes, promettent à l'acquéreur une grande économie, et tout étant exécuté chez l'inventeur .on est garanti d'avance pour la solidité et la bonne confection.

Les notaires et les négocians trouveront toujours chez M. Poirier un grand assortiment de presses à copier simples et décorées, ainsi que des presses à timbres secs et humides.

Nº 270. — M. G. VIOLARD, breveté d'invention et de perfectionnement et fournisseur de la reine des Français, magasin de gros, rue de Choiseul, n. 2 *bis*, magasin de détail, rue Castiglione, n. 2.

Rien ne surpasse la richesse et la beauté des dentelles et des blondes sortant des magasins de cet habile industriel. Le fini de ses tissus obtient le suffrage même des étrangers qui n'ont rien à nous opposer de supérieur en ce genre. Persuadé que tous les objets d'art et d'industrie sont susceptibles d'arriver à la perfection, M. Violard ne se laisse point rebuter par les obstacles. Rien ne fatigue son zèle et sa persévérance. Il est parvenu, après des efforts inouis, à confectionner des échantillons de dentelle avec des fils de laine et de cachemire.

Les ouvrages en blonde, offerts par M. Violard à la curiosité publique, sont, entre autres objets, des robes de qualité supérieure, des écharpes de diverses espèces, des mantilles, des cols, des cravates, des mitaines, des garnitures, des voiles et des objets confectionnés avec des fils delaine et des fils de cachemire.

N. 271. M. VINNEN, rue St-Denis n. 398, facteur d'instrumens à vent.

M. Vinnen soumet aux amateurs de musique :

1º Une embouchure factice de son invention, au moyen de laquelle personne ne sera privé désormais de jouer de la flûte, soit par la perte des dents, soit par la difformité des lèvres ;

2º Un basson à pompe avec perfectionnement simple, qui supprime tout le matériel des mécaniques nécessaires pour faire mouvoir la pompe en usage ; de plus une pompe de son invention à la culasse ;

3º Un instrument en bois français, inventé par feu son père et lui, auquel ils ont donné le nom de bassonore, parce qu'il joue les parties de basse et que tous les tons en sont pleins et sonores. Son étendue est de trois octaves. A partir de l'ut grave de violoncelle les tons les plus élevés sortent sans peine et offrent le charme des plus beaux sons du cor. Le médium est agréable, et peut même rivaliser avec une belle voix d'homme ; les sons graves produisent un effet inconnu dans les orchestres : on peut les comparer à ceux des belles pédales de l'orgue. Le bassonore est également propre au chant et à l'accompagnement ; il module en tous les tons ; l'effet qu'il produit, très-supérieur à celui du basson, le rend d'une grande utilité pour la musique militaire et celle de l'église ; mais il sera surtout bien placé dans un orchestre considérable. Quoique les sons de cet instrument aient un plus grand volume que ceux du basson, on se sert cependant de l'ancienne marche ;

4° Clarinettes et flûtes en bois, couvertes en cuivre, à l'usage de la cavalerie.

Enfin plusieurs autres instrumens qui se font remarquer par la richesse du bois et leur perfection.

N. 272. M. HUET, rue Neuve-des-Capucines, n. 5, près de la place Vendôme.

POMPE-HUET.

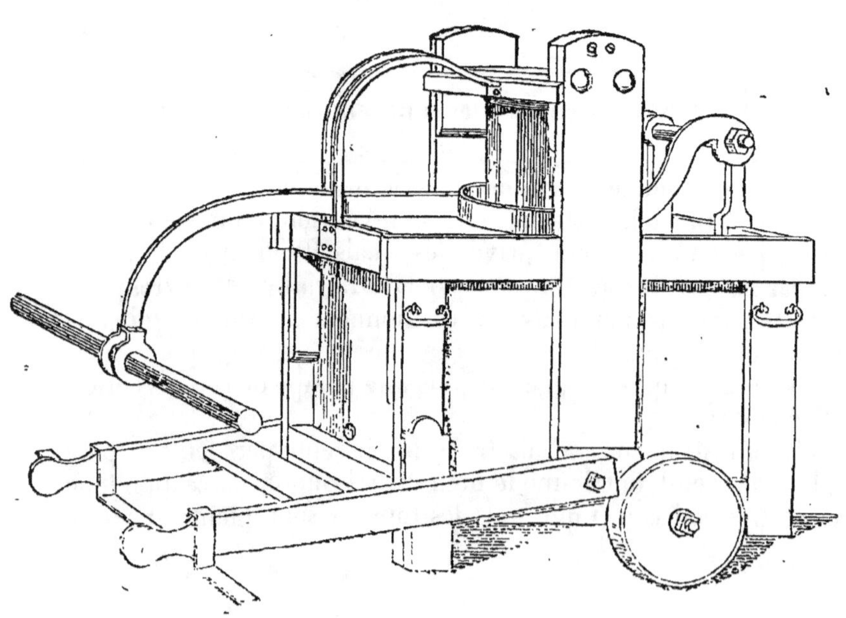

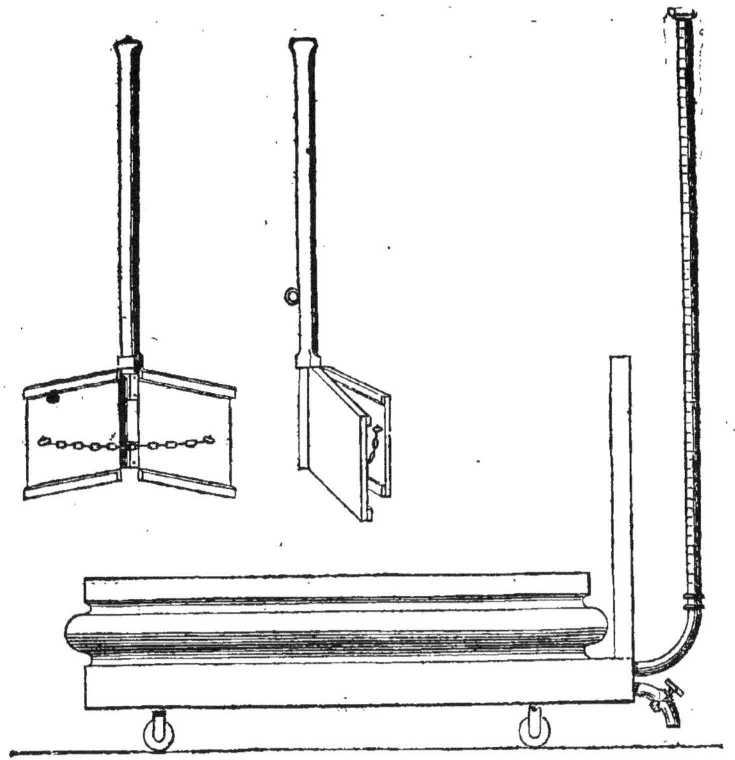

Cette pompe, dont la qualité essentielle est d'être sans aucun frottement, est d'un avantage presque incalculable, par le produit réitéré que chaque coup de piston donne en plus ; par son mécanisme simple, elle peut être mue par l'agent qu'on voudra lui appliquer, et n'a pas besoin de réparations coûteuses ; elle peut être montée et démontée par le premier venu, roulée par un enfant de douze à quinze ans, et manœuvrée par trois hommes seulement qui éleveront l'eau à cent pieds de hauteur avec jet continu. Sa forme et son action sont facilement appropriées à toutes les localités, en ce qu'elle est aspirante, foulante, ambiante et soulevante.

Elle peut servir à élever les eaux bouillantes, les sirops, à tel degré de cuisson qu'ils puissent être ; les bières, les vins, les vinaigres, les eaux-de-vie, les huiles, les eaux bourbeuses et sableuses et généralement tous liquides que l'on voudra transporter d'un lieu dans un autre.

Son prix est à la portée de tout le monde par sa modicité. Une pompe à incendie, donnant dix livres d'eau chaque coup de piston, est de 1000 fr., y compris cinquante seaux en cuir cloué, contenant neuf litres et se reployant sur eux-mêmes, plus cinquante pieds de tube aussi en cuir cloué et d'une lance.

L'auteur de ce système a aussi inventé une balance hydraulique qui exempte la mise des poids, chose très-fatigante dans les grandes masses et des rames qui impriment huit fois plus de vitesse au bateau auquel on les adapte, en n'employant cependant que la même force motrice que pour les rames ordinaires.

N. 275. M. SIRHENRY, fabricant de damas, coutelier de la faculté de médecine et de l'hôtel royal des Invalides, breveté du Roi, place de l'Ecole-de-Médecine.

Parmi les instrumens de chirurgie soumis à l'exposition par M. Sirhenry, et qui tous méritent l'attention publique comme objets d'arts, on remarquera surtout une caisse d'amputation. Ce meuble peut se considérer comme le *vade mecum* des chirurgiens; ils y trouveront réunis tous les instrumens en usage dans les divers cas d'amputation.

L'instrument de *lithotritie* a mérité à M. Sirhenry une médaille de bronze qui lui fut décernée par l'Institut en 1825. Cette médaille lui a été donnée sous le nom de *prix Monthyon*, tant il est vrai que cette invention fut considérée comme un bienfait envers l'humanité.

La Société d'encouragement décerna en 1822 à M. Sirhenry le premier prix en récompense de ses nouveaux instrumens et il reçut un médaille d'or.

En 1825 et 1827 il obtint du jury central de l'exposition deux médailles d'argent, qui lui furent décernées à titre d'inventions et de perfectionnemens dans la fabrication des instrumens de chirurgie.

Les nombreuses recherches faites par cet habile fabricant pour obtenir un bon damas ont été aussi couronnées d'un plein succès; les damas qu'il fabrique coupent le fer sans s'émousser.

On trouve dans les magasins de M. Sirhenry un assortiment complet d'instrumens de chirurgie, de rasoirs, de canifs, et toute la partie de la coutellerie.

N° 284. M. LAURENT, inventeur de flûtes en cristal, Palais royal, n. 65, près le café de Foy.

Depuis 1806, M. Laurent, inventeur breveté des flûtes en cristal, s'est occupé avec persévérance de leur perfectionnement et de celui des flûtes en bois. La seule objection qu'on eût jamais faite contre les flûtes en cristal, c'était leur pesanteur; il fait disparaître cet inconvénient par des cannelures qui rendent l'instrument très léger.

La flûte en cristal que le public a sous les yeux, et que M. Laurent vient de construire à treize clefs dont le diapason s'étend par des sons pleins et sonores, jusqu'au sol d'en bas du violon. Ces clefs, sont d'un mécanisme facile et sûr, et ne changent point la position ordinaire de la main.

Le conservatoire de musique, après avoir examiné ces flûtes par ordre du ministre, déclara que les ayant fait passer par divers degrés de température, depuis 6° au-dessous du terme de congélation du thermomètre de Réaumur, jusqu'à la plus forte chaleur, elles n'éprouvèrent ni altération ni variation.

Le 8 septembre, l'Athénée des arts lui accorda la médaille qui lui fut donnée le 10 août 1806, en séance publique.

Le gouvernement lui a décerné une couronne et une médaille de l'exposition des produits de l'industrie de 1806. Enfin cet instrument a mérité les suffrages des empereurs d'Autriche et de Russie, et de plusieurs autres souverains.

N. 292. M. DELAROCHE fils, Poêlier-Fumiste, rue du Bac, n. 38; breveté comme l'inventeur des cheminées calorifères qui, par un procédé économique, chauffent en peu de temps un vaste appartement.

Ces appareils ont l'avantage de se placer dans toutes les cheminées et de garantir de la fumée. On peut même au besoin chauffer une pièce voisine en établissant un courant d'air dont la chaleur serait de 10 degrés.

M. Delaroche tient également des calorifères pour chauffer plusieurs pièces avec très-peu de combustible.

Ce fabricant a obtenu une mention honorable en 1827.

N. 296. — M. LEROLLE (Jean-Baptiste-François), rue de la Chaussée-des-Minimes, n. 1.

Les modèles exposés par M. Lerolle justifient la réputation qu'il s'est acquise par vingt années de travaux. Il a fait admettre :

1. Une cheminée, une console et leurs trumeaux ; ces objets sont destinés à orner le palais du roi de Sardaigne ; ils sont totalement en bronze et exécutés d'après les dessins de M. Palaggi, président de l'académie de Milan ; on remarquera surtout la finesse de la ciselure et la parfaite régularité de la monture des pièces unies.

2. Une cheminée à têtes de satyres, en cuivre avec ses garnitures.

3. Une table à grosses griffes avec jardinière.

4. Une corbeille toute dorée représentant Hébé et Cérès.

5. Une paire de candelabres à trois bacchantes, également dorés.

On trouve chez M. Lerolle un assortiment de pendules, de candelabres et de bras de cheminées dans le goût le plus moderne.

N. 297. M. le docteur AUZOUX, rue du Paon, n. 8.
Anatomie-élastique (1).

Au moyen d'une pâte qui dans l'état frais est susceptible de prendre et de conserver toutes les empreintes, et d'acquérir par la dessiccation une solidité presque égale à celle du bois, le docteur Auzoux est parvenu à représenter sur un même modèle toutes les parties du corps humain ; tout ce qui a rapport aux muscles, aux artères, aux veines, aux nerfs, aux viscères est reproduit jusque dans les détails les plus minutieux ; il n'est pas jusqu'aux os qui ne soient reproduits avec une vérité telle que si l'on n'en était prévenu on pourrait les prendre pour des os véritables.

Toutes les parties réunies réprésentent un homme de grandeur naturelle qui, sous le rapport de la beauté et de l'exactitude des formes, peut être comparé à nos plus belles statues.

____

(1) Elastique, Κλαω, briser, rompre, c'est-à-dire modèle d'anatomie, composé de pièces solides, dont toutes les parties peuvent aisément se monter et se démonter.

129 pièces ou morceaux qui fournissent à l'observateur 1115 objets qui ont reçu des descriptions et des noms particuliers entrent dans la composition de ce modèle; chacune de ces pièces peut-être enlevée une à une de manière qu'en voyant démonter ces modèles on croit assister à une véritable dissection, moins la puanteur cadavérique, et l'idée dégoûtante que nous attachons à une chose qui a vécu.

Non-seulement M. Auzoux a résolu le difficile problème de reproduire tous les innombrables détails qui entrent dans la composition du corps humain, et de mettre ainsi l'étude de l'homme à la portée de toutes les intelligences et des gens de toutes les professions, de rendre cette étude possible dans tous les climats, dans tous les lieux, dans toutes les saisons de l'année, de faire que cette étude qui jusqu'alors a nécessité plusieurs années d'application, puisse être apprise en quelques semaines; M. Auzoux est parvenu à résoudre encore le problème non moins difficile de multiplier ses modèles avec autant de rapidité que par l'imprimerie.

C'est par le moulage que cette reproduction a lieu, par conséquent toujours avec la même exactitude et la même régularité; procédé qui permet de reproduire les modèles en aussi grand nombre que les besoins peuvent l'exiger.

Déjà plus de 100 modèles ont été envoyés dans les différentes écoles de médecine de toutes les parties du monde.

A l'unanimité le jury a admis cette préparation; mais croyant toutefois qu'il pourrait y avoir quelqu'inconvénient à placer de tels produits sous les yeux du public, MM. les membres du jury ont demandé à M. le ministre que l'on disposât un local particulier dans les salles de l'exposition.

M. le ministre du commerce a répondu qu'il désirait satisfaire, autant qu'il était en lui, au vœu exprimé par le jury, mais que les salles de l'industrie ne se prêtaient point à cette exposition particulière.

Cette exposition aura donc lieu chez M. Auzoux, rue du Paon, n. 8, les mardi et jeudi de midi à une heure.

N° 298. — M. BOURGOUIN, graveur, rue des Marmousets, n. 34.

M. Bourgouin a exposé un cadre contenant sept cents modèles d'outils différens, à l'usage des graveurs et ciseleurs. Ces outils se recommandent par leur précision et la bonne qualité de leur trempe.

Il y a joint un appareil conducteur de poinçons, à l'usage de MM. les bijoutiers fabricans de doublé; l'un des poinçons contenu dans cet appareil, représente dans l'espace d'un millimètre carré, le mot *doublé, une étoile, un croissant, une coupe, un cœur, des points symboliques, deux lettres initiales et un éléphant.* Cette dimension est de rigueur, pour pouvoir être appliquée sur les petits objets de bijoux.

N. 300. M. BARDEL, rue Vieille-du-Temple, n. 51.

Parmi les produits industriels de cette année on remarquera ceux de la fabrique de M. Bardel fils; c'est à son père que nous devons les premières étoffes de crin qui furent faites en France; pendant 40 ans il n'a été fait que des étoffes de crin noir; nous voyons avec plaisir que M. Bardel fils est parvenu à en faire en couleur et à donner à ces nouvelles étoffes le brillant et les belles nuances de la soie, ainsi qu'une solidité à toute épreuve.

Cette fabrique est sans contredit la plus ancienne et la première dans son genre; aussi ce fabricant a-t-il obtenu des médailles à chaque exposition; il expose en outre, cette année, de nouvelles étoffes pour meubles et tentures d'appartemens, tant en étoffes dites orientales que du Bengale, qui ne laissent rien à désirer; c'est à lui que nous devons les tissus de pagnes de l'Inde pour chapeaux de dames, en uni et en façonné. Il a obtenu un brevet d'invention pour toutes ces belles étoffes, qui resteront toujours dans le commerce autant pour leur beauté et leur durée que pour la modicité de leur prix.

Nº 302. M. DIDA, fournisseur des casques et crapska de l'armée, des casques de la garde municipale et des sapeurs-pompiers de la marine, Vieille rue du Temple, nº 125, ci-devant rue Hauteville, nº 2.

Ce bel établissement, qui existe et prospère depuis 1814, est consacré à la fabrication des équipemens militaires en tous genres.

Les ateliers, que les amateurs ont surnommés *ateliers modèles,* sont tout-à-fait nouveaux; ils sont élevés à trois étages de galeries, qui peuvent contenir facilement 250 ouvriers travaillans.

Ces ouvriers y sont divisés par étages et selon leur partie. Toutes les pièces qui composent le casque et le crapska s'y fabriquent d'un bout à l'autre, ainsi qu'une infinité d'autres objets d'équipemens militaires. Autrefois on confiait presque toutes les fournitures des casques à des marchands chapeliers, qui faisaient faire chaque division des casques, dans Paris, en vingt endroits différens, et il en résultait des ouvrages d'une infériorité dont le gouvernement a eu plus d'une fois à se plaindre. La fondation de l'atelier de M. Dida a changé ce fâcheux état de choses, et on peut dire qu'il a porté ce genre de travail à un degré de perfection jusqu'alors inconnu. Il suffirait, pour s'en convaincre, de se procurer des casques fournis il y a 15, 20 et 30 ans et de les comparer à ceux qu'il établit aujourd'hui, et dont le public peut voir des échantillons dans la salle n° 4, en face de l'entrée, sous le n° 302.

M. Dida expose en outre des vis cylindriques, du doublé d'or à froid et des objets d'ornemens en cuivre, le tout fabriqué dans ses ateliers.

L'avantage que présente, pour les consommateurs, la fabrication de vis de M. Dida, n'existe peut être pas dans les prix auxquels il les offre, comparativement aux prix où pourraient les livrer de fortes manufactures de province, auxquelles l'on ferait des demandes de grandes quantités; mais il faut considérer les avantages de sa fabrique de vis sous d'autres rapports. Cette fabrique étant placée dans la capitale, de nombreux consommateurs, dans toutes sortes d'états où les vis sont indispensables, peuvent, de quelque genre où de quelque dimension qu'ils aient besoin, se présenter chez lui pour telle petite quantité qu'il leur faudra; ils seront certains de pouvoir les faire fabriquer sur-le-champ, absolument semblables à l'échantillon qu'il leur plaît de fournir; et c'est ce qui arrive continuellement; tandis que s'il fallait écrire aux manufactures de province pour de pareils besoins, on conçoit qu'il s'en suivrait une perte de temps bien grande; que les frais d'aller et retour, et les ports de lettres, augmenteraient de beaucoup les prix, et que peut-être même les manufactures refuseraient de les fabriquer, vu les petites quantités qu'on leur demanderait, ou ne les établiraient qu'à un prix trop élevé. Bien entendu que nous n'entendons parler que de vis cylindriques, car pour les vis à bois, on sait qu'il y a à Paris des dépôts où l'on en trouve de toutes les dimensions.

Les divers échantillons de doublé d'or soudé à froid contiennent seulement la sept-centième partie d'or de mise en fabrication, et M. Dida les livre au commerce à 4 fr. et au-dessous le marc ou les 250 grammes, ce qui permet de l'employer à une infinité d'ouvrages que l'on peut, à très-bas prix, confectionner en doublé d'or.

On doit apprécier les difficultés qu'il a fallu vaincre pour arriver à fabriquer du doublé avec une aussi légère partie d'or, sur une épaisseur qui ne répond pour ainsi dire qu'à celle d'une feuille de papier et toujours en conservant à ce doublé une belle couleur d'or répandue également sur toute la surface.

A ces échantillons M. Dida joint diverses pièces *estempées au mouton*, *en cuivre très-fort* pour donner une nouvelle preuve de l'avantage incontestable qu'il y aurait à remplacer une grande partie des ornemens en *cuivre fondu* par ceux *estempés*, en raison de la solidité, de la netteté et du fini que présente le *cuivre frappé* en comparaison du cuivre fondu, qui est toujours cassant et dont les ornemens ne sont jamais propres ; il faut observer que le prix de revient n'est pas plus considérable.

N° 306. — M. CARDEILHAC, fabricant de coutellerie, commissaire-expert-adjoint du gouvernement, membre de la Société d'encouragement de l'industrie nationale, *à la Croix d'honneur*, rue du Roule, n. 4, près le Pont-Neuf.

Cette maison est depuis long-temps et avantageusement connue par la perfection des ouvrages qui sortent de ses ateliers. On peut même dire que ce genre d'industrie lui est redevable de quelque progrès. Aussi a-t-elle obtenu des médailles aux expositions de 1819, 1823 et 1827.

M. Cardeilhac a inventé notamment un nouveau coupe-raisins qui transporte la grappe sur l'assiette sans y mettre les doigts, de nouveaux couverts de dessert et d'autres ustensiles de table.

N. 307 M. SIMIER, relieur du Roi, rue St-Honoré, n. 152; médaille d'argent en 1823.

Tous les genres de reliûres sont exploités par cet industriel; on remarquera des reliûres établies sur des couvertures en peau de vélin et plusieurs ouvrages rares. M. Simier a été chargé de faire pour la chambre des pairs et pour la chambre des députés de nombreux travaux qu'il reproduit dans ce moment pour les chambres d'Angleterre. Il espère les terminer assez à temps pour les offrir à la curiosité du public avant la fermeture de l'exposition.

N. 311. — M. CHAROY, artificier du roi et de la ville, fournisseur de jardins publics et de grands théâtres. Il a une maison de commission rue Saint-Denis, n. 30; une fabrique rue du Faubourg-du-Temple, n. 124; une succursalle rue de Joissain, n. 10, à la Chapelle; et un grand dépôt rue Saint-Denis, n. 91.

Voici le détail des nouveaux produits de cet habile artificier :

N. 1 Fusées volantes de divers formats, sans baguette.
N. 2. Torches s'allumant tout de suite en les frappant contre un mur; à l'usage des pompiers, de la marine, et des voitures dites *les Diligentes*.
N. 3. Lances pour mettre le feu aux canons. Il suffit, pour les allumer, de les appuyer sur un corps dur.
N. 4. Porte-lances creux, à ressort, contenant douze lances, qui prennent feu au moyen d'un ressort qu'on pousse à volonté.
N. 5. Lances prenant feu par une capsule.
N. 6. Flèches de marine pour incendie; elles prennent feu au moindre attouchement.
N. 7. Flèche aquatique qui prend feu en tombant sur l'eau.
N. 8. La pyroballestique, pièce phirique à trois rendissions de feu sans le secours d'aucun conduit.
N. 9. Lance du roi pour donner le signal au feu d'artifice dans les fêtes publiques; elle prend feu en l'appuyant seulement sur le bout.
N. 10. Produit nouveau pour les feux d'azur, de l'invention de M. Charoy.
N. 11. Un œuf qui prend feu quand on veut le casser.
N. 12. Une chandelle romaine à étoiles tricolores.

N° 320. — M. EDMOND SCHINDLER, marchand tailleur, teinturier et apprêteur de draps, rue de Seine-Saint-Germain, n. 23.

En voyant les draps en pièces et les habits exposés par cet industriel, il n'est personne qui ne soit convaincu que ce sont des draps tout récemment sortis de nos premières fabriques. Erreur! ce sont des draps teints en pièce et de vieux habits remis à neuf.

M. Schindler est parvenu, par un long travail et par un ingé-

92

nieux procédé, à teindre et apprêter les draps en pièces et les vieux draps, de manière à les rendre aussi solides et aussi beaux que les draps teints en laine.

Il n'est pas un consommateur qui ne soit intéressé à savoir que pour une modique somme il peut renouveler sa toilette et échanger son vieil habit contre un habit remis à neuf et à la plus nouvelle mode.

Prix : Pour les redingotes, y compris les fournitures nécessaires, 26 fr.
Pour les redingotes dites Pardessus,   28
Pour les habits,   28
Pour les carriks et manteaux,   25

N. 523. M. LEMOINE, arquebusier, rue Notre-Dame-de-Nazareth, n. 6 (bis).

La simplicité des fusils de M. Lemoine jointe à la modicité de ses prix, ont déterminé le Jury à l'admettre aux honneurs de l'exposition. La main d'œuvre est d'une belle exécution et les amateurs de chasse ne manqueront pas de visiter ses ateliers.

N. 524. — LE PERDRIEL, pharmacien, rue du Faubourg Montmartre, n. 78, à Paris.

Indiquer les divers objets exposés par cet habile pharmacien, et l'usage auxquels ils sont destinés, c'est en faire connaître suffisamment l'utilité :

1° Une toile vésicante, dite *adhérente*, parce qu'elle peut dispenser d'un bandage pour la fixer sur l'endroit désigné. Son action se produit en six ou sept heures avec moins de douleur que les vésicatoires ordinaires, ce qui est d'un grand secours dans une foule de cas ;

2° Un taffetas épispastique, ayant trois numéros ou degrés d'activité ; il est préparé avec le principe actif de l'écorce de garou seulement, et ne contient aucun corps gras, de sorte qu'il ne peut jamais rancir ;

3° Un taffetas, dit rafraîchissant, qui n'occasione ni irritation, ni démangeaison autour de la plaie, comme les papiers et les toiles gommés.

Tous les hommes de l'art savent que l'entretien des vésicatoires est une des choses les plus difficiles, et qui laissent le plus à désirer, même dans les hôpitaux, où les pansemens se font cependant avec tant de soin. Et cela vient surtout de la difficulté d'avoir un épispastique dont l'action puisse se régler suivant le besoin du malade. Les taffetas de M. Le Perdriel ne peuvent donc manquer d'être généralement adoptés.

4° Des serre-bras simples, légers, élastiques et très-commodes;

5° des serre-corps. Ces bandages sont destinés (chose souvent difficile) à maintenir le pansement des exutoires sur toutes les parties du corps. Par leur composition inaltérable, leurs propriétés constantes et régulières, leur propreté et leur commodité, ils devront obtenir la préférence sur tous les autres moyens connus.

N° 527. — M. DE LAPERRELLE, professeur de stéréotomie, Barrière du Roule sur le boulevard Beson, n. 21.

Gnomon ou monument solaire. — Coupe de pierres.

Quel est celui qui n'a pas été témoin, dans nos campagnes, de l'assurance avec laquelle certains empiriques, maçons ou badigeonneurs, sans autre guide que leur simple routine, s'en vont hardiment tracer partout des cadrans solaires, et, par de plates ou banales épigraphes, se font les oracles de nos villages; tandis que l'horloge plus que séculaire du clocher communal indique près d'une heure de différence avec les lignes horaires de ces solaires bariolés de toutes couleurs, et chamarrés ou décorés des plus misérables enjolivemens?

Sous ce rapport, nous pensons, disait M. Héricart de Thury dans son rapport du 25 janvier 1832, qu'il est dû des encouragemens aux artistes qui, guidés par une pratique sage et éclairée, ou mieux encore par la théorie, ne dédaignent point de se livrer à la construction des monumens solaires, surtout si l'on considère que cet art, la gnomonique des anciens, enseignée dans les siècles les plus reculés, par les *Thalès,* les *Borose,* etc. est fondée sur le mouvement des corps célestes, et principalement sur celui du soleil, ou plutôt sur le mouvement diurne de la terre, et qu'ainsi, pour construire un bon cadran solaire, il est nécessaire de connaître les élémens de trigonométrie rectiligne, sphérique et de l'astronomie.

La construction du monument de M. Delaperrelle est ingénieuse, ajoute M. le rapporteur; elle prouve que ce professeur est aussi versé dans la pratique de la coupe des pierres que dans la théorie. Il est parfaitement exécuté : tout y est calculé et distribué

94

avec autant d'intelligence que de dextérité, sous le double rapport de l'utilité et de l'agrément ; aussi peut-il également servir, suivant ses dimensions, à la décoration des parterres des jardins publics et particuliers, des bibliothèques, des salles d'étude et même des appartemens : il est orné de 24 cadrans.

M. de Laperrelle est aussi auteur d'un excellent ouvrage sur la coupe des pierres (2 vol. in-4°), les 45 planches qui le composent sont exposées sur le pied du gnomon ; « Cet ouvrage, disait M. Valot dans son rapport du 19 septembre 1832, donne des observations très-avantageuses ; il conduit pour ainsi dire par la main le constructeur dans la marche qu'il doit suivre, non-seulement pour la description des épures, mais encore pour les précautions à prendre pour les approvisionnemens, la taille, les ravalemens et les opérations très-importantes de la pose. »

La Société d'encouragement a recommandé cet ouvrage à M. le ministre des travaux publics qui vient de faire l'acquisition de 24 exemplaires. Nous pensons qu'il serait utile d'en déposer dans les bibliothèques de Paris et des départemens pour être consultés, non-seulement par les élèves, mais encore par les constructeurs, d'après le vœu de la Société d'encouragement pour l'industrie nationale (prix : 55 fr.) M. Héricard de Thury en fait aussi l'éloge dans son rapport sur le gnomon.

N. 354. M. FEAU BECHARD, teinturier, rue du Cloître-Notre-Dame, n. 6.

Cet industriel expose deux tableaux de cinq pieds de hauteur sur quatre de large, et sur chacun desquels sont fixés trois cent vingt échantillons de laine fine mérinos, et quatre vingt-dix de cachemire fin ; l'un de ces tableaux contient toutes couleurs de première solidité, sans aucun mélange, ni avivage faux teint, à l'instar de ce qui se fait à la manufacture des Gobelins ; mais toutefois avec la différence que ces procédés sont bien plus difficiles à appliquer sur les laines fines mérinos et sur les cachemires fins exposés par ce fabricant, que sur celle employée par les Gobelins, puisqu'ils ne se servent que de laines fortes et retorses : ce tableau contient aussi plusieurs procédés nouveaux, et entre autres des roses et cramoisis bon teint par la laque, ce que l'on n'avait pu, jusqu'à ce jour, obtenir que par la cochenille, et des jaunes d'or bon teint aussi vifs qu'au fustel.

L'autre tableau contient des couleurs d'une moyenne solidité, mais dont le mérite est dans leur grande vivacité et dans la modicité des prix.

N. 335 M. LAMBERT, rue St-Denis, n. 144 et 146; breveté pour des *Lacets indéserrables*.

Les personnes qui ne connaissent pas ces lacets pourront facilement les apprécier et se convaincre de la supériorité de ce serrage mécanique; 1° à la facilité qu'elles trouveront à lacer et délacer leurs corsets, guêtres ou brodequins, sans endommager les œillets; 2° à la régularité et à la beauté du ferret; 3° à la précision et à le netteté avec lesquelles le lacet est serré dans son ferret; 4° aux pointes des ferrets, qui sont de forme ovale et parfaitement fermées; 5° à quatre petits points qui sont placés sur un côté du ferret, deux à chaque bout, et dont l'un se trouve quelquefois effacé par la pointe.

N° 345. Mme Ve JULLIEN, rue du Faubourg-Poissonnière, n. 1, et boulevard Poissonnière, n. 4.

Voici le détail des nombreux objets exposés par ce fabricant. Il suffit de les énoncer pour en démontrer l'utilité :

1. Poudre pour clarifier les vins, n° 1 pour les vins rouges; n° 2 pour les vins blancs, et n° 3 pour décolorer et rétablir les vins. Ces poudres procurent une lie plus lourde et moins volumineuse que tous autres genres de collage et sont beaucoup moins chères.

2. Cannelle pour transvaser les vins en bouteille qui ont déposé.

3. Cannelles pour remplir les vins de Champagne qui dégorgent, et sans perdre la mousse.

4. Entonnoirs pour remplir les tonneaux, pour filtrer les liqueurs et remplir les pièces gerbées.

5. Cæcographe pour écrire sans voir clair.

M. Jullien a obtenu aux expositions de 1823 et 1827, des médailles d'argent et de bronze.

N. 346. — **M. LAURENT**, fabricant de boutons à queue flexible, en lasting, soie et cordonnet, fabriqués par procédés mécaniques, rue Saint-Denis, n. 204.

L'article exposé par M. Laurent ne s'est, pendant long-temps, fabriqué qu'en Angleterre, et se vendait à Paris sous la sauvegarde d'un brevet pris par un Anglais. Depuis un an M. Laurent est parvenu à faire annuler ce brevet, et il a établi une fabrique qui peut soutenir avec avantage le parallèle avec celles des Anglais. Car quoique les tissus de laine soient livrés en Angleterre à un prix beaucoup plus bas qu'en France, M. Laurent, grâce à l'économie bien entendue qu'il apporte dans ses moyens de fabrication, peut livrer ses produits à un prix au-dessous des leurs, sans que pour cela ils soient d'une qualité inférieure.

Toute la solidité d'un bouton consiste dans la flexibilité de la queue; M. Laurent, pour donner la preuve que ceux qu'il fabrique ne laissent sous ce rapport rien à désirer, offre d'attacher à celle de chacun d'eux un poids de cinquante livres.

Nous croyons devoir ajouter à cette notice quelques réflexions dont nos lecteurs comprendront facilement la portée : l'entrée du *lasting*, même coupé par petites parties, n'est pas permise en France, ce qui apporte à l'exercice de diverses industries des entraves difficiles à rompre, et cependant les Anglais peuvent introduire en France les boutons qu'ils fabriquent avec cette étoffe. Espérons qu'un tel état de choses ne durera pas; espérons-le pour le bien de notre industrie dont il retarde les progrès.

N° 347. — M. FLAMET, fabricant de bretelles sans couture, rue des Arcis, n. 25.

Si M. Flamet a obtenu l'honneur de l'exposition, il le doit avant tout à son heureuse invention des bretelles et jaretières élastiques sans couture, qu'il exploite avec un succès toujours croissant depuis nombre d'années, et qui surpassent toutes espèces de tissus en ce genre.

Cet industriel a découvert et mis très-habilement à profit les moyens d'utiliser la gomme nue, et il en forme des tissus élastiques qui s'emploient avec avantage pour corsets, ceintures, dos de gilets, serre-bras, bretelles et jarretières; il tient tient aussi ces deux derniers objets en tissus brochés.

Parmi les objets déposés par ce fabricant, on remarquera des bretelles tricolores sans coutures et brochées en or, tout-à-fait semblables à celles que M. Flamet a eu l'honneur d'offrir à S. M. le roi des Français, et au prince royal, le 9 août 1830.

N° 362. — M. LEMORO, rue du Marché-Palu, n. 20.

Expose un tableau rosace, mi-partie peinte, mi-partie naturelle, en bois indigènes et exotiques, de telle sorte que la partie peinte se trouve en regard d'une partie naturelle. Nous laissons aux observateurs le soin de les distinguer l'une de l'autre.

M. Lemoro, outre ce tableau, a bien voulu nous communiquer diverses autres imitations de marbres et de bois de toutes natures qui peuvent servir à la décoration des appartemens et qui ne sont pas inférieures à ce que le public a sous les yeux.

On doit féliciter M. Lemoro d'avoir eu la pensée de placer des peintures auprès des produits naturels. Ce procédé nouveau, qui exclut toute intention d'induire en erreur, ne peut que contribuer à lui faire obtenir de MM. les propriétaires et architectes une préférence méritée.

N. 367. MM. BONNAIRE et DELACRETAT, fabricans de produits chimiques, rue Bar-du-Bec, n. 4.

Cette maison, qui possède une importante fabrique à Vaugirard, est sans contredit une de celles de Paris qui travaillent le plus dans les produits chimiques, et elle mérite sous tous les rapports la confiance et la réputation dont elle jouit depuis long-temps.

Parmi les échantillons remarquables qu'elle expose aujourd'hui, leurs chromates de potasse rouge et jaune, l'émétique et l'oxide tartarique, fixeront l'attention des connaisseurs par leur belle cristallisation; mais les principaux produits de la fabrique de MM. Bonnaire et Delacretat, et ceux dans lesquels ils ont le plus complétement réussi, ce sont les sulfates et carbonates de magnésie, le calomel traité à la vapeur et le bi-carbonate de potasse et de soude. On doit savoir gré à ces honorables fabricans des efforts constans qu'ils ont faits pour épargner à leur pays le désavantage de rester tributaire des Anglais, et sous ce rapport ils ont, en fondant leur fabrique de Vaugirard, fait une véritable conquête industrielle.

N. 369. — M. LANGE - DESMOULINS, fabricant de couleurs, rue du Roi-de-Sicile, n. 32, continuateur de la fabrique de vermillon français de M. Desmoulins son beau-père,

le seul adopté par la Société d'encouragement. Médaille de bronze en 1829 ; médaille d'argent en 1824.

L'un des échantillons exposés cette année se fait remarquer par sa teinte extrêmement foncée et brillante, qualité qu'on ne rencontre pas dans celui de la Chine, toujours plus ou moins terne. La différence en moins dans le prix est d'environ 20 pour 100. Les autres produits exposés par le même fabricant sont :

1° La laque de garance, dont l'inaltérabilité est reconnue, avantage inappréciable pour le consommateur. Employée jusqu'ici seulement par les peintres d'histoire, à cause de sa très-grande chérté, elle arrivera gaduellement, par le perfectionnement du nouveau procédé, à un prix accessible à tous les genres de peinture (il y a déjà 50 pour 100 de différence). Les peintres en lettres et et décors s'en servent fréquemment et avec le plus grand succès ;

2° Laque anglaise et laque carminée d'une vivacité remarquable ;

3° Jaune de chrôme en pains et en grains, qui peuvent soutenir la concurrence la mieux établie ;

4° Les carmins du même exposant méritent une mention toute particulière ; ils sont d'un ton tellement vif, qué l'œil peut à péine en soutenir l'éclat.

N. 370. — M. BUTTE aîné, fabricant de bronzes, rue de Berry, n. 12, au Marais.

Cet artiste qui reçut une médaille de bronze de la Société royale de Nancy en 1833, a exposé :

1° Diverses études d'animaux d'après nature, exécutées en bronze ;

2° L'offrande à Jupiter des dépouilles opimes par Romulus ; sujet de pendule en bronze ;

3° Un cheval anglais de pur sang, pour sujet de pendule.

N. 571. Madame BRETON, sage-femme, rue du Faubourg-Montmartre, n. 24. — Brevetée pour 15 ans et par prolongation ; ex-répétiteur en chef de clinique ; ayant obtenu une médaille d'encouragement en 1827 et un prix de vigilance clinique à la maternité.

Appareils pour favoriser l'allaitement des enfans

Madame Breton est sage-femme. Elle possède à Paris une nombreuse clientelle que lui ont méritée son talent et son expérience; souvent elle a été confidente des chagrins qu'éprouve une jeune mère, lorsque, soit par accident, soit par défaut d'organisation, elle se trouve privée du bonheur de nourrir elle-même l'enfant auquel elle vient de donner le jour; Madame Breton a donc demandé à l'art les moyens de suppléer à une organisation vicieuse et de combattre les accidens et les maladies du mamelon. Le succès a couronné ses recherches et ses travaux.

Déjà, dans la pratique, on connaissait des bouts de sein et des biberons; mais ces appareils étaient tout à la fois impuissans et nuisibles à la santé des enfans; il fallait trouver un moyen plus convenable. Un trayon du pis d'une vache parut à madame Breton devoir remplir le but qu'elle se proposait; elle le prépara avec soin. Après bien des essais, cette chair grossière prit sous sa main une forme naturelle, et ainsi, à l'aide d'un ingénieux mensonge, madame Breton parvint à favoriser tout à la fois les illusions de l'enfant et celles de la mère. L'appareil créé, il fallait le conserver. Madame Breton y pourvut au moyen d'une préparation à l'état sec.

Inspirée surtout par le désir d'être utile à l'humanité, elle s'empressa de livrer ses produits au public et d'appeler la concurrence.

Mais une foule de gens étrangers à l'art, non contens de déprécier ses appareils, dont le mérite a été reconnu par les médecins et les chimistes les plus distingués de la France et de l'Allemagne, ont imaginé de débiter sous son nom des appareils fabriqués par des procédés où ils emploient la chaux, l'alcool et le tannin, toutes substances propres à irriter et à enflammer la bouche des enfans et à produire les accidens les plus graves. Au contraire, les tétines préparées par elle et par elle seule, sont blanches, souples, incorruptibles, exemptes de toute saveur désagréable et de tout ingrédient corrosif, et représentent à s'y méprendre l'organe qu'elles sont destinées à couvrir ou à remplacer. Elles peuvent être facilement tenues dans la plus parfaite propreté, et l'eau dans laquelle on les a plongées pendant un mois entier ne les a pas altérées et n'a pas laissé la plus légère trace de putridité.

D'autres spéculateurs ont proposé des mamelons d'ivoire, d'argent et de liége, en s'appuyant sur un rapport à l'Académie de médecine, par M. Deneux, rapport qui n'a point été approuvé par l'Académie, et qui par conséquent reste l'œuvre et l'opinion isolée de M. Deneux. Ces appareils ont les graves inconvéniens de rendre les gencives calleuses, la dentition très-difficile, sinon impossible, et d'occasioner plus tard la déviation des dents. Au reste, pour éviter tous les dangers qui peuvent résulter d'une imitation grossière de ses produits, elle prie les mères de famille d'exiger, pour chaque objet, un prospectus intitulé : *Avis aux mères.*

Nota. Madame Breton vient d'opérer une baisse considérable sur les prix de ses appareils. Voici les nouveaux prix :

Le biberon en cristal uni garni de sa tétine,	6 fr.	
— — taillé ordin. —	8	
— — riche	10	
Bout de sein artificiel d'ivoire garni,	7	
— — buis —	3	50 c.
La tétine seule,	2	50

Afin d'éviter toute erreur, on est invité à s'adresser directement à madame Breton, rue du Faubourg Montmartre, n. 24.

Avec chacun de ces objets, on donne gratuitement un exemplaire de la brochure de madame Breton, intitulée *A l'Amour maternel*, contenant l'*Avis aux mères.* Tous les appareils sont en outre munis du nom de madame Breton.

Nº 377. M. DELANGRE, mécanicien, quai d'Anjou, n. 7.
Anti-crotte : Tel est le sobriquet significatif sous lequel est connue la nouvelle chaussure de l'invention de M. Delangre. Plus solide et plus légère que les socques, elle est disposée de

manière à tenir le pied ferme et à garantir entièrement de la crotte.

Non-seulement M. Delangre est breveté d'invention ; mais l'Athénée des arts a approuvé la découverte et a arrêté, d'après les conclusions d'une commission nommée pour l'examiner, qu'elle serait mentionnée favorablement dans une de ses séances publiques.

N. 378. — M. BURON FILS, opticien breveté, rue Sainte-Avoie, n° 53.

Cette fabrique, fondée depuis plus de quarante ans par M. Buron père, a pris un très-grand accroissement, principalement pour les longues vues, les lorgnettes de spectacle, les verres en général, et pour tous les instrumens d'arpentage et de dessin linéaire.

Les lunettes de campagne et celles de marine, que ce fabricant livre depuis long-temps au commerce, ne le cèdent en rien aux lunettes anglaises ; il est parvenu à en réduire tellement les prix, que, non-seulement il soutient avec avantage la concurrence des Anglais dans toutes les villes et les ports de mer où ils en avaient jadis la vente exclusive, mais il les a forcés à renoncer à l'importation de leurs produits en France.

C'est un service éminent rendu à cette branche importante de notre industrie.

N. 384. — M. NEPVEU, passage des Panoramas, n. 26, *Authorama, Cyclorama.*

Ces deux nouveaux genres de *Panoramas de salon*, qui n'ont rien de commun avec tous les optiques connus jusqu'à ce jour, offrent les moyens de voir reproduits en relief et avec une étonnante illusion, les sites intéressans, les monumens remarquables et l'ensemble des plus vastes cités. Dans des boîtes de douze à quinze pouces, comme sous les vastes parasols des rotondes panoramiques, apparaissent à vos yeux, Paris, Londres, Rome, Saint-Pétersbourg, Alger, etc.

L'*Authorama*, ainsi nommé parce qu'à son aide on croit voir l'*objet même*, ne vous force point à regarder au travers d'un verre grossissant. Plusieurs personnes peuvent en jouir ensemble,

102

soit de nuit, soit de jour. La même vue y apparaît sous les différens aspects d'un ciel chaud, nuageux, froid ou pluvieux.

Le *Cyclorama*, ainsi nommé, parce que l'estampe panora-
mique s'y meut sur une portion de *cycle* ou de cercle, signifie
aussi *vue circulaire* ou *vue circulante*. Rien de plus simple que
son mécanisme, qui consiste dans une boîte triangulaire tron-
quée. La partie circulaire rend également distants de l'œil tous
les points de l'objet représenté ; mais ici un verre de douze pouces
de foyer est nécessaire.

Nul doute que le goût des *Panoramas de salon* ne se répande
à l'étranger aussi bien qu'en France. Les artistes, les ingénieurs,
les amateurs de curiorités recherchent avec empressement ces ingénieux appareils. Ce qui ne paraissait d'abord qu'un amusement a été considéré avec raison comme un objet d'études. S'il
est vrai que les meilleures descriptions des objets ne fassent pas
sur la mémoire une impression aussi durable que les dessins ou
les peintures de ces objets, on concevra combien sera forte l'impression causée par la *reproduction en relief* des objets mêmes.
Une série de panoramas gravés avec soin peut former une sorte
de musée cosmographique utile à l'instruction. L'*Authorama* et
le *Cyclorama*, reproduisant en relief les objets dessinés ou peints,
font ressortir les défauts comme les qualités. Tel cheval qui,
grâce à quelques agrémens d'exécution, figurait passablement
dans un dessin, devient boiteux dans l'Authorama. Les artistes
pourront donc y essayer leurs aquarelles.

Notre siècle avide d'instruction a trouvé dans les Panoramas
des impressions et des images que les livres ne communiquent
que bien imparfaitement.

Ce n'est qu'après de nombreux essais et de longs tâtonnemens
que M. Nepveu est parvenu à offrir ces résultats, dont les brevets
d'invention et de perfectionnement lui ont assuré la propriété. Il
y a des *Authoramas* des prix de 20, 30, 40 et 60 fr. Les *Au-*
thoramas supérieurs en bois précieux, avec marqueteries, mécanismes particuliers, et les Panoramas de deux villes sont de 200 f.
Le Cyclorama avec un Panorama de ville ou une suite de quatre
grandes vues est de 30 fr. Il y en a des prix de 80 à 200 fr. en
bois précieux et avec mécanisme spécial.

N° 387. — M. BEFFAULT DELATOUR, (Urbain), ancien
officier, auteur du système universel de communication d'I-

dées, système publié en 1833 sous le nom *d'aérographie*, brochure in-8° avec planches coloriées, chez l'auteur, rue des Quatre-Vents, n. 18, et chez Bachelier, libraire.

M. Beffault Delatour expose aujourd'hui plusieurs modèles *d'aérographes* ou *télégraphes de nuit*; plus un petit clocher où se trouvent réunis les principales applications du système universel. De simples télégraphes à deux bras pour l'usage de la marine, de la guerre, des particuliers; deux pavillons seulement, une ou deux cloches ou tout autre instrument sonore, clairon, cor ou cornet de chasse, suffisent à l'expression des mêmes signaux sans exiger aucune notion de musique, signaux qui forment un seul et unique langage avec lequel on peut tout exprimer, et qui se trace avec des chiffres, ou au moyen d'une écriture typographique dont le mérite, aussi singulier qu'important, est d'offrir à volonté, dans la même opération, un grand nombre d'exemplaires de chaque page.

Les procédés intellectuels et matériels de *l'aérographie* réduisent à une si grande simplicité l'art de communiquer les idées, qu'une personne qui ne saurait ni lire ni écrire pourrait d'abord, en commençant par cette acquisition, passer aisément à la lecture ordinaire en évitant les premières difficultés de l'épellation.

En outre de l'aérographe, proprement dit, l'auteur déduit du système universel, si fécond dans ses applications, un procédé funiculaire pour lequel l'académie des sciences a nommé une commission chargée de faire un rapport. Ce nouveau télégraphe résout, dans toute son étendue, le problème de la télégraphie : il donne, avec facilité, simplicité, économie, et sans exiger une force motrice plus grande que celle d'un homme, des signaux de dimensions, pour ainsi dire illimitées, qui s'adressent à la fois aux quatre points opposés de l'horizon, et dont les lanternes de nuit fixes ou ramenées sans cesse sous les yeux et la main du manipulateur, sont à l'abri de toute secousse, de tout mouvement oscillatoire, et peuvent recevoir toute espèce de lumière à l'huile ou au gaz hydrogène.

Le nombre des signaux primitifs est plus grand que celui du télégraphe ordinaire; leur visibilité n'a rien à redouter de la déformation occasionée par les effets défectueux de lumière. Ils sont appréciables au premier coup d'œil, attendu que, malgré leur multiplicité, il ne s'agit jamais que de distinguer un ou plusieurs des cinq élémens qui les constituent, élémens où les angles ne jouent qu'un rôle secondaire.

Les signaux s'écrivent par des chiffres ou par l'écriture typographique toujours d'une égale correction, quelle que soit la main inhabile qui la trace et qui obtient à volonté un grand nombre d'exemplaires de la dépêche. Les mêmes signaux, diurnes ou nocturnes, se répètent aussi avec l'instrument sonore le plus simple.

M. Delatour fait un appel à tout particulier qui voudrait l'aider dans une démonstration matérielle en grand. Il fait un appel au gouvernement qui sentirait l'utilité d'établir un concours entre le télégraphe funiculaire et tout autre télégraphe, afin de profiter au plus tôt des avantages que promet l'emploi d'un procédé si grand dans ses résultats.

Nº 389. — M. LEREBOURS, place du Pont-Neuf, au coin du quai de l'horloge, opticien de l'Observatoire royal et de la marine, chevalier de la Légion-d'Honneur, membre du bureau des longitudes et de la Société d'encouragement.

Dans un rapport fait à l'Institut royal, classe des sciences physiques et mathématiques par MM. Arago, Bouvard et Delambre, sur les objectifs achromatiques de M. Lerebours, nous lisons le passage suivant, qui suffirait pour faire apprécier le mérite et les travaux de cet habile artiste :

« Remarquons que jusqu'ici les observatoires de France et ceux de toute l'Europe étaient presque uniquement fournis de lunettes tirées d'Angleterre; mais, après les travaux dont nous avons rendu compte, nous demeurons persuadés qu'aucun astronome français n'éprouvera ni le besoin ni le désir de recourir aux artistes étrangers. Une bonne lunette, si elle était unique, ne prouveroit peut-être que l'excellence de la matière ou le bonheur de l'artiste qui aurait par hasard réussi à la bien employer; mais quand on voit ce nombre d'excellens objectifs, tous façonnés de la même main, il est impossible de ne pas avouer que c'est à ses soins, à son adresse, à ses procédés, et à son expérience, que l'artiste a pu devoir des succès si éclatans et aussi soutenus. Remarquons enfin que ces succès mêmes supposent nécessairement une émulation aussi louable que desintéressée; car ce ne sont pas ces travaux si longs, si difficiles qui conduisent à la fortune :

une bonne lunette, qu'on ne saurait jamais payer ce qu'elle vaut, et ce qu'elle a coûté de peines et de soins, trouve difficilement un acquéreur, et peut suffire à plusieurs générations d'astronomes. L'artiste qui l'a construite ne peut donc espérer un dédommagement digne de lui que dans l'estime des savans et des connaisseurs. Ainsi nous avons lieu d'espérer que la classe, en félicitant M. Lerebours sur le succès qu'il vient d'obtenir, en lui accordant cette récompense qu'il ambitionne, va l'engager à de nouveaux efforts, peut-être à tenter des objectifs d'une plus grande ouverture, et d'un plus long foyer, s'il peut rencontrer des morceaux de flint assez grands et assez purs pour l'encourager à cet essai. »

M. Lerebours a dignement répondu à cet appel. Il a exécuté depuis cette époque plusieurs lunettes de 6 pouces et de 7 pouces 1|2 d'ouverture; en 1823 il fit pour l'Observatoire de Paris une lunette de 9 pouces de diamètre qui lui avait été demandée par M. Decases; enfin il présente cette année, parmi un grand nombre d'instrumens d'optique, une lunette de 12 pouces de diamètre dont l'objectif est fait avec des matières fabriquées à Choisy-le-Roi.

Parmi les nombreux instrmens de physique, de mathématique et de marine, exécutés par M. Lerebours, nous avons remarqué, et le public remarquera cartainement deux instrumens nouveaux ; c'est d'abord le *clinomètre* de l'invention de M. Louis de Coninck, capitaine de vaisseau au service du roi de Danemarck. Cet instrument, destiné à faire connaître en mer les différences des tirans d'eau d'un bâtiment dans toutes les positions où il peut se trouver, a été l'objet d'un rapport très-favorable fait par MM. de Freycinet, Savart et Dupin à l'Académie des sciences, dans le mois d'octobre 1833. M. de Rigny, ministre de la marine, a décidé que le *clinomètre* serait employé à bord des bâtimens de l'état, et M. de Coninck a été nommé chevalier de l'ordre royal de la Légion-d'Honneur.

Le second est l'horizoscope, inventé par M. Richard, capitaine de corvette, etqui sert à déterminer la ligne d'horizon par les temps de brumes.

M. Lerebours a obtenu des médailles eu 1819 et 1825, un diplôme de rappel en 1827, et une médaille d'or de la Société d'encouragement en 1830. Le jury central de 1823, en lui décernant cette récompense, la motiva en ces termes :

« M. Lerebours a exposé plusieurs instrumens d'optique qui sont très-di-

gnes de la réputation dont il jouit dans le monde savant. Deux de ses lunettes, dont une a 9 pouces et demi d'ouverture, ont fixé l'attention du jury.
Rien de plus parfait n'est certainement sorti des ateliers d'aucun opticien. »

N. 390. — M. DELFORT aîné, doreur, rue Guérin-Boisseau, n. 24, cour du Chantier.

M. Delport tient une fabrique de papier d'or et d'argent mat
et bruni, fin, demi-fin et faux ; on y trouve un assortiment
complet de bordures gaufrées, d'objets divers en papier d'or, de
griffes dorées, de toutes sortes, pour sultans et boîtes. C'est un
des premiers fabricans de ce genre qui se soit établi à Paris, et,
grâce aux nombreux perfectionnemens qu'il a introduits dans
les procédés de cette fabrication, grâce aussi à la modicité de ses
prix, son établissement a pris une extension très-considérable.

N° 393. — M. ÉRARD (pierre), facteur de pianos et de harpes du roi et des princesses, rue du Mail, n. 13, facteur de pianos et de harpes de la reine et des princesses d'Angleterre, (*great Marlborough street à Londres*)

Successeur des frères Erard ses père et oncle, M. Erard (Pierre)
continue avec zèle les travaux de ses parens dans les deux établissemens qu'ils ont fondés à Paris et à Londres. La fabrique de
Paris, la plus ancienne de ce genre en France, est toujours la première par la supériorité de ses produits ; rien n'approche de la
perfection des pianos à *nouvel échappement d'Erard* ; et les harpes à double mouvement, qu'on s'efforce de copier à Paris
comme à Londres, sont toujours sans concurrence. La supériorité de ces deux instrumens repose sur une expérience de cinquante années et sur les inventions précieuses de Sébastien
Erard, conservées dans toute leur perfection par Pierre Erard,
son élève.

Ce fabricant établit aussi des pianos carrés et verticaux de différentes formes et grandeurs à 2 et 3 cordes, et des harpes à simple mouvement d'Erard de différens modèles. L'importance de
la maison Erard, unique dans son genre, et les grands progrès
que le chef actuel de ce bel établissement a fait faire tout récemment aux pianos et aux harpes à Paris et à Londres, ne peuvent
manquer de fixer l'attention publique à l'exposition de 1834.

Voici le détail aussi varié qu'intéressant des principaux instrumens fabriqués par M. Érard :

Piano d'or.

Dans le style de Louis XIV, avec peintures de couleur sur un fond d'or, orné de sculptures dorées du même style.

Cet instrument est d'une telle magnificence, que la vue peut seule en donner une idée exacte.

Pianos à échappement d'Érard.

Deux grands pianos à queue, de salon ou de concert, l'un dans le goût des meubles du jour, très-simple ; l'autre dans le style gothique, avec des sculptures de ce genre.

Un piano de nouvelle forme pour remplacer le piano carré dans un salon de musique. Cet instrument est décoré dans le genre de boule (ou bulh).

Pianos à échappement ordinaire perfectionné.

Un piano carré à six octaves et demi, *trois cordes*, avec le système d'agrafes pour attacher les cordes ; *sommier, table* et tous les perfectionnemens et ornemens de sculpture et d'incrustation dans le style grec.

Un piano carré à six octaves et demie, *deux cordes* ; même système de construction que le précédent ; dans le style des meubles du jour, *très-simple.*

Pianos droits ; cordes verticales.

Deux pianos de boudoir avec des incrustations dans le style *étrusque.*

Deux pianos de boudoir dans le style gothique.

Cordes obliques.

Un piano, console, pour salon ou cabinet à *sept octaves.*

Harpes à double mouvement.

Deux, grands modèles, ornées dans le style gothique, en *ut.*

Deux, second modèle, ornées dans le style grec, du plus beau dessin, en *ut.*

Une, troisième modèle, plus petite en *la b.*

Une, quatrième modèle, plus petite en *la b.*

Une, quatrième modèle, plus petite en *la b.*

Harpes à simple mouvement.

Un grand modèle, avec les pédales transposées pour le monter en *fa.*

Un petit modèle, *en mi b*.

Une petite d'accompagnement ou ditale, ornée dans le style des harpes antiques.

N. 396. M. MAYER (Louis), graveur, rue Saint-Honoré, n. 6.

Moules en tous genres pour figurer les animaux, les arabesques, les décors et les mosaïques ; moules en bois pour pièces montées, à l'usage des confiseurs, des pastilleurs et des pâtissiers.

N. 398. M. BELISSENT, facteur de flûtes, rue Saint-Honoré, n. 262.

Ce fabricant est connu pour avoir introduit de nombreuses et importantes améliorations dans cet instrument ; il expose :

1° Une flûte à neuf clés faite pour un amateur qui n'a qu'une main ;

2° Une flûte à *patte d'ut*, en argent, à huit clefs avec ornemens d'or ; l'intérieur en bois de grenadille ;

3° Une flûte en bois de grenadille à douze clefs.

4° Une flûte à six clefs.

N. 402.—M. LEMARQUANT, horloger, rue du Ponceau, n. 35.

C'est pour la première fois que M. Lemarquant est admis à l'exposition. Les objets déposés par cet artiste sont :

Une grande pendule placée dans un socle terminé à la partie supérieure par un effet de mer agitée, portant un vaisseau tout en bronze qui, par un mécanisme simple, lui fait faire le mouvement de tangage. Cette pièce, dont le mouvement est travaillé avec soin, donne l'heure des deux côtés et peut se mettre au milieu d'un salon. La seconde pendule est moitié dorée et moitié blanchie ; on remarquera un petit Amour rémouleur, qui repasse sa flèche ; un mécanisme fort simple fait remuer sa jambe et tourner la meule.

N. 404. — M. CHAMEROY, rue du faubourg Saint-Martin, n. 68, facteur d'orgues expressifs de son invention de 3, 4, 5 et 6 octaves.

Ces instrumens, quoique d'un seul jeu, réunissent trois qualités de sons différens ; le basson, le haut bois et la flûte. On peut facilement, à l'aide d'un mécanisme fort simple, exécuter tous les genres de musique ancienne et moderne ; les effets de l'harmoniede ces instrumens sont très-agréables dans les salons et accompagnent parfaitement dans les chœurs d'églises.

Le public remarquera aussi de petits orgues qui sont portatifs et se touchent sur les genoux ; le clavier est le même que celui du piano ; on peut les adapter à tous pianos à corde.

M. Chameroy offre encore aux amateurs tous les genres de soufflets d'harmonie nommés *ouindeous*.

N. 405. MM. RICHARD et QUESNEL, fondeurs et fabricans de bronze, rue des Enfans-Rouges, n. 13, à Paris.

Ces fabricans ont exposé un grand nombre d'objets qui ne peuvent manquer d'exciter vivement la curiosité du public ; en voici le détail :

1° Une statue en bronze, fondue en sable, dite le Danseur napolitain, d'après M. Duret, sculpteur.

2° Un buste ronde-bosse de Napoléon, fondu en cire perdue.

3°. Le masque de Napoléon, moulé en plâtre à Sainte-Hélène, par le docteur Antomarchi ; exécuté en bronze et fondu en sable pour MM. les souscripteurs.

4° Quatre épreuves dudit masque telles qu'elles sont sorties du moule.

5° Un projet de coussin pour supporter le masque de Napoleon.

6° Un cheval en bronze, fondu en sable, nommé Sylvie, étalon de pur sang anglais, primé par le gouvernement.

7° Le même, fondu d'un seul jet et resté sur la fonte

8° Douze petites statues, dites Cérès et Minerve, fondues en sable.

9° Plusieurs cadres de médaillons fondus en sable.

10 Plusieurs cadres de bas-reliefs, id.

11e Pièces de tour fondues en sable, en matière dite à canon ou bronze ferme.

12e Echantillon de lettres en cuivre jaune, fondues en sable, appartenant à M. Lafon.

N° 406. — Mme la marquise de JOUFFROY, rue de Verneuil, n. 5. *Porte en marqueterie.*

Au moyen de procédés nouveaux et de machines construites

à cet effet, les travaux de marqueterie les plus délicats, comme les plus variés, soit unis soit moulés, s'exécutent avec une parfaite régularité et une économie remarquable sans le secours d'aucun des outils nécessaires jusqu'ici à ce genre de travail. Les bois se découpent et s'unissent sous toutes sortes de combinaisons; une variation de dessins innombrables se produit à volonté sans qu'il soit besoin d'employer de scies, de rabots, de compas, d'équerres, etc., ni même d'ouvriers exercés dans l'art de la marqueterie ou de façonner le bois.

Le produit des machines se livre en feuilles de toutes dimensions au plaqueur, qui n'a plus d'autres soins que d'en revêtir les boiseries et les meubles, et d'y appliquer le vernis comme pour le placage ordinaire.

La combinaison des procédés étant des plus simples et des plus expéditives que l'on puisse imaginer, il en résulte qu'une personne quelconque peut, à l'aide des machines dont il s'agit, obtenir en *douze jours* une surface de marqueterie de 288 pieds carrés, composée d'environ deux millions de morceaux de bois réunis pour en former des figures conformes aux dessins donnés.

Combien d'années devrait employer le plus habile ouvrier marqueteur pour produire cette énorme quantité de travail par les moyens ordinaires?

N. 408. — M. BARTHÉLEMY, rue Bar-du-Bec, n. 4, ci-devant rue de la Lanterne.

Les pois à cautères, en iris, sans trous, sont fabriqués par M. Barthélemy au moyen d'un nouveau procédé, qui leur permet de conserver leur forme; tandis qu'après avoir seulement servi vingt-quatre heures, les pois à trous, les seuls connus jusqu'à ce jour, ont l'inconvénient de se déformer et d'irriter les plaies.

Pour les grosseurs ordinaires, le prix est de 3 fr. le cent.

N° 409. — M. BORDON, ex-associé et successeur de Lhomond, breveté, rue Coquenard, n. 44, faubourg Montmartre.

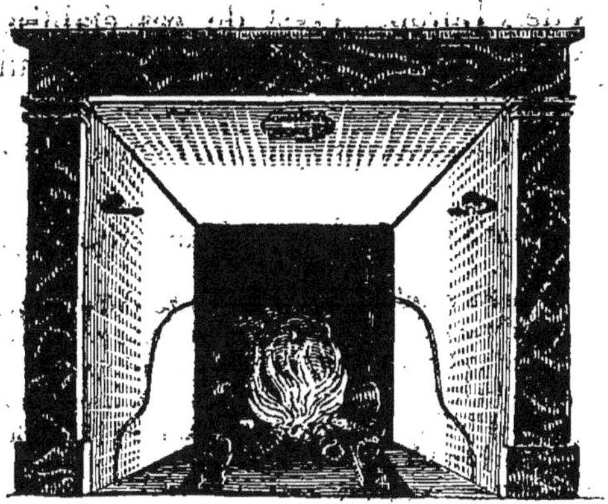

Cheminées parisiennes et appareils intérieurs à foyers rayonnans, à régulateur articulé et à circulation d'air, exempts d'odeurs métalliques, lesquels préservant les appartemens de la fumée, économisant plus de la moitié de toute espèce de combustibles, se placent en moins de trois heures dans les cheminées de toutes formes et de toutes dimensions, et se déplacent avec la même facilité.

Ces appareils ont valu à leur auteur : 1° une mention honorable aux expositions de 1823 et 1827 ; 2° un rapport favorable de la société d'encouragement en 1825 ; 3° un article de M. Payen dans son ouvrage sur l'exposition de 1827, où il le signale comme le premier qui ait placé le feu en avant des trappes. Le mérite de cette invention est suffisamment démontré par les contrefaçons innombrables auxquelles elle donne lieu, et qui n'ont fait qu'en augmenter le prix sans obtenir des résultats aussi avantageux.

M. Bordon fournit en outre des grilles et âtres roulant, tels qu'ils ont été exposés en 1827 ; ils peuvent servir dans toutes espèces de cheminées ; leur prix est de 25 à 30 fr. Il tient aussi des vases à fleurs imitant les marbres les plus précieux, au prix de 12 fr. la paire.

N° 410 — M. PICNOT, rue des Fossés-Montmartre, n. 10, fabrique de bronze.

La maison, fondée en 1780 par M. Picnot et continuée aujourd'hui par son fils, a une réputation aussi ancienne que justement acquise; elle s'est placée depuis long-temps en première ligne pour la bonne confection de la dorure et des mouvemens de pendule; aussi ses relations s'étendent - elles dans la plupart des cours de l'Europe. C'est de ces établissemens qu'est sorti le magnifique surtout de table du grand sultan ainsi que celui de S. M. Léopold.

Voici la notice des produits que M. Picnot fait figurer à l'exposition :

1. Une paire de grands vases en bronze, forme étrusque, avec piédestaux; 6 pieds de hauteur.
2. Une paire de grands candelabres en bronze doré, 5 pieds et demi de h
3. Une grande pendule à deux figures (Alcibiade et Aspasie).
4. Une paire de candelabres assortis à cette pendule.
5. Une table ronde en bronze doré, le dessus en mosaïque.
6. Une grande corbeille bronze doré pour milieu de table.
7. Une pendule marbre blanc et or (Ariane).
8. Une paire de candelabres, id.
9. Une pendule étrusque bronze doré, avec porcelaine.
10. Une paire de coupes.
11. Une pendule étrusque en bronze doré.
12. Une paire de lampes mécaniques bronze et or.
13. Une paire de candelabres bronze doré, style de Louis XIV.
14. Un grand bras en bronze à onze lumières.
15. Une lampe suspendue à dix-huit bougies, bronze et or.
16. Trois paires de candelabres bronze et or.
16. Trois paires candelabres bronze et or, de divers modèles.

N. 412. M. G. PORCHERON, passage Choiseul, n. 16.

Au choix des Potages. Telle est l'enseigne de la fabrique de M. Porcheron, seul magasin spécial de ce genre établi à Paris, depuis sept ans et dans lequel on trouve plus de 150 sortes de pâtes et de farines. Nous citerons notamment la farine de marrons et de châtaignes cuites, qui peut se conserver pendant plusieurs années et qu'on emploie pour diverses pâtisseries, pour les purées d'entremets, les potages des enfans, le semoules de riz, les potages au lait, les gateaux soufflés.

Nº 413. — M. A. MILLET, passage Saulnier, n. 4 *bis*, et dépôt dans la galerie Colbert, n. 5, breveté en 1814, 1827, 1828, 1829, 1832 et 1833.

Breveté en 1814 pour appareils d'intérieurs de cheminées, M. Millet est le seul qui soit parvenu à faire adopter généralement son système. Son brevet étant expiré en 1819, chacun a pu s'en servir. Aussi les fumistes et autres n'emploient-ils que ce moyen, non-seulement pour empêcher les cheminées de fumer, mais encore pour leur donner une forme qui plaise à tout le monde.

M. Millet est aussi le seul qui soit parvenu à empêcher le refoulement des vents, au moyen d'une mitre fumifuge pour laquelle il a obtenu un brevet, et qui a reçu l'approbation de la société d'encouragement.

En 1832 il a été breveté pour un foyer gothique d'une forme pittoresque, agréable, et permettant d'avancer le feu tout-à-fait en dehors de la cheminée.

En 1833, nouveau brevet pour des grilles à charbon de terre, à bouches de chaleur et des clrenets également à bouches de chaleur, avec ou sans prise d'air extérieur, et surmontés d'une buche en fonte leur servant de réservoir.

Il vient aussi d'ajouter des bouches de chaleur aux foyers mobiles indiqués par M. Teysèdre.

On trouve en outre dans sa fabrique des calorifères d'une forme élégante pour salles à manger, escaliers et grands établissemens, (en tôle, cuivre, bronze et fonte).

Tous ces appareils, admis à l'exposition, coûtent depuis 45 jusqu'à 1500 fr. suivant les grandeurs et ornemens.

N. 415 — M. LANGRENEZ, facteur de pianos, rue Saint-Louis, n. 16.

M. Langrenez est l'auteur d'un nouveau piano qui offre quelques changemens heureux et d'utiles résultats.

Le mécanisme, qui est en cuivre, est exécuté d'après les meilleurs modèles. L'intérieur surtout présente de grandes améliorations. La barre de fer, que l'inventeur a placée presque tout autour du piano, donne la facilité de tendre les cordes sans crainte de forcer le bois à se déjeter. Cette barre est introduite dans le bois et n'augmente en rien la lourdeur de l'instrument. La table de dessous est à jour, et laisse aux sons les moyens de se reproduire en entier, ce qui imprime à ces pianos une grande force d'harmonie.

Leur construction, toute particulière, les met à l'abri des variations de l'atmosphère, et ils conservent très-long-temps l'accord.

Les résultats que M. Longrenez a obtenus et qui sont

généralement appréciés, l'ont déterminé à prendre un brevet d'invention et à donner à ces pianos le nom de *pianos apythmo-lamprotérique*.

N. 424. — M. BLANCHARD, fabricant de chaînes et chaînettes, rue des Gravilliers, n. 45.

Dans un temps où l'on recherche surtout le bon marché et l'économie, les procédés et les produits de M. Blanchard doivent fixer particulièrement l'attention.

Il fabrique des chaînettes pour remplacer les rubans qui font mouvoir les lames des jalousies, et quoiqu'elles aient dix fois plus de durée que les rubans, elles ne coûtent pas plus cher. Leur prix est fixé à un franc le pied, la jalousie en place. Il se charge en outre de la fourniture complète des jalousies, et de toutes les réparations.

M. Blanchard fabrique aussi des chaînes de différentes grosseurs, dont une expérience récente vient de démontrer et la solidité et l'économie. Elles ont été adoptées par M. le préfet de police pour remplacer les cordes de reverbères, et il a été reconnu qu'elles produiraient un tiers de diminution sur le prix des cordes. Le prix de ces chaînes par reverbère est de 15 c. le pied. Quant à leur solidité, il suffira de dire pour en donner une idée, qu'elles sont faites à la mécanique et à l'épreuve de la force d'un cheval.

N° 428. — MM. POLINO frères et compagnie, filature et fabrique à la Ferté-Bernard (Sarthe), dépôt à Paris, rue Poissonnière, n. 21.

Ces fabricans ont exposé en 1823 et 1827 des fils et tissus cachemires d'une grande beauté, et ils ont obtenu en 1823 une médaille en bronze, en 1827 une médaille d'argent. Cette année, en exposant plusieurs des mêmes produits, ils exposent en outre des laines filées et des mérinos qu'ils fabriquent également depuis qu'ils ont transporté à la Ferté-Bernard leur établissement qui se trouve sur un cours d'eau d'une grande force.

N. 431. — M. LEVESQUE, mécanicien, rue Saint-Pierre, n. 8, quartier Popincourt. — *Pompe Levesque.*

Cette nouvelle pompe a l'avantage de changer le produit des

eaux à volonté; ce produit varie selon la force que l'on veut employer, et il suffit de desserrer un écrou et de le resserrer pour obtenir plus ou moins d'eau. La forme de la pompe peut se modifier selon l'emplacement. Les produits d'eau sont garantis d'avance, et les acheteurs pourront obtenir toute certitude à cet égard au moyen des expériences qui seront faites en leur présence sur une pompe existant dans l'établissement de M. Levesque.

N⁰ 455. M. POINSIGNON (Joseph-Dominique), fabricant de peignes en cornes imitant l'écaille, rue de Bondy, n. 76.

Ces peignes par leurs souplesse, leurs couleurs et la disposition des nuances imitent l'écaille à s'y tromper; les couleurs sont même beaucoup plus vives et jettent plus d'éclat que l'écaille la plus belle. Telle est leur solidité que l'influence de la mer ne les altère aucunement. Ces peignes de toutes dimensions et de toutes formes sont joints et soudés ensemble d'une manière imperceptible. M. Poinsignon fabrique en outre plusieurs autres articles du goût le plus nouveau, tels que porte-liqueurs, huiliers, rouleaux de serviettes etc.

N. 450. — BLECHSCHMIDT, découpeur, place Royale, n. 16.

La découpure est un art qu'il faut distinguer de l'ébénisterie, et pourtant il y tient essentiellement en ce qu'il donne aux fabricans de meubles la facilité de les décorer d'une foule de dessins composés de bois de différentes couleurs. C'est ce qu'on désigne généralement sous le nom d'incrustation ; et cette incrustation n'est possible qu'après le travail du découpeur qui, au moyen d'une scie, découpe le bois et forme toutes espèces de dessins propres à orner les meubles. L'ébéniste se charge ensuite de placer ces dessins sur son bois et en fait alors une véritable incrustation.

Tels sont, par exemple, les objets exposés par M. BLECHSCHMIDT, découpeur, et qui représentent une grande porte en bois de palissandre incrustée en ivoire et différens bois, et un autre modèle d'incrustation pour meuble en bois de plusieurs couleurs et sur bois d'ébène.

N° 451. — M. CHEVALIER (Victor), ingénieur-opticien, quai de l'Horloge du Palais, n. 77, brevet d'invention pour de nouveaux baromètres rendus portatifs.

Cet instrument, si utile et si généralement répandu, a présenté jusqu'à présent le grave inconvénient de ne pouvoir facilement se transporter tout monté.

M. Victor Chevalier vient de lever toute difficulté par l'ingénieux perfectionnement qu'il a apporté dans la construction de ses nouveaux baromètres où il n'emploie ni robinets en acier, ni aucun des moyens usités jusqu'à ce jour : la colonne de mercure peut être renversée, placée dans toutes les positions, sans rien changer aux dispositions de l'instrument qui conserve toujours son premier degré de précision. Ce perfectionnement est appliqué à tous les genres de baromètres.

Bien pénétré de l'heureux résultat de son invention, M. Victor Chevalier prie les personnes qui voudraient s'assurer de la vérité du fait, de se rendre chez lui pour faire subir toutes les épreuves possibles à ses instrumens qu'il s'engage à vendre à garantie. Leur prix, malgré ce perfectionnement, sera le même que celui des baromètres ordinaires.

M. Victor Chevalier construit également tous les instrumens en verres pour la physique et la chimie ; thermomètres, manomètres pour machines à vapeur, aréomètres de tous genres, syphons, tubes de Welter, etc. ; il fabrique lunettes à lire, de spectacles et de campagne, chambres noires, chambres claires, graphomètres, cassettes de mathématiques, équerres et chaînes d'arpenteur ; boussoles, niveaux et tous les instrumens d'optique.

N. 452. — M. L. JEANNEST, fabricant de bronzes pour pendules, candélabres, lampes, vases, coupes et objets d'ameublement, rue Boucherat, n. 18, au Marais.

M. L. Jeannest, qui, en 1812, a obtenu une médaille d'or à l'exposition des beaux-arts et une médaille de bronze à celle de 1827, a exposé cette année différens modèles qui se font remarquer par leur bonne exécution. Voici le détail de ces objets :

1° Une garniture de cheminée, grande dimension ;

2° Périclès destribuant des couronnes aux sciences, aux arts et à l'industrie, (sujet de pendule, modèle par M. Sornet);

3° Une paire de candélabres dorés à l'or moulu et en vert florentin, à pieds carrés portant six lumières aux angles ;

4° Une paire de bras à têtes d'aigles avec couronnes ;

5° Un bouc portant une bacchante ; sujet de pendule ; modelure de Roland ;

6° Les trois Grâces, sujet de pendule, modèle par Étex, d'après M. Pradier de l'Institut ; bronze et marbre ;

7° Le Génie des arts, modèle par Lemire ; sujet de pendule ; bronze et marbre ;

8° La Silvie, grand modèle (modèle par Lemire), sujet de pendule ; bronze et marbre ;

9° La Vénus à la tortue, grand modèle de pendule avec deux coupes montées sur marbre blanc, statuaire, ances serpens dorés ;

10° L'Astronomie, grand modèle de pendule : cette figure semble fixer le cours des astres sur une sphère céleste ; elle est posée sur une terrasse figurant l'Egypte et composée d'après le tableau de célèbre Eustache Lesueur ;

11° Une paire de candélabres analogues, montés sur marbre granits et dorés à l'or moulu ;

12° Un guéridon, échantillons de diverses matières dorés, montés sur un pied cep de vigne, avec serpent surmonté d'un grand vase Médicis uni et avec une tête de Jupiter ;

13° Une paire de vases Médicis ; sacrifice d'Iphigénie, et vase borghèse ;

14° Une paire de vases, forme Médicis ; sujet allégorique représentant le mariage de Napoléon et la naissance du roi de Rome ;

15° Des cadélabres grecs, colonnes, triangles avec quatre lumières, marbres et bronzes ;

16° Œdipe et Antigone, sujet de pendule, grand mo lèle bronze monté sur marbre jaune de Sienne (modèle par Sornet).

N. 453. — M. HENON fils aîné, rue Chapon, n. 5, ci-devant rue Michel-Lecomte, n. 37.

Ce fabricant fait toutes les formes les plus nouvelles en peignes écaille et imitation écaille, et principalement celles pour l'exportation ; on trouve dans ses magasins cent cinquante à deux cents modèles nouveaux.

Parmi une très-grande variété de modèles, on distingue des

peignes formant des coquilles de formes diverses avec bas-relief et remarquables par la difficulté et la perfection de leur exécution, ainsi que la délicatesse et la richesse des à jours des grands peignes américains.

M. Hénon a été mentionné honorablement en 1823, et a reçu en 1827 la première médaille décernée pour ce genre de fabrication.

N. 457.—M. CHABANNE, tourneur-tabletier, rue du Grand-Hurleur, n. 25.

Les progrès que cet art a faits depuis quelques années, sont dûs à quelques artistes, au nombre desquels il faut compter M. Chabanne. On peut s'en convaincre en voyant l'intérieur et la façade d'une chapelle, exposés par M. Chabanne et exécutés au tour avec un rare bonheur. On remarque également des tableaux, dont l'intérieur fait au tour représente la montagne du Calvaire et le tombeau de Jésus-Christ, les ruines de Jérusalem et la descente de croix.

Le second représente le baptême de Notre Seigneur par saint Jean.

Le troisième qui est à gauche, représente saint Louis couronné après la bataille de Ravenne; et le quatrième, saint Vincent de Paul, fondateur des enfans trouvés.

M. Chabanne fabrique généralement tous les articles de tour, tels que billes de billards, et des tétoscopes en tous genres pour palper.

N. 458. M. BELLET, menuisier, inventeur du casier mobile, rue du Cadran n° 40.

La difficulté de placer sur des lattes des bouteilles de différentes formes, a donné à M. Bellet l'idée de faire un nouveau casier sur lequel on peut mettre indistinctement toutes espèces de bouteilles; les lattes étant isolées, la casse d'une bouteille ne causerait aucun dommage à celle placée à côté d'elle; on peut même, au besoin, le transporter avec les bouteilles.

M. Bellet fait également des planches percées à la mécanique pour recevoir les bouteilles vides, des tables de billard pour les fabricans et des chandeliers percés à la mécanique.

N° 468. — C. D'AIGUEBELLE, rue Neuve-Guillemin, n. 18.

Tout le talent du dessinateur consiste à donner la ressemblance à l'objet qu'il veut représenter. M. C. d'Aiguebelle, inventeur de *l'homographie,* a atteint, en ce genre, toute la perfection possible, puisque, dans son ingénieuse méthode, c'est la plante même qui se reproduit; rien ne saurait donc offrir plus d'exactitude jusque dans les moindres détails.

Nous devons à cet artiste plusieurs ouvrages tels que *l'Herbier médical,* dans lequel on trouve la classification de Linnée, celle de Jussieu, les usages en médécine, les doses et modes d'administration, les effets sur l'économie animale, la description scientifique, et enfin les maladies contre lesquelles on recommande sa plante; la *Flore des parterres*, ouvrage de goût, contenant cent des plus belles plantes d'ornement et 40 grandes planches sur jésus.

Tous ces ouvrages sont terminés ou en cours de publication. On peut s'adresser, pour plus amples renseignemens, chez l'auteur, rue Neuve-Guillemin, n. 18; n'oublions pas de dire que M. C. d'Aiguebelle, depuis 1829, a fait l'application de sa méthode à la réproduction des vieilles impressions.

N° 472. — M. TOURON, coutelier du roi, fournisseur des palais royaux, rue Richelieu, n. 108.

La réputation que M. Touron s'est acquise en France et à l'étranger, est complétement justifiée par les nombreux produits qu'il expose cette année et devant lesquels les visiteurs ne peuvent manquer de s'arrêter. Ce qui n'est pas moins remarquable que la beauté et le bon goût de ses marchandises, c'est la modicité de leur prix. Grâce à la simplicité de sa fabrication, il offre au consommateur des couteaux de table à bascule au prix de 15 fr. la douzaine et avec manches d'ivoire à 30 fr. la douzaine.

Ce fabricant a déjà obtenu une médaille à l'exposition de 1827.

N. 473. — M. CHARLES POULET, bandagiste-herniaire, rue Saint-Martin, n. 171, et passage de l'Ancre, n. 12.

Cet exposant fabrique toutes espèces de bandages d'une qualité et d'une légèreté remarquables, ainsi que tous articles de chirurgie en gomme élastique. Sa femme tient le même assortiment pour les dames, et l'entrée particulière est dans l'allée contiguë au magasin.

N° 474. — MM. DOMBROWSKI et GAUWSKI, rue Saint-Honoré, n. 343, horlogers-mécaniciens, ex-ouvriers de la maison Carcel.

Il serait inutile de démontrer aujourd'hui la supériorité du système-Carcel pour les lampes; il a vaincu toutes les rivalités qu'on a cherché à lui opposer depuis trente ans. Mais il restait un problème à résoudre, celui de la perfection jointe à la modicité du prix. C'est pour parvenir à ce résultat que MM. Dombrowski et Gauwski ont établi une fabrique et un magasin de lampes à système-Carcel; ils fabriquent de nouveaux modèles dans tous les genres et à meilleur marché qu'on ne l'a fait jusqu'à présent.

N. 477. — M. LELONG, fabricant de chaînes dorées imitant le fin, rue du Temple, n. 49.

Cette maison déjà ancienne s'est appliquée surtout à établir ce genre d'ouvrages à meilleur marché que l'étranger, et à force de soins et de recherches, elle a atteint son but. Dans le cadre qui contient un assortiment de ses produits, on remarque quelques chaînes d'une telle finesse, que l'œil le plus exercé ne peut en admirer les détails sans l'attention la plus soutenue. L'une d'elles se compose de 12,200 pièces.

N. 478. M. FICHTEMBERG, rue des Bernardins, n. 34.

Ce fabricant a exposé les objets suivans :

1° Papiers marbrés, genre anglais et allemand. Ces produits qu'on tirait autrefois d'Angleterre et d'Allemagne, ont été depuis importés en France par M. Fichtemberg qui peut fournir à Paris ces sortes de papiers à dessins aussi bien confectionnés que ceux d'Angleterre et d'Allemagne;

2° Crayons à la mine de plomb pour dessin, et à lignes, montés en bois de cèdre, ou d'ébène vernis ou en émail. Chaque sorte de crayons a trois degrés de dureté; il est impossible de se les procurer ailleurs plus beaux, de meilleure qualité et à un prix plus modique;

3° Crayons Postelle de différentes couleurs, montés en bois et assez durs pour pouvoir comme les autres être pointés;

4° Laque de Chine pour l'entretien et la beauté des meubles et servant à frotter les appartemens ; cette laque se recommande particulièrement par son beau lustre et par son odeur agréable.

N° 479. — M. ZEGELAAR, rue de la Corderie, n. 1, au Marais, manufacture française de cire à cacheter.

M. Zegelaar, chef d'une des plus anciennes fabriques de la Hollande, où elle est connue depuis deux cents ans de père en fils, est venu s'établir à Paris, et a porté la fabrication des cires à cacheter au plus haut degré de perfection. Il a augmenté la variété des couleurs, et il est parvenu à donner à la cire l'éclat du vernis. Il fabrique également d'après les nouvelles et les anciennes formes.

N. 482. M. D'ARCET, membre de l'Académie des sciences, demeurant à Paris, hôtel de la monnaie, présente à l'exposition une couleur bleue solide et préparée sans cobalt. Ce bleu est pareil à celui dont les Egyptiens faisaient un si grand usage il y a plus de deux mille ans et dont la composition paraît s'être perdue vers le cinquième siècle de notre ère.

Cette couleur pourra remplacer, avec une grande économie, l'azur ou le smalt dans plusieurs procédés, où l'on est maintenant obligé d'avoir recours à ces verts bleus colorés par le cobalt.

N. 483. — M. FLAMANT, menuisier-machiniste, rue Saint-Jacques, n. 105.

Modèle de théâtre de première classe, composé de quinze mille huit cents pièces, se démontant dans toutes leurs parties. Au moyen de plusieurs procédés nouveaux, qui facilitent beaucoup la manœuvre, on peut produire à la fois un changement de décoration sur tous les points de la scène.

L'auteur se chargerait de la construction de quelque genre de théâtre que ce puisse être, et en conserverait le mécanisme par les moyens les plus simples et les moins dispendieux. Il offre donc ses services à messieurs les directeurs de théâtres, soit à Paris, soit, dans les départemens, comme constructeur ou machiniste.

Le modèle qu'il expose aujourd'hui peut se transporter aisément dans l'étranger et servir de guide pour une construction théâtrale.

N° 484. — M. VIENNOT, breveté, boulevard Saint-Martin, n. 18, au premier, seul fabricant de cheminées à kapnofuges, à foyer mobile suspendu.

M. Viennot expose plusieurs appareils de sa fabrique, dont la variété des ornemens, le principe d'économie et la véritable utilité laissent peu à désirer.

Ces appareils, en délivrant les appartemens de la fumée, donnent aussi une quantité de calorique beaucoup plus forte qu'aucun autre système; ils présentent une garantie contre les feux de cheminée, et une suppression complète de l'air froid qui s'introduit par les cheminées ordinaires. Cette nouvelle invention mérite donc toute l'attention du public.

N. 485. — M. GODAIN, d'Abbecourt, chimiste, impasse du Désir, n. 5, aux Batignolles. — *Viande desséchée.*

Voici encore une de ces découvertes éminemment utiles à l'humanité. Il s'agit d'un procédé au moyen duquel on parviendrait à obtenir la dessiccation des viandes, et par conséquent à les conserver pures et saines pendant un laps de temps très-considérable. On conçoit tout de suite combien une telle découverte améliorerait le sort des marins, combien elle serait précieuse pour ceux qui entreprennent de longs voyages et même dans certains cas pour nos armées de terre.

Avant de produire son invention, M. Godain s'est livré à de nombreuses expériences, afin d'en constater l'efficacité; des échantillons assez considérables de *viande desséchée* (vingt-cinq livres environ) ont été déposés au ministère de la marine pour être soumis à des voyages de long cours; ils ont été par l'ordre du ministre, embarqués à Brest sur la frégate de l'état *l'Hermione* destinée à la station extérieure d'Afrique et du Brésil et devant, par conséquent, passer sous l'équateur. Le dépôt a été fait au ministère le 4 juin 1831, et le départ de Brest a eu lieu dans le mois de septembre suivant. Depuis cette époque, la société d'encouragement, pour le prix de laquelle concourait

M. Godain, ne lui a donné aucune connaissance du résultat des essais, sur lesquels elle a dû avoir à prononcer.

Il faut observer qu'un an environ après le dépôt de son échantillon, M. Godain fit part à cette société des craintes que lui avaient fait concevoir les deux barils de bois, dans lesquels les viandes avaient été renfermées. Il déclara que s'il s'était servi de vases en bois, c'était pour se conformer rigoureusement à la lettre du programme, que l'expérience lui avait prouvé que ces vases hermétiquement fermés étaient peu propres à la conservation des viandes ainsi préparées; que de nouvelles épreuves l'avaient convaincu que ces viandes pouvaient parfaitement se conserver pendant un grand nombre d'années en plein air sous les deux hémisphères, en ayant seulement le soin de les changer de place tous les deux ou trois mois, de les frotter avec une brosse pour essuyer l'humidité et pour éviter qu'elles ne s'échauffent, alors surtout qu'elles sont réunies en très-grande quantité, soit dans une expédition navale, soit dans un long voyage, soit dans une ville assiégée. M. Godain a établi un appareil pour cette préparation et sur une échelle assez vaste, pour pouvoir en préparer douze à quinze cents livres par jour, et à un prix très-bas; le prix ne différerait pas de beaucoup de celui du prix courant des viandes ordinaires.

Espérons que cette belle découverte sera consacrée par l'expérience. Certes, alors, M. Godain aurait bien mérité de l'humanité et surtout de nos marins, de cette classe si utile, si intéressante et vouée dès l'enfance pour le bien public à une vie de fatigues, de dangers et de privations.

N. 485. — LE MÊME. — *Créme des Sybarites.*
(Brevet d'invention.)

Après un examen bien réfléchi, le jury a résolu d'admettre à l'exposition un produit chimique appelé *Créme des Sybarites*, et dont le but est de rendre aux cheveux blanchis par l'âge leur couleur primitive. L'inventeur énumère ainsi ses propriétés et ses avantages :

1° Laisser les cheveux dans leur première nature de substance ;

2° Conduire dans les tuyaux capillaires une matière colorante, qui leur donne toutes les nuances possibles ;

3° Augmenter l'élasticité des cheveux et en retarder la chute ;

4° Conserver et augmenter la frisure naturelle des cheveux ;

5° Exempter les cheveux de tout reflet.

6° Durer autant que la vie sur les cheveux teints, et pour cela il suffira de rafraîchir la racine d'une chevelure tous les trois mois;

7° Convenir à tous les climats, et par conséquent à l'usage de tous les peuples;

8° Colorer une mèche de cheveux sans détériorer la couleur des autres; avantage incontestable pour les personnes qui n'auraient que quelques parties blanches ou grises, et qui voudraient les assortir;

9° Ne contenir aucune matière métallique, et ne renfermer au contraire que des matières employées journellement en médecine. C'est cette dernière considération, ainsi que son immense débit, qui ont déterminé le jury à accorder son admission;

10° Emploi facile, prompt, odeur agréable et prix très-modique (5 fr. 50 cent. la boîte pour une tête à la titus).

Poudre dentifrice de Déalbau. (Brevet d'invention.)

C'est encore en considération de la composition toute chimique de cette poudre et de son immense débit dans toutes les villes du monde civilisé, que le jury l'a admise à l'honneur de figurer parmi les produits de l'industrie française.

La *Poudre dentifrice de Déalbau* a la propriété de blanchir les dents et de leur donner un brillant poli; elle colore et conserve les gencives, et même par un usage prolongé, elle préserve des maux de dents. Cette poudre a été approuvée par plusieurs sociétés de chimistes et de médecins célèbres de la capitale.

Son prix est à la portée de toutes les fortunes : la grande boîte 3 fr., la moyenne 1 fr. 75 cent.; il y a même des paquets de 1 fr.

N° 486. — M. J. PICHENOT, passage de l'Opéra, n. 17 et 18.

M. Pichenot a exposé des nécessaires de voyage en bois de palissandre et dont la partie intérieure est en peau. Ces objets, remarquables par la perfection du travail et par le fini des parties d'acier, peuvent rivaliser avec ce que les Anglais ont de mieux fait dans ce genre.

On trouve, dans les magasins de M. Pichenot, un grand nombre d'objets de luxe plus jolis les uns que les autres.

N. 495. — MM. STOLTZ et compagnie, fabricans, mécaniciens, brévetés d'invention, rue Coquenard, n. 22.— Pompes rotatives et portatives de Dietz.

Ces pompes propres aux incendies, aux arrosages, aux services des maisons, contiennent toutes espèces de liquides froids ou chauds. Elles sont aussi simples que solides et ne coûtent pas plus cher que toutes celles en usage jusqu'à présent.

MM. Stoltz s'occupent aussi de la fabrication des pompes à piston perfectionnées ; ils se chargent, à l'aide d'un moteur quelconque, de faire monter l'eau sur les points lesplus élevés. Ils font également des machines pour manèges et tout ce qui a rapport à la fabrique de fécule, des râpes, des tamis mécaniques de toutes dimensions, des butoirs, etc.

Ces fabricans ayant déjà fondé plusieurs établissemens, donneraient tous les renseignemens désirables sur cegenre de fabrication.

N. 496 M. BLONDEAU, horloger; rue de la Paix, n. 19.

Parmi les divers objets exposés par ce fabricant, on remarque des montres de voyage parfaitement confectionnées. M. Blondeau excelle dans ce genre de fabrication dont il s'occupe depuis très long-temps et pour lequel son établissement jouit d'une réputation justement acquise.

N° 499. M. SIMYAN, rue de Charonne, n° 92, inventeur de l'*Agathographe*.

Les félicitations votées par la *Société libre des beaux-arts*, et la médaille d'encouragement décernée par *l'Athénée* à l'auteur de ce nouvel instrument de perspective justifie l'accueil favorable qu'il a ensuite reçu du public et son admission à l'exposition des produits de l'industrie. Les artistes, les voyageurs et les personnes même peu versées dans l'art du dessin lui ont généralement donné la préférence sur la *Chambre-claire* et les autres moyens de ce genre. L'instrument est très-portatif; il ne se démonte pas, et son prix qui est de 35 fr. le met à la portée de tout le monde.

En peu de temps, les personnes qui n'ont même jamais dessiné, peuvent obtenir le tracé correct d'un paysage, d'un groupe, d'une pôse, copier ou réduire exactement un tableau sans l'approcher.

Les dimanches et jeudis de midi à deux heures l'auteur fait publiquement unedémonstration sur les propriétés de l'instrument t la manière de s'en servir. Une séance est toujours suffisante.

N. 507. M. LEMAIRE, fabricant de Cuirs à rasoirs; rue du Roule, n. 8.

Dans le dernier rapport du Jury central sur les produits de l'Industrie française, cette maison a obtenu une mention honorable. M. Lemaire a transféré sa fabrique dans l'intérieur de la maison qu'il occupait rue du Roule, n. 8, près la rue des Prouvaires, ce qui lui a donné la facilité d'exercer une baisse considérable dans ses prix ; il se livre spécialement à la fabrication de ses cuirs et de sa pâte très-avantageusement connue.

N. 517. — MM. MARY et TIREL, relieurs-doreurs, rue des Vieux-Augustins, n° 60, près celle Montmartre.

Ces industriels exposent différens genres de reliûres, dans les goûts ancien et moderne. On remarque une reliûre d'un nouveau genre, propre à orner un travail compliqué.

Cet établissement offre aux bibliophiles de grands avantages par son activité, son bon goût et ses prix modérés.

N. 523. — MM. BERNHEIM frères, fabricans d'huile de pieds de bœuf, rue d'Antin, n. 6.

L'huile de pieds de bœuf clarifiée, que ces fabricans ont fait mettre à l'exposition, est onctueuse et fluide, n'oxide, ne sèche point les métaux et n'y forme aucun cambouis. Dépouillée de toutes graisses et matières hétérogènes, elle s'emploie avec économie jusqu'à la dernière goutte et joint à tous ces avantages celui de pouvoir être livrée à l'industrie au prix modéré de 95 c. le demi kil., le droit d'octroi en sus pour Paris.—Elle est indispensable dans les filatures, manufactures d'armes, pour les pompes à feu, presses d'imprimerie, etc., ses qualités essentielles étant de prévenir la rouille, de diminuer le frottement, de faciliter l'action des rouages, et, par conséquent, de préserver les métaux, cuivre, fer et acier, de leur destruction.

N. 525. — MM. NYS et LONGAGNE, successeurs de M. Laloge, rue de Lorillon, n. 27; leur dépôt est rue Basse Saint-Denis, n. 14. — Manufacture de cuirs et peaux vernis de toutes couleurs, et de toutes espèces de cuirs noirs et tannés pour carrossiers.

Depuis que l'on fabrique les cuirs vernis en France, c'est sans contredit la *Maison Laloge*, dont MM. Nys et Longagne sont les successeurs, qui a fait le plus de progrès dans cette industrie; elle est parvenue à concilier deux qualités qui rarement se rencontrent ensemble, l'éclat et la solidité. Avec les cuirs vernis de cette maison, on fait des siéges de sellettes, et c'est la plus grande preuve qu'on puisse donner de la parfaite solidité du vernis, puisqu'il faut que les cuirs qui servent à cet emploi soient tendus à la force de deux pinces sur l'arçon de la sellette. Aucun autre fabricant n'a pu encore réussir à faire des cuirs assez solides et assez souples pour subir ce travail.

MM. Nys et Longagne vernissent aussi des bottes qui ont la même qualité que les bottes ordinaires. Ils ont des cuirs vernis de toutes couleurs, et ils sont parvenus à les rendre souples et solides aussi bien que les noirs.

Pour prouver de plus en plus la supériorité de ses produits, cette maison vient de fabriquer des capotes vernies à grains, qui sont corrompues comme le cuir ordinaire et qu'elle destine à remplacer les cuirs ordinaires pour capotes de cabriolets.

N. 527. — M. MAROT, fabricant de parapluies, rue Saint-Denis, n. 331.

Les petits-maîtres et les petites-maîtresses ne peuvent manquer de s'arrêter devant les ombrelles, les cannes et les parapluies de M. Marot. Élégance, bon goût, solidité, modération des prix, tout se réunit pour leur faire donner la préférence. On sera du reste peu surpris de la supériorité des produits de ce fabricant, quand on saura qu'il exerce cette profession depuis vingt-cinq ans.

N. 529. M. AMELING, graveur, ciseleur, passage du Saumon n. 65.

M. Ameling, qui travaille pour la plupart des administrations et pour un grand nombre d'établissemens publics, cisèle toutes espèces d'armoiries, d'ornemens, de pannonceaux ou enseignes pour notaires, huissiers, commissaires-priseurs, etc. La propriété de ses modèles lui est acquise, parce qu'ils sont tous de sa composition. Il joint à sa fabrique les articles de *presses à copier*, *presses à timbres secs*.

L'ouvrage le plus nouveau que M. Ameling présente cette année, est une enseigne pour les maîtres de poste, qui devra remplacer les planches sales, souvent effacées et toujours disparates, qui déparent ces établissemens, la plupart construits avec goût ; celle-ci présente au moins un caractère de conformité, en même temps qu'elle est un objet d'art.

N° 538. M. BORRANIFÈRES, place de la Madelaine et rue de Surène, n. 6 ; inventeur des *Borranifères*, appareils de cuisson et de chauffage.

Depuis plusieurs années on s'est occupé de chercher différents procédés pour simplifier les appareils calorifères et pour perfectionner ceux appliqués à la cuisson des alimens ; l'inventeur du nouveau système a la conviction d'être parvenu à cette heureuse découverte et de l'avoir justifiée par de nombreux essais.

Les appareils offerts, rassemblés sous dénomination de *Borranifères*, du nom de leur inventeur, réunissent tous les avantages désirables ; la combinaison qui fait activer la célérité dans le système de combustion, est si bien établie que les pièces ou appartemens sont chauffés avec une promptitude réellement surprenante. Ce résultat est dû aussi à la forme de l'appareil, aux dispositions des bouches de chaleur, tellement coordonnées qu'il n'y a aucune déperdition inutile de calorique.

Les appareils de cuisson sont très-propres aux grandes administrations et aux établissemens pubics, tels que casernes, hôpitaux, colléges, pensionnats, prisons, etc. ; cependant l'inventeur a su tellement les graduer qu'ils peuvent être employés avec beaucoup d'avantage dans les maisons particulières où les besoins de l'économie s'allient à ceux d'un luxe bien entendu.

Les restaurateurs surtout doivent s'empresser de visiter les Borranifères, et ils seront bientôt convaincus des avantages qu'ils en peuvent tirer sous le triple rapport de la propreté, de l'économie et de la célérité.

Les appareils de chauffage seulement se recommandent par deux qualités bien essentielles ; l'économie du combustible et la promptitude avec laquelle la chaleur se répand. C'est en un mot, le même système appliqué avec autant d'intelligence que de bonheur : ce qui distingue surtout les Borranifères, c'est le peu d'espace qu'ils occupent ; enfin ils sont applicables à toutes les localités, et se soumettent à toutes les fortunes.

L'inventeur a appliqué son procédé à la confection de fourneaux pour MM. les limonadiers, chapeliers, tailleurs, blanchisseurs etc. Dans chacun de ces différens fourneaux , l'emploi du calorique est tellement calculé, et la forme de chaque fourneau si heureusement appropriée aux besoins de la profession , qu'en même temps que la chaleur agit sur les matières, ou sur les objets utiles à chacune d'elles, on peut encore au besoin faire quelques préparations de cuisine telles que légumes, rôtis , etc.

Un grand assortiment de Poêles, au chauffage desquels il a appliqué son système, sont exposés au public dans les magasins de M. Borranifères. L'élégance s'y réunit à la solidité et à l'économie ; c'est enfin le problème résolu de produire promptement et à peu de frais une chaleur douce, exempte des vapeurs fuligineuses qui , dans les poêles ordinaires, ont l'inconvénient de rougir les tentures des appartemens et d'altérer en peu de temps les peintures qui les décorent.

Un Brevet d'invention accordé pour dix ans, assure à l'auteur la propriété de ces découvertes, dont on peut voir chaque jour les modèles dans son domicile.

N. 542. MM. HOLZBAECHER frères , fabricans de portefeuilles , rue Montmorency, n. 13 , au Marais.

1° Échantillons de portefeuilles de voyage et de poche , à 3 f. la douzaine, très-propres et très-solides ; les autres, sous le rapport du luxe, ne laissent rien à désirer ;

2° Échantillons de nécessaires, couverts en maroquin ou en cuir de Russie ; ces nécessaires, nommés trousses, sont d'origine anglaise ; il y en a pour hommes et pour dames ; leur petit volume les rend très-commodes ;

3° Échantillons de nécessaires en bois, d'un beau travail, depuis 2 fr. jusqu'aux prix les plus élevés. Tous se distinguent par la bonne confection et par le choix des objets qui les garnissent. Boîtes à thé et à gants ; caves à liqueurs et autres petits meubles.

Vers la fin de mai, MM. Holzbaecher exposeront une petite bibliothèque en écaille , ornée de marqueterie.

N° 543. — M. FROID, rue de la Fidélité, n. 26, faubourg Saint-Denis.

Tient une fabrique de limes de toute nature et spécialement celles employées par les dentistes. C'est de ses ateliers que sort une grande partie des limes de fantaisie et des rifsloirs répandus dans le commerce et dont le mérite est si justement apprécié.

N. 547. M. A. G. TAUPIER, professeur d'écriture, inventeur d'une méthode nouvelle, rue Saint-Honoré, n. 319.

L'art de l'écriture a, de nos jours, subi bien des variations, et qui datent principalement de 1825. C'est à cette époque qu'ont été importées de l'étranger diverses méthodes qui ont au moins eu un mérite, celui de réduire de beaucoup le temps que l'on employait à apprendre à écrire. Mais d'un autre côté, n'avions-nous point à déplorer la perte d'une écriture nationale, par la substitution de caractères raides et incorrects, à ceux pleins de vigueur et de grâce, qui sont plus en rapport avec nos habitudes?

S'il en est ainsi, félicitons M. Taupier d'avoir cherché à y remédier, en consacrant son temps et sa fortune à la création d'un ouvrage rationnel qui, en faisant marcher de pair la théorie et la pratique, facilite les moyens d'apprendre à écrire soi-même avec perfection. Ce premier travail, justement encouragé par M. le ministre de l'instruction publique, qui l'a envoyé officiellement à toutes les écoles normales, a été bientôt suivi de deux autres, dont le dernier surtout nous paraît être infiniment utile, puisque, pour 3 francs, avec quatre petits cahiers autographiés, on acquiert sans maître une belle écriture.

A cet esprit méthodique, M. Taupier réunit un talent admirable d'exécution; nos lecteurs pourront en juger par les beaux tableaux que ce professeur a exposés. On remarquera surtout celui renfermant la Charte de 1830 écrite en demi-expédiée, et qui par la beauté des écritures et l'élégance de la disposition serait digne de figurer dans un de nos monumens publics.

L'écriture de M. Taupier a d'autant plus de mérite, qu'elle n'est point l'œuvre du dessin, mais bien celle d'une habileté qui lui permet d'exécuter sous vos yeux, à main levée et avec rapidité, des lettres tellement régulières qu'on les croirait compassées.

Voici l'indication des cadres et des méthodes exposés par cet habile professeur :

1° Autographies et Écritures ;
2° Écriture de l'auteur, gravée par M. Giraud, Galerie Vivienne, n° 19 ;
3° Un Tableau de la Charte des Français écrite en demi-expédiée ;
4° Écriture posée ;
5° Technographie, méthode d'écriture réunissant la théorie aux moyens pratiques, pour apprendre à écrire sans maître, l'anglaise, la ronde et la gothique ;   20 fr
6° Cours d'Écriture en 20 leçons ;   4 fr.
7° Cahiers authographiés pour apprendre à écrire soi-même, et devan être repassés à l'encre.

Les modèles autographiés de M. Taupier attestent un progrès si marquant dans cet art que rien ne peut être plus essentiel à l'enseignement de l'écriture. En effet l'autographie, comme *modèles*, a une supériorité incontestable sur la gravure, en ce sens que chaque épreuve produite n'est autre que celle de l'auteur, tandis que par les deux autres procédés elle n'est qu'une copie toujours inexacte, et d'ailleurs pleine de dureté et de sécheresse.

Une autre considération non moins à l'avantage de l'autographie, c'est qu'étant le produit d'une écriture exécutée naturellement, l'élève peut, avec une grande application, arriver à imiter très-bien le modèle, sans être arrêté par le découragement auquel il se laisse aller s'il copie des gravures dont il ne peut atteindre la fausse perfection.

N. 548. — M. VAUTHIER, coutelier, successeur de M. Pradier, *au Coq*, rue Dauphine, n. 40.

M. Vauthier a exposé un assortiment de coutellerie remarquable par sa richesse et par son exécution ; tels sont, par exemple, ses couteaux de chasse et ceux de table garnis de sculpture sur bois de corne de cerf, des couteaux s'ouvrant et se fermant d'une seule pièce dont le ressort est de son invention, des taille-plumes perfectionnés avec lesquels on n'a besoin de couper qu'une seule fois pour avoir une bonne plume. Cette maison jouit d'une réputation méritée.

N. 549. MM. LACROIX frères et LAROCHE, dépôt rue Dauphine, n. 20, et dans toutes les maisons de papeterie.

Papiers à lettres glacés (dit **Whatman**) et autres des fabriques de **MM.** Lacroix frères et Laroche de St-Cybard et Saint-Michel près Angoulême dont les produits sont connus avantageusement depuis quarante années. (Mention honorable en 1819; médaille de bronze en 1823.)

Le nouveau procédé inventé par M. A. Lacroix pour l'apprêt de ces papiers, leur donne une apparence et une consistance remarquables; ils rivalisent en qualité avec les plus beaux papiers anglais et coûtent moitié meilleur marché.

Ces fabricans, en réunissant ainsi la qualité et l'économie, se trouvent heureux de contribuer à l'indépendance du commerce français, pour cette branche d'industrie jusque alors assujétie à des droits d'importation considérables.

N. 552 MM. J. RATTIER et J.-L. GUIBAL, seuls brevetés d'invention pour l'art de réduire en fil le caoutchouc, dit gomme élastique, et d'en former des tissus de différens genres et de différentes largeurs propres aux bretelles, ceintures, jarretières, etc. — Fabrique importante avec machine à vapeur, sise à St-Denis; maison de vente à Paris, rue des Fossés-Montmartre, n. 4.

Ces fabricans sont importateurs de la fabrication des doubles tissus à l'épreuve de l'eau et de l'air, dont l'aspect et le toucher n'étant nullement changés par les procédés de leur fabrication, en rendent l'emploi très-convenable pour les manteaux et les collets d'uniforme, les tabliers de nourrices, les bouteilles, les tuyaux, les clysoirs, les coussins élastiques pour la ville et les voyages; les ceintures de natation (surnommées conservateurs de la vie), et tous les appareils propres à contenir de l'air et des liquides.

N. 554. — M. BOURJAUNAUX, opticien, quai de l'Horloge, n. 65. — *A la Boussole.*

M. Bourjaunaux, déjà connu par la bonne confection des instrumens de mathématique, est l'inventeur d'un nouvel instrument appelé *trace oval.* Cet instrument, dont la forme est gracieuse et qu'on fait fonctionner avec beaucoup de facilité, est très-utile dans les études de géométrie descriptive, et peut être employé avec avantage par le dessinateur de machines. Sous le rapport de l'exécution il ne laisse rien à désirer.

On trouve dans le magasin de M. Bourjaumaux, tout ce qui a rapport à l'optique, ainsi qu'un grand assortiment de lunettes.

N. 555. M. MARIE HOTTOT, place de la Bourse, n. 12, à l'angle de la rue Feydeau, ci-devant rue des Fossés-Montmartre, n. 6.

M. Marie-Hottot expose sous le n. 555 une robe et une écharpe de blonde blanche, et une robe de couleurs imitant parfaitement celles des fleurs naturelles; la chaîne et la trame de chaque nuance sont de même couleur, ce qui rendait ce travail extrêmement difficile, pour ne pas dire presque inexécutable; car les nuances sont variées quoique travaillées ensemble au fuseau sur le même métier. Ainsi, par exemple, pour former une rose, la fleur est en soie, rose, chaîne et trame semblables; les feuilles sont en soie verte, ainsi que les boutons au milieu desquels on voit le rose d'une fleur naissante, le tout de chaque nuance chaîne et trame semblables et travaillé ensemble sans être coupé.

Ce n'est qu'à force de soins que M. Marie Hottot est parvenu à une exécution parfaite de ce travail, qui ne ressemble à aucun autre.

N. 559. — M. MAZEROLLE, fabricant de chaises et de fauteuils, faubourg Saint-Denis, n. 16.

Les diverses parties d'ameublement exposées par M. Mazerolle (chaises de salon et de salle à manger, fauteuils à dos renversés et autres) orneront bientôt les plus riches appartemens. Le bois de palissandre est en vogue, et ce fabricant a su lui donner des formes tout à la fois gracieuses et s'harmonisant parfaitement avec sa couleur, peut-être un peu trop sombre, mais des plus majestueuses, et très-convenable pour ceux qui cherchent à faire revivre toutes les créations du moyen âge. Les incrustations en ivoire et en citronnier qui ornent les produits de M. Mazerolle sont remarquables par leur délicatesse et parfaitement dessinées.

N. 565. M. GARRAUT, ébéniste, rue du faubourg Saint-Antoine, n. 71.

Cet ébéniste, qui déjà s'est fait distinguer à l'exposition de 1827,

134

a exposé cette année deux caisses pour jardinage en bois d'Arabe de la dimension de 9 pouces sur 8, et un bouquet sculpté sur un bas-relief en bois de houx. Le prix des deux caisses est de 400 fr. et celui du bouquet, 70 fr.

N. 556. M. TULOU, rue des Martyrs, n. 27.

De tous les instrumens à vent, la flûte est celui dont l'usage est le plus répandu parmi les amateurs. Toutefois cet instrument, dans son état ordinaire, est fort imparfait sous le rapport de la justesse et ce n'est pas sans peine que les artistes habiles parviennent à remédier à ce défaut soit par des combinaisons de doigté très-compliquées, soit par des modifications du souffle et de l'embouchure. C'est un problème non résolu jusqu'à ce jour par les facteurs d'instrumens à vent, que de donner à la flûte une égalité parfaite entre les sons graves et les sons aïgus.

Il appartenait à un professeur dont la longue expérience avait su apprécier toutes ces imperfections, à un artiste qui s'est acquis une réputation fondée sur une supériorité si incontestable, de faire les recherches nécessaires pour obvier à d'aussi graves inconvéniens. M. Tulou a donc entrepris cette tâche dans l'espoir de faciliter les progrès des amateurs en leur offrant des instrumens dont ils n'auraient pas à combattre sans cesse les défauts, et qui, par leur état perfectionné, seconderaient leur habilité dans l'exécution au lieu d'y mettre obstacle. Il construit des flûtes d'après un nouveau système, qui a pour but de faire disparaître l'inconvénient des corps de rechange et surtout celui de la pompe. Voici en quoi consiste ce perfectionnement :

Les flûtes-Tulou percées avec le plus grand soin et d'après les meilleures proportions, peuvent-être baissées à volonté par le moyen d'anneaux dont l'usage est aussi utile que commode.

Ces anneaux sont faits avec le même bois que celui de la flûte et couverts en argent à l'extérieur ; ainsi, on peut allonger l'instrument sans que le tube soit interrompu par un corps étranger.

Pour baisser d'un demi-ton, le plus gros de ces anneaux, portant le n° 1, se place à l'emboîture de la tête, et le plus grand, également numéroté 1, se met par dessus le liége du grand corps afin qu'il n'y ait de vide ni à l'extérieur, ni à l'intérieur. Les deux anneaux les plus petits, portant aussi le n° 1, se placent l'un dans l'emboîture de la petite pièce, et l'autre par dessus le liége du grand corps et du petit côté.

Si l'on veut baisser seulement d'un quart de ton, on remplace tous les anneaux numérotés 1, par d'autres numérotés 2; par ce moyen, les proportions sont conservées, et la justesse n'est point altérée.

M. Tulou s'est attaché à trouver des formes simples et élégantes dans les clefs, et surtout à en diminuer le volume, qui donnait à l'instrument de la lourdeur sans utilité.

De tels avantages ne peuvent manquer d'être appréciés par les amateurs et les artistes et d'influer sur les progrès de la flûte.

Il n'est pas inutile d'ajouter que M. Tulou s'engage à ce qu'aucun instrument ne sorte de ses ateliers sans avoir été essayé et reconnu bon par lui-même.

N. 568. — M. DUPRÉ (André-Georges), fabricant de capsules métalliques, destinées à remplacer pour les vins mousseux et les eaux gazeuses le fil de fer, la ficelle et le goudron, à Paris, rue Cassetie, n. 22.

M. Dupré, inventeur et breveté du gouvernement, vient de remplacer, par un nouveau système, l'ancienne manière de boucher les vins mousseux. Grâce à sa découverte, nous n'aurons plus à redouter les nombreux inconvéniens du goudron qui, en tombant dans le verre, altérait le goût du vin et salissait une table bien servie. Cette capsule a de plus l'inapréciable avantage de préserver le bouchon de l'action de l'air, et de toute espèce de détérioration.

L'invention si utile de M. Dupré a déjà subi l'épreuve de l'expérience, et le commerce des vins mousseux n'en livrera bientôt plus d'autres à la consommation. Plusieurs machines ont été faites à Paris et à Reims, pour boucher les bouteilles avec ces capsules; elles permettent de disposer ainsi 200 bouteilles au moins par heure; l'inventeur les expose au public pour qu'il puisse en demander l'essai.

Nº 581. M. GODEAU, entrepreneur de serrurerie en bâtiment, rue Grétry, n. 1.

Le curieux coffre-fort, que le public a dans ce moment sous les yeux, peut lui donner une idée de l'habileté de ce mécanicien, qui s'est déjà fait connaître par des serrures à pompes et à combinaisons et par d'autres ouvrages de serrurerie très-distingués. On remarque aussi des serrures et des verroux d'une forme nou-

136

velle et d'une élégance qui permet de les placer dans les 'plus riches salons.

588. — M. GAGNEAU, rue du faubourg Saint-Denis, N n. 17, inventeur breveté du nouvel éclairage *à reflecteur diaphane* pour billards, salles à manger, salons, cabinets littéraires, etc., etc., par LA LAMPE MÉCANIQUE dite AGLAPHOS.

Cette lampe, dont le principe d'ascension était, jusqu'à présent, inconnu en hydraulie, et pour laquelle il a été décerné à son auteur une médaille de bronze par le jury central de l'exposition de 1819 et un diplôme en 1823, vient de recevoir une nouvelle application en la rendant propre à être suspendue.

En examinant un seul instant l'ancien mode d'éclairage par la lampe *dite Astrale à suspension*, usitée plus particulièrement pour les billards, on y reconnaît une foule de vices qui ne sauraient échapper à l'observateur le moins exercé ; vices nés du principe lui-même et qu'on tenterait en vain de détruire.

Les lampes astrales, employées pour billards, ont, chacune d'elles, une réunion de trois becs, ce qui absorbe une grande quantité d'huile ; et, comme ces lampes sont à niveau défaillant, au bout d'une heure de service, la lumière, qui d'abord était assez belle, commence à prendre un ton rougeâtre, fatiguée qu'elle se trouve de la force attractive qu'elle est obligée d'employer pour attirer l'huile à soi ; au fur et à mesure que le service se prolonge, le niveau baisse, la flamme s'alonge, prend une teinte d'un rouge plus livide, et, d'instant en instant, la lumière s'amoindrit. Il s'échappe alors des cheminées de verre une fumée noire et graisseuse qui, outre l'inconvénient de se faire sentir à la gorge, se répand dans les appartemens et détériore les tentures et les meubles.

On a cru, pour un instant, avoir remédié à une partie de ces inconvéniens par des lampes de billard à niveau fixe, lesquelles en présentent un plus grave encore, attendu qu'on a placé le réservoir ou bouteille contenant l'huile, au centre des trois becs, et que les trois cheminées de verre, échauffées par le feu, se prolongeant du bas en haut et contre le réservoir, lui font subir une intensité de calorique tel que l'huile et l'air qu'il contient s'élèvent à 23, 24, et quelquefois même jusqu'à 25 degrés du thermomètre de Réaumur. Alors, les molécules de l'air et de l'huile, en se dilatant, rendent le dégorgement inévitable ;

ce qui oblige souvent, dans le cours d'une soirée, à vider le récipient aux égoutures, si l'on veut éviter les taches.

Dans l'une et dans l'autre de ces lampes, l'effet du réflecteur se trouve, pour ainsi dire, neutralisé par la division du point lumineux, qui, tiercé, le frappe mal, rompt l'harmonie des rayons, et, par cela seul, lui fait perdre toute sa force.

Il faut ajouter à tous ces vices, les désagrémens sans nombre attachés à ces sortes de lampes, qui, n'étant propres qu'à un service spécial, ne servent que rarement; ce qui fait que pendant l'intervalle des divers services, l'huile se sèche dans l'intérieur, s'attache aux parois qu'elle enduit d'une couche grasse et gommeuse, obstrue les conduits et force à recourir souvent au lampiste pour les lessiver.

Si l'on considère, en outre, combien le service d'entretien de ces lampes est long et munitieux, et combien il est difficile aux personnes, mêmes les plus adroites, d'éviter de répandre de l'huile sur les tapis, attendu l'oscillation continuelle qu'elles éprouvent, soit en les déplaçant, soit en les replaçant, on comprendra sans peine comment, voulant parer à tous ces désagrémens, M. Gagneau s'est efforcé de donner à cette lampe la propriété de pouvoir alternativement, et chaque fois qu'il en est besoin, être portée, posée ou suspendue.

Deux *lampes aglaphos*, à un bec seulement, et placées chacune dans un appareil, dit *suspension*, remplacent les six becs obligés des deux lampes astrales de billard. Ces lampes, au lieu d'avoir un niveau fixe ou défaillant, comme il est dit plus haut pour l'ancien système, sont à surabondance, c'est-à-dire que l'huile qui, par une force motrice suffisante, est poussée avec vigueur de bas en haut vers la surface du bec, par dessus lequel elle s'échappe continuellement, le garantit de toute altération, procure à la flamme un aliment toujours frais, la dégage de tout corps étranger, puisqu'elle oblige à tirer la mêche de 7 à 8 lignes, et produit pendant le service, de quelque durée qu'il puisse être, une lumière vive, pure, parfaitement égale et qui ne varie jamais. Le foyer de lumière est d'autant plus intense qu'il est unique, et que, placé au centre du *réflecteur*, ce dernier fonctionne facilement et projette ses rayons lumineux de la manière la plus égale et surtout le plus avantageusement qu'il est possible.

Le réflecteur, étant diaphane, n'a pas l'inconvénient des ré-

158

llecteurs opaques, qui laissent dans une entière obscurité toutes les parties de l'appartement au-delà de la portée de leurs rayons; et bien que, par ce réflecteur, la table de billard, par exemple, reçoive une lumière vive, cette lumière ne s'en répercute pas moins dans les parties supérieures où elle jette une clarté douce et agréable à la vue.

Ainsi, comparativement à l'ancien système, on obtient une économie considérable de combustible, une intensité de lumière égale sur la table du billard, et on évite l'obscurité de la salle. De plus, on n'aura jamais à redouter la fumée qui, par l'effet de la surabondance, est entièrement neutralisée.

Dans la salle à manger, une seule lampe, placée dans une suspension, suffira pour éclairer parfaitement une table de quinze couverts. Au sortir de la table, on peut reprendre la lampe, et la placer à nu sur la cheminée ou sur des trépieds servant à l'exhausser ; on pourra également la poser sur des modillons près d'un mur, ou en guise de candélabre de chaque côté d'une glace.

Ainsi, dans les longues soirées d'hiver, la même lampe, qui aura servi sur la table de travail de la maîtresse de la maison, passera alternativement à la salle à manger, de là au salon, à la table d'écarté, au billard, etc., et prendra, pour ainsi dire, autant de formes qu'elle aura subi de déplacemens, puisque d'abord elle aura servi à nu, puis suspendue, puis surmontant un trépied, un modillon, ou renfermée dans une cassolette qui lui donnera le caractère de l'antique, etc., etc., sans jamais avoir à craindre une seule tache pendant le cours de ces divers services ; sans que la personne agissante soit obligée d'apporter plus d'attention que dans le placement ou le déplacement d'un flambeau ; car, de quelque manière que la lampe soit portée, il serait impossible, même en cherchant à le faire avec intention, de répandre une seule goutte d'huile.

Ces lampes seront aussi d'un emploi très-utile dans tous les grands établissemens où un certain nombre de personnes réunies peuvent se servir de la même lumière, dans les bureaux d'administration, manufactures, fabriques, cabinets littéraires, etc., etc.

Il serait inutile d'entrer dans aucun détail sur le service d'entretien de ces lampes; il est tellement simple, que la personne la moins adroite peut, sans aucune difficulté, l'exécuter à la première vue sans avoir à craindre qu'elle les détériore et qu'elle fasse jamais aucune espèce de tache.

N 592. — M. BONNET, rue des Deux-Portes-Saint-Sauveur, n. 26. — Grande fabrique de mesures.

Cet industriel expose des mesures linéaires sur des rubans imperméables pour le toisé en général et des mesures de fantaisie genre français et anglais; elles sont utiles aux tailleurs, aux chapeliers, aux coiffeurs, aux cordonniers; il en fait également qui sont renfermées dans des barils de bois indigènes, et des îles, en ivoire, nacre et écaille.

On remarquera aussi de nouvelles mesures à ressorts montées dans des boîtes et du goût le plus nouveau.

N. 594. M. DUPLANIL, relieur, rue de Grenelle-Saint-Germain, n. 59.

M. Duplanil expose une série de reliûres, dans les formats depuis l'in-fol. jusqu'à l'in-24.

1° Un missel in-fol. en maroquin violet, gardes en vélin blanc; les plats sont ornés d'une gloire et d'une croix de la plus grande richesse et d'un goût exquis;

2° Deux exemplaires du roman du *Petit Jehan de Saintré*, en vélin blanc, guirlandes d'or, semées de fleurs de maroquin de couleur, dans le goût de l'époque;

3° Poésies de Clotilde, maroquin violet, avec ornemens frappés à froid, d'un genre tout-à-fait nouveau;

4° La Henriade, in-fol, maroquin bleu avec dentelles sur le plat, d'après les dessins (proportion gardée) de Chenavard, et un grand nombre d'autres ouvrages précieux.

Indépendamment de la perfection du corps de toutes ces reliûres, et de la beauté des ornemens, ce qu'il faut principalement considérer comme un grand mérite de difficulté vaincue, et surtout comme donnant le moyen de transporter les ornemens d'un format à un autre, on remarquera que toutes les dorures sont poussées à petits fers et de pièces rapportées.

Le même exposant a joint à cette belle collection diverses reliûres cousues à nerfs, dans le genre de Pasdeloup et Derome. Ces ouvrages seront surtout précieux pour les connaisseurs en reliure proprement dite, par leur perfection et leur solidité.

N. 602. — M. LEBRUN, orfèvre, quai des Orfèvres, n. 40.

Les ouvrages d'orfévrerie provenant de la manufacture de M. Lebrun, ont fixé depuis long-temps l'attention et réuni les suffrages des amis des arts. M. Lebrun ne s'est pas borné à l'orfévrerie française ; il s'est exercé avec bonheur dans le genre anglais plus que jamais en vogue. Les sujets qu'il a traités dans les deux genres sont pleins de vérité et d'expression. On peut en juger par les ouvrages exposés et dont voici la description :

On remarquera d'abord deux vases destinés au prix des courses. L'un est en vermeil et l'autre en argent. Le sujet représenté est une course de chevaux. L'auteur a voulu que les diverses parties de ces vases fussent en rapport avec leur destination, et il a remplacé les anses ordinaires par des chevaux ailés.

Mais les regards seront surtout attirés par un vase antique qui est destiné à l'ébullition de l'eau pour le thé. Cet ouvrage remarquable par son ensemble et son exécution est orné de plantes aquatiques. On chercherait en vain le robinet, M. Lebrun l'a heureusement dissimulé ; une des quatre têtes placée dans le bas du vase donne passage à l'eau, et en tournant le sommet du vase, on obtient le même résultat que par le robinet.

On aperçoit aussi un vase d'une forme élégante et légère, et des ouvrages nouveaux de toutes espèces tant dans le genre français que dans le genre anglais.

M. Lebrun a obtenu une médaille d'argent en 1825, et une autre en 1827.

N. 603. — M. STOUVENEL-BERGER, fabricant de fleurs, rue Saint-Martin, n. 291.

Peu de personnes, sans doute, s'arrêteront devant le carton exposé par M. Stouvenel-Berger ; car aux yeux des gens du monde, cette mousseline rose n'offre rien de remarquable ; mais les fabricans de fleurs apprécieront la pureté de ses couleurs, et l'éclat de ses reflets ; c'est une nouvelle teinture appliquée par de nouveaux procédés à la fabrication des fleurs fines, que M. Stouvenel a découverte, et que certainement il pourra bientôt appliquer à d'autres couleurs.

N. 607. M. DIDIER, fabricant de chandelle économique, perfectionnée, rue du Faubourg-Saint-Honoré, n. 4.

La qualité de cette chandelle est garantie pour une année,
sans aucune altération; elle est sèche, éclaire très-bien, ne
coule pas du tout, et revient à meilleur marché que la chandelle
ordinaire, qu'il fabrique également.

La durée de chaque chandelle économique est de douze à treize
heures.

N. 217 et 608. M. SALLANDROUZE-LAMORNAIX (Charles),
membre du conseil-général des manufactures, propriétaire des
manufactures d'Aubusson, de Moquette, d'écossais, de tapis
d'été. Dépôt général à Paris, hôtel Montholon, boulevart Poissonnière n. 23.

La réunion dans une seule salle des objets envoyés par les
quatre manufactures de M. Sallandrouze, offre un ensemble
complet et remarquable des produits de la fabrication des tapis.

La manufacture d'Aubusson, honorée du titre de manufacture
royale par lettres patentes de 1665, soutient et accroit chaque
jour son ancienne réputation; chaque année M. Sallandrouze
expédie à sa maison de Londres, une partie des produits de cette
fabrique.

La manufacture de Moquette a été créée par M. Sallandrouze,
il y a déja cinq ans; elle peut rivaliser aujourd'hui pour les qualités et les prix avec les fabriques les mieux établies dans les
pays étrangers.

La fabrication des écossaises, vénitiennes, et autres articles
analogues, est également une nouvelle conquête de l'industrie
française; le bon goût des dessins joint à l'éclat des teintures, a
donné à ce genre de produit une vogue méritée.

Enfin la manufacture des tapis d'été créée récemment pour satisfaire à un besoin généralement senti, et dont le succès repose
sur des procédés tout-à-fait nouveaux, occupe une place remarquable dans cette exposition. Jamais les ressources du dessin et de la
couleur, n'avaient été appliquées plus heureusement à un produit
d'utilité aussi matérielle, et ce résultat le classe parmi les nécessités de toutes les positions.

N. 617. MM. GOMBERT, père et fils, rue de Sèvres n° 102.
Fabrique de coton.

Cet établissement que M. le Préfet de la Seine a visité dernièrement, est un de ceux dont les produits offrent le plus d'intérêt comme objets d'utilité première. Voici ceux qui sont exposés :

1° Du coton en laines avec lequel on fabrique dans cet établissement du coton à coudre, à broder, à marquer, à tricoter, à remmailler ;

2° Des échantillons de fil d'Écosse en six, semblables au cordonnet de soie, de cotons en deux et en trois ondés et ondulés pour les fabriques de tissus et de nouveautés ;

3° Des lacets de coton et rubans de perkale surfins ;

Les propriétaires de ce bel établissement ont obtenu la médaille d'argent aux expositions de 1819 et 1827.

N° 620. — M. J. LEFRANC, orfévre-joallier-bijoutier, successeur de M. Cabasson, Palais-Royal, n. 86, ci-devant rue Montmartre, 6.

M. J. Lefranc, avantageusement connu pour la bonne exécution des objets d'orfévrerie, a fait admettre à l'exposition ceux dont voici le détail :

1 surtout de déjeuner du diamètre de 50 pouces sur 23 ;

1 sucrier avec ses douze cuillères ;

1 petit service de table complet réduit au quart des proportions ordinaires ;

1 petit déjeuner complet réduit au quart des proportions ordinaire ;

Plusieurs pièces dans le genre anglais, telles qu'une théyère, un sucrier, un pot à crème, deux tasses et soucoupes et un bol à sorbets.

N. 622. — M. LEDURE et compagnie, fabricans de bronze, passage Choiseul, n. 72, fabrique rue d'Angoulème, n. 25, au Marais.

Voici en détail les ouvrages exposés par ces fabricans.

1. Une pendule dont le sujet est Marius sur les ruines de Carthage, d'après le sculpteur Gecher (dorée à l'or mat).

2. Une paire de candelabres à griffons modèle (dorés à l'or mat), composés d'après les dessins de M. Leduc.

3. Une paire de candelabres de neuf pieds, bronzés.

4. Une pendule représentant Thésée découvrant l'épée de son père (bronzé sur marbre jaune).

5. Une paire de coupes, modèle unique, moulées sur la coupe Warwick, dont l'original est en Angleterre (bronzé sur marbre jaune).

6. Une paire de vases étrusques en bronze.

7. Une pendule à figures, style de la renaissance, dorée et exécutée d'après les dessins de M. Leduc fils.

8. Une pendule petit modèle, avec ornemens et figures, style de la reconnaissance, dorée et exécutée d'après les dessins de M. Leduc fils.

9. Un lustre à lumières tout doré, mat et garni de cristaux.

10. Un surtout de table composé de cinq pièces avec vases, figures, corbeilles garnies de fleurs, tout doré mat.

N. 623. M. LACOUR, marchand de bois, frabricant d'établis, de tables de cuisine et d'imprimeur, rue du Petit-Carreau n° 32.

Affût Lacour.

Cet affût est construit d'après un système nouveau, dont le but est de diminuer de beaucoup la difficulté du pointage. Cette difficulté qui n'existe, on le sait, que sur la ligne horizontale, se trouve surmontée au moyen d'un petit levier qui fait mouvoir une excentrique renfermée dans une ellipse et dont le résultat est de porter la pièce à droite et à gauche, sans l'aide du pointeur servant. Les généraux Gourgaud, Jacqueminot, et le comte de la Riboissière qui se sont transportés chez l'inventeur, pour examiner dans tous ses détails la construction de cet affût, sont demeurés convaincus qu'avant dix ans l'artillerie serait montée d'après ce nouveau système.

Le comité de l'artillerie a chargé MM. les colonels Pariseau et Barbé, de connaître du mérite de cet affût; ces messieurs, après un examen approfondi, ont demandé dans leur rapport qu'il fût soumis à des expériences; en conséquence, un affût pour une pièce de huit a été transporté dans les magasins de Vincennes, où il sera éprouvé aux prochaines écoles. On s'occupe dans ce moment, à l'école de l'artillerie, de remplacer l'affût en bois par un affût de fonte; ce changement pourrait peut-être faire adopter

144

le moyen de pointage de M. Lacour. La commission nommée pour rendre compte des résultats du système Lacour sera sans doute pour beaucoup dans cette décision.

M. Lacour présente aussi à l'exposition un établi réunissant l'avantage de deux établis, façon allemande ; le chariot qui forme avec le bout de l'établi un étau de deux pieds de large, s'écarte au moyen de deux vis placées aux extrémités et qui fonctionnent à l'aide d'un pignon placé au centre. Cet établi est d'un avantage incontestable pour les sculpteurs quand il s'agit de dresser des parties délicates et de faire des collages sans application de serre joints.

N. 630. — M. BRASSEUX aîné, graveur du roi et de S. A. R. monseigneur le duc de Nemours, Palais-Royal, n. 55. Cachets, pierres gravées et breloques.

Il est impossible de voir un cachet plus simple et plus ingénieux, en même temps, que celui imaginé par M. Brasseux, et pour lequel il a été breveté. Ce cachet, appelé cachet de poche, réunit l'utile et l'agréable ; son prix modéré et son exécution parfaite sont un sûr garant de son succès. Il est en pierre de diverses couleurs, comme cornalines de toutes espèces, améthystes, émeraudes, rubis, cristal de roche, etc.

En lettres gothiques artistement placées, on trouve, à l'instant même et tout prêt, toutes les combinaisons possibles de l'alphabet par deux lettres sur chaque pierre. C'est une idée qui, sans être absolument neuve, n'a jamais été mise à exécution par qui que ce soit, à cause des inconvéniens qui en résultaient et des dépenses qu'elle nécessitait.

M. Brasseux n'a reculé devant aucun obstacle, et rien ne lui a coûté pour réaliser une découverte utile. Il faudrait dépenser 18 ou 20 fr. pour établir l'objet qu'on trouve chez lui tout fait pour 2 fr.

M. Brasseux exécute aussi toutes espèces de sujets ou armoiries dont on lui donnera une empreinte ou un dessin. Le prix de ces objets ne peut être bien fixe, et variera suivant l'importance du travail et la grandeur du cachet. Cependant, on peut prendre pour base qu'un cachet qui coûterait 20 fr. de gravure sur cuivre, sera exécuté sur les pierres à moitié de ce prix ; c'est un avantage qu'on appréciera encore plus lorsqu'on saura qu'une seule pierre qui coûtera 10 francs, pourra être accompagnée d'une seconde qui n'en coûtera plus que 5, et cela, n'importe la couleur et la forme de la pierre.

C'est encore à cet habile graveur que l'on doit l'introduction en France d'un moyen tout-à-fait nouveau de donner son adresse à l'aide de petites médailles sur lesquelles sont représentés le nom et la profession de chaque industriel. Ces médailles, qui ne coûtent pas plus que des adresses ordinaires, seront bien certainement, grâce à leur élégance, conservées avec soin par toutes les personnes auxquelles elles sont remises.

N. 634. M. THOMAS, doreur, rue de Seine-Saint-Germain, n. 5.

Les amateurs de la belle dorure ne verront pas sans intérêt le cadre dont M. Thomas a enrichi l'exposition; il a été sculpté par M. Plantard, et les ornemens sont empruntés à l'époque de la renaissance des arts : il appartient à M. Le comte de Serant.

Cette maison, qui est connue depuis trente ans de père en fils, justifie pleinement la confiance que le public lui accorde. On trouve dans ses ateliers un grand assortiment de cadres pour toutes espèces de tableaux.

N. 643. — M. DELARUELLE, rue du Petit-Thouars, n. 20, quartier du Temple. — Fabrique de couleurs.

Ce fabricant, qui est l'inventeur de crayons pour différens genres de dessin, a exposé un assortiment de crayons pour le pastel fin et ordinaire et des crayons de couleur préparés pour la gouache et le lavis.

M. Delaruelle reçut en 1828 une médaille d'argent de l'Athénée des Arts.

N. 647. — M. MOULLET, fabricant de croûtes et pâtisseries en tous genres ; *à la ville de Marseille*, rue Richelieu, n. 92, à Paris et à Marseille, rue St-Féréol, n. 7.

Considérées sous leurs rapports hygiéniques les croûtes possèdent des qualités nutritives qu'on ne rencontre point dans les autres produits de la pâtisserie; car indépendamment de leur goût exquis et du parfum qu'elles exhalent, elles ont la facilité d'être digérées par tous les estomacs.

Les convalescens hâtent leur rétablissement s'ils en font leur nourriture ; les enfans se passent de lait si on leur en fait prendre en boujllie ; les vieillards privés de leurs dents, peuvent s'enalimenter; car ce biscuit est fondant et se passe de trituration ; enfin, c'est une nourriture saine, légère, confortante et agréable. Ces croûtes ont la propriété de se conserver plusieurs années sans rien perdre de leur première qualité.

N. 648. — M. VLEMINEX, dentiste, rue Richelieu, n. 32.

Les nouvelles dents de M. Vleminex sont notablement perfectionnées pour la forme et pour la solidité des couleurs; le prix est de moitié meilleur marché.

Ses machoires à dents incrustées sont en hippopotame auquel il a conservé l'émail ; elles imitent parfaitement les dents naturelles; telle est la difficulté de cet ouvrage que M. Vleminex est le seul qui emploie cette matière.

On remarque des dents à pivots de bois, qui une fois placés se renflent et ne bougent plus, et ne portent pas d'odeurs désagréables.

On trouve chez ce dentiste un appareil nommé fumigatoire dolorifuge, avec lequel il guérit les maux de dents en très-peu de temps.

N° 654. MM. BONIFACE et CAPRON, rue Baillet, n. 5 : près le Pont-Neuf.

Momies fraçaises et cœurs humains.

Parmi les découvertes importantes que nous recommandons à l'attention du public, nous citerons en première ligne les momies françaises et les cœurs humains préparés par MM. Boniface et Capron. Désormais les corps morts ne deviendront plus la pâture des vers; une tendre mère ne se verra plus contrainte d'abandonner à une horrible destruction le corps d'un enfant chéri et la postérité la plus reculée pourra admirer encore après des siècles, les traits des individus qui auront été soumis à cette préparation.

Ce mode de conservation qui l'emporte sur tout ce qui a été fait jusqu'à ce jour, n'entraîne cependant pas à des dépenses plus considérables que les préparations illusoires qu'on appelle embaumemens et il offre en outre ce grand avantage, que les corps pouvant n'être pas enfermés dans des bières, mais seulement placés dans de petits caveaux, il est alors facile de s'assurer de leur état de conservation. Dans ces préparations tout est respecté : les viscères, les intestins et le cerveau sont dans le même état que les parties apparentes.

Les auteurs de ce nouveau genre de conservation, exécutent leurs préparations à domicile.

Nota. C'est au Conservatoire des Arts et Métiers, rue Saint-Martin, que le public sera admis à visiter les modèles de momies exposées par MM. Boniface et Capron.

Nº 659. MM. DESCOUS, P. BOURNHONET et Compagnie, place dés Victoires, maison Ternaux, établissement du *Bonhomme Richard.*

En parcourant la salle consacrée à l'exposition des lainages et tissus de laine, la pensée du public ne peut manquer de se reporter sur la perte immense que cette branche d'industrie a éprouvée il y a un an, et presque à pareil jour, dans la personne de M. Ternaux l'aîné, de ce manufacturier dont le nom est attaché à tant de produits différens, et qui, le premier, a donné le mouvement d'impulsion aux progrès faits depuis quelques années dans la draperie française. On se rappelle avec intérêt cette exposition de 1823, où M. Ternaux, non content d'apporter aux galeries nationales un tribut destiné à faire connaître à quel point de perfection on était arrivé dans ses fabriques, démontrait, par une exposition particulière dans ses salons de la place des Victoires, qu'il avait résolu le problème du beau établi et vendu à bon marché.

Grâce à ses anciens associés et maintenant ses successeurs pour les affaires de la draperie à Paris, le nom de M. Ternaux vient encore tenir sa place dans ces galeries où son absence eût laissé un vide si regrettable. MM. Descous, Bournhonet et Compagnie, à qui M. Ternaux avait cédé ses affaires de draperie, chefs et propriétaires du bel établissement de confectionnement d'habillement situé place des Victoires, et connu sous le nom du *Bonhomme Richard,* fondé naguère par M. Ternaux, et dirigé depuis, sous son patronage, par ceux-là mêmes qui le possèdent actuellement, MM. Descous, Bournhonet et Compagnie, ont compris toute l'importance des devoirs qui leur étaient imposés, et ils ont dignement répondu à ce que l'on devait attendre de négocians-fabricans formés à si bonne école. Ils ont donc conti-

148

nué cette année les brillantes exhibitions de M. Ternaux des années précédentes. Ces fabricans, qui alimentent en partie leur magasin d'objets confectionnés à Paris, avec le produit de leurs fabrications à Louviers et Sedan, ont exposé des produits vraiment remarquables; des draps-cachemires, draps-velours et draps ordinaires d'une excellente qualité, et des étoffes à poils, variées à l'infini, telles que vigognes, vigoutines, anglaisiennes, coattings, fashionables et castorines, et même des azorines et capliciennes, qu'on peut considérer comme de nouvelles inventions.

L'établissement du *Bonhomme Richard*, à l'imitation de son ancien patron, renouvelle cette année l'exposition particulière de 1823, et elle a lieu dans les mêmes salles qu'à cette époque, place des Victoires, maison Ternaux.

Tout ce qui porte intérêt à l'industrie nationale s'empressera de visiter l'exposition des successeurs de M. Ternaux. MM. Discous, P. Bournhonet et comp. ont eu l'heureuse idée d'exposer avec leur draperie de toutes espèces, les châles sortis des fabriques de la maison Ternaux, ceux des premiers fabricans de notre époque, MM. Deneirouse, Gaussen, Bosquillon, Duché, Arnoult, etc.; là se trouveront réunis par les soins de M. Galmier-Blay, les produits les plus remarquables en châles 6[4, verts, rouges, bleus et noirs avec pagode, châles longs arlequins de toutes les nuances et presque tous les dessins de ceux saisis à la douane de Blanc-Misseron dont on avait levé la copie; des mérinos de toutes les qualités et couleurs, etc.

Dans la première salle d'entrée seront placés les tissus en soie végétale.

Les visiteurs de la nouvelle exposition du *Bonhomme Richard*, éprouveront une vive émotion en parcourant ces vastes appartemens, où se pressaient naguère les célébrités de l'époque, autour du grand manufacturier et du citoyen honorable qui, après avoir tout fait pour l'industrie de son pays, la sert encore aujourd'hui en encourageant, par le prestige de son nom, ceux auxquels il a légué le soin de continuer son œuvre.

N. 663. — M. le marqnis de l'ESCALOPIER (Charles), membre de plusieurs sociétés savantes, etc., place Royale, n. 25. La collection doit y rester. — *Machines modèles de gymnastique.*

Élève du gymnase spécial des sapeurs-pompiers, où, sous la direction de l'habile et courageux M. Schreuder, lieutenant de ce corps et gymnasiarque des colléges royaux, il trouva les leçons du professeur Charpillon, M. le marquis de l'Escalopier dut à la gymnastique l'entière et prodigieuse guérison d'une affection de cœur qui semblait défier les moyens les plus efficaces. Il s'est ensuite adonné à cet art par un goût naturel, et avec un zèle qu'animait encore une pensée d'honneur, l'espoir et le désir, entièrement désintéressés, de contribuer à la propagation d'une science pleine d'avenir, si utile à l'homme dans les armées, dans les dangers, dans son hygiène, dans le développement de ses facultés physiques et morales. Amateur seulement, et, croyant voir dans le gymnase une imitation des anciens tournois de la chevalerie, il n'a reculé devant aucun sacrifice, afin de réaliser son idée d'amélioration. Il lui a fallu diriger plusieurs ateliers, employer de nombreux ouvriers pour les travaux d'un grand gymnase dans son château le Plessier (Oise) à dix-huit lieues de Paris, et pour ceux de la collection aujourd'hui présentée, comme musée gymnastique, et sans aucune spéculation d'intérêt.

C'est une réduction des machines rassemblées dans les gymnases les plus importans à l'échelle d'un pouce pour pied. M. de l'Escalopier se fait un devoir de citer l'établissement militaire de Grenelle, et un plaisir de rendre hommage aux gymnases florissans des sapeurs-pompiers et des colléges royaux.

N. 664. M. MASSIN, chevalier de la Légion-d'honneur, chef d'institution, à Paris, et propriétaire à Vaudepart, département de l'Aube,

Expose un tableau d'échantillons des laines de son troupeau de mérinos, savoir : vingt-sept mèches de toisons de brebis, dix-huit de moutons et neuf de béliers.

Deux toisons entières en suint, l'une de bélier, l'autre de brebis.

Deux corbeilles remplies de doux, l'une contient le produit d'une toison tarée, l'autre de la laine d'agneau en suint.

Le troupeau de Vaudepart, formé il y a environ douze années, a été successivement affiné par des bêtes tirées de plusieurs troupeaux des plus renommés, et enfin par des croisemens avec des béliers du troupeau de Naz, le premier de l'Europe. Les divers produits exposés en ce moment attestent les résultats qui ont été obtenus et qui ne laissent rien à désirer.

Nº 665. — M. WAREE, rue de Grenelle, n. 29, breveté pour de nouveaux balanciers-compensateurs propres à être mis dans toutes espèces de pendules.

Ces balanciers, dont la compensation est parfaitement exacte puisqu'on la dirige à volonté, offrent une simplicité d'effet qui permet aux personnes les moins versées dans la connaissance de l'horlogerie, de la comprendre parfaitement et de s'assurer par elles-mêmes qu'en les plaçant dans leurs pendules elles font une acquisition utile, et leur donnent une régularité qu'elles n'avaient jamais eue jusqu'à ce jour.

Chaque balancier, fait par M. Warée, a été réglé sous un récipient à une différence de température de 65 degrés ; température double de celle qui se fait sentir en France dans le cours d'une année.

Balanciers pour pendules à sujet. .   10 fr.
—   pour cabinet   15
—   pour colonnes.   50

N. 667. — M. MICOUD, corroyeur et fabricant de cuirs vernis, rue Saint-Martin, n. 291, et sa fabrique rue de Meaux, n. 12, barrière du Combat.

Le cuir imperméable et souple que fabrique M. Micoud et pour lequel il a été breveté d'invention et de perfectionnement dans le cours de l'année 1833, a le précieux avantage de ne porter avec lui aucune odeur désagréable et de résister à l'action du calorique. De plus, il ne donne aucun goût (inconvénient qu'on n'avait pu vaincre jusqu'à ce moment) et ne dénature pas les boissons.

D'après les épreuves auxquelles ce cuir a été livré, on s'est convaincu qu'il peut contenir et supporter : 1º l'alcool pur et du plus haut degré ; 2º l'eau chaude au-delà de l'ébullition ; 3º l'huile même en filtration quand il est commandé pour cet usage.

L'inventeur s'en sert aussi avec le plus grand succès pour fabriquer des bouteilles dites outres françaises pour le transport des liquides, des vins, eaux-de-vie, vinaigres, liqueurs et généralement de toute espèce de boissons ; des chauffe-pieds de voyage et d'appartement, on ne peut plus commodes par leur légèreté, leur grande souplesse et leur peu de volume, parce qu'on peut, lorsqu'elles sont vides, les rouler ou les ployer de manière à les mettre facilement à la poche ; enfin, des clissoirs à siége portatif dont on peut faire usage, étant assis et les bras croisés, et des corsets pour la natation

N. 668. M. LEFAUCHEUX (Casimir), ancienne maison Pauly, arquebusier, breveté de nouveau en 1822 et mentionné honorablement en 1827, pour les fusils qui se chargent par derrière; rue de la Bourse, n. 10, au coin de la rue des Colonnes.

Les fusils à charnière dits *Fusils-Lefaucheux* sont depuis un an dans les mains des ducs d'Orléans et de Nemours et de plus de deux cent cinquante amateurs de Paris et des départemens. Ils se chargent par la culasse avec ou sans cartouches. Les cheminées d'amorce, les amorces et platines sont semblables à celles des fusils ordinaires. Ces fusils se chargent avec la plus grande rapidité et dans toutes les positions, assis, debout, couché, sans qu'on soit obligé de poser la crosse à terre. On ne risque jamais de mal charger ou de mettre double charge et l'on peut les décharger très-facilement sans se servir de baguette et sans perdre la charge. Il est désormais reconnu qu'ils portent plus juste et plus loin que ceux jusqu'à présent en usage.

Ces fusils ont sur tous les fusils du système Pauly, c'est à dire à *culasse basculante*, l'avantage de pouvoir toujours s'ouvrir et se fermer *malgré la rouille et l'engraissement*. Leur maniement est celui du fusil à piston ordinaire, et ils s'arment et se désarment de même que ces fusils.

Les prix du fusil à charnière sont les mêmes que ceux du fusil ordinaire de Paris ou de fabrique. (Voir le *Constitutionnel*, le *Courrier français* et le *Temps* du 28 avril 1833; le *National* du 29 avril, même année; la *Gazette de France* du 12 mai 1833 et la *Quotidienne* du mois de mai même année.)

Les fusils-Lefaucheux sont également fabriqués par MM. Baucheron-Pirmet, Delebourse, Devisme, successeur de Deboubort Lefaure, et Prélat, qui ont rendu justice au mérite de l'inventeur en traitant avec lui pour l'exploitation de son système.

N. 669. M. BAUCHERON-PIRMET, arquebusier-fourbisseur, rue de Richelieu, n. 64.

N. 670. M. DELEBOURSE (Charles-Benoît-Victor), arquebusier, rue Coquillère, n. 30. Mention honorable eu 1823 ; médaille en bronze en 1827 ; cessionnaire du droit d'exploitation de l'invention Lefaucheux.

Quatre fusils doubles de chasse, à pistons, canons de Paris, à rubans et damas.

Un fusil double, rubans d'acier, canon de Charleville.

Un fusil double, de Paris, système Lefaucheux, se chargeant à volonté par derrière ou à la baguette ; platine et amorces du fusil ordinaire.

N. 671. M. LEFAURE (Louis), arquebusier, l'un des cessionnaires du droit d'exploitation du brevet Lefaucheux, boulevart Poissonnière, n. 9.

1º Fusil avec canon à damas, de Bernard ; système entièrement dans le goût anglais, des derniers modèles de Londres.

2º Fusil riche à la française, canon damas, gravure et sculpture françaises.

3º Fusil riche, monture à l'anglaise, système français.

4º Fusil à charger par derrière, *système Lefaucheux,* se chargeant avec ou sans cartouches ; platines et amorces ordinaires.

N. 672. — M. DEVISME, breveté, élève et successeur de Deboubert, arquebusier, rue du Helder, nº 12.

Cet arquebusier, qui est aussi un des cessionnaires du droit à l'exploitation du brevet Lefaucheux, a exposé :

1º Fusil à deux coups, richement incrusté en or, bois sculpté, canon à damas, de Paris, plaque de couche à charnière et à magasin ;

2º Fusil à deux coups à charnière, système Lefaucheux, canon à rubans de Paris, bois d'érable d'Amérique ;

3º Fusil à deux coups, canon damas de Paris, bois d'érable d'Amérique ;

4º Fusil à deux coups, canon à rubans de Paris, bois d'érable d'Amérique ;

5º Pistolets à deux coups, partant successivement et à volonté par une seule détente.

N. 675. — M. BIETTE, couvreur, plombier, zingueur, bréveté, rue d'Orléans, n. 4, au Marais. — *Système Biette : toiture de pavillon couvert en zing.*

L'emploi du zing pour couverture de maison a offert jusqu'ici les plus grandes difficultés. Après beaucoup de recherches et d'épreuves, M. Biette est parvenu à un résultat certain en l'employant en plein ceintre continu et estampé à chaud ; il devient alors aussi souple que le plomb, et est posé et fixé sans cloux ni soudures.

Le zing, par ces procédés, est mis à l'abri de la rouille, des boursouflures, des gersures, et du travail qu'il éprouve ordinairement par l'effet du soleil, travail qui le fait dépérir et nécessite des réparations continuelles.

Les arrêtiers et faitières sont en zing fondu et leur solidité est à toute épreuve.

M. Biette garantit la durée de cette couverture en zing pendant dix ans, sans aucune réparation.

Le même fabricant a également inventé *la mitre de cheminée,* dont le mérite est de conserver le scellement en plâtre que l'eau détériore toujours ; la gouttière, qui en forme la base, empêche l'eau de s'infiltrer dans la cheminée.

Le zing s'emploie en couverture, par feuilles, depuis le n. 13 jusqu'au n. 16. M. Biette entreprend toutes couvertures en zing, d'après le modèle qui se trouve à l'exposition et dans les prix suivans :

Le n° 13 à 5 fr. le mètre superficiel.
Le n° 14 à 6 fr., le n° 15 à 7 fr., et le n° 16 à 8 fr.
La *mitre* (dudit modèle) se vend chez lui 3 fr., et toute posée, scellement compris, 5 fr.
Le haut de la mitre peut recevoir sans frais un tuyau de tôle ou autre.

N° 679. — M. KRUINES, opticien, *au Télescope,* quai de l'Horloge du Palais, n. 61, près la rue du Harlay.

Le secrétaire perpétuel de l'Académie pour les sciences mathématiques, disait, dans la séance du 28 mars 1806 :

» MM. Kruines et Lançon se sont réunis pour faire des recherches sur la fabrication du flintglass, et ils ont obtenu des résultats satisfaisans. Le cristal qu'ils ont présenté est supérieur au meilleur flint-glass anglais ; il est très-blanc et très-pur.

« M. Kruines, ajoutait-il, ne s'est pas contenté de faire du cristal avec M. Lancon ; étant lui-même habile opticien, il a commencé à s'en servir pour les lunettes acromatiques. M. Delambre en a comparé une de 4 décimètres de foyer et de 42 millimètres d'ouverture à une lunette de Dolland, d'égale longueur, et il l'a trouvée supérieure à cette dernière.

» La commission pense donc que MM. Kruines et Lançon ont fait faire un pas à l'art de construire les lunettes acromatiques, et elle regarde comme très-probable qu'on ne tardera pas à en ressentir les heureux effets. »

M. Kruines, qui n'a cessé de poursuivre ses travaux, est parvenu à faire un microscope qui permet d'observer dans toute leur vérité les infiniment petits qui existent dans la nature, non visibles à l'œil nu, soit en botanique, soit en minéralogie, soit en anthomologie, ainsi que tous les insectes qu'on trouve dans les eaux bourbeuses.

Le prix trop élevé de ces instrumens perfectionnés ne permettait pas jusqu'à présent aux personnes peu aisés de s'en procurer. Mais M. Kruines est parvenu à établir ces articles à très-bon marché ; il a simplifié la monture et a conservé rigoureusement les soins voulus dans la partie de l'optique, qui est indispensable aux bons microscopes.

Il expose en outre une nouvelle chambre noire portative pour dessiner le paysage.

Il fabrique également des instrumens de mathématique, d'optique et de physique, les lunettes de marine, de spectacle et à lire ; les baromètres, les thermomètres, et généralement tout ce qui concerne la partie des sciences.

N. 681. M. J. A. ROBERT, rue Coq-Héron, n. 5 bis, armes à feu d'après un nouveau système, brevet d'invention pour quinze ans. Médaille d'or.

Ce système applicable aux armes de guerre et de chasse, n'est point un simple perfectionnement, une légère modification de ce qui a déjà été fait, mais une conception destinée à opérer une révolution dans les armes.

La baguette est supprimée ; la platine est remplacée par un seul ressort ; la cheminée et l'amorce des fusils à piston n'existant plus, ainsi que les mouvemens d'armer, d'amorcer, de passer l'arme à gauche, de déchirer la cartouche et de bourrer,

La charge s'opère en quatre temps très-faciles à exécuter dans toutes les positions. Ouvrir la bascule, placer la cartouche, fermer le fusil et tirer la détente pour faire feu : voilà toute la manœuvre qui peut s'exécuter sans que le soldat quitte la position de baïonnette croisée. Elle donne aussi au tirailleur la facilité de charger et tirer lors même qu'il serait couché à plat ventre.

Un prolongement de ressort se monte à l'extérieur du fusil quand il est armé et disparait quand il est au repos.

Pour *désarmer* on ouvre la culasse et on tire la détente.

Pour *décharger* on retire simplement la cartouche du fusil.

Tous les accidens paraissent impossibles, car le canon ne peut recevoir qu'une seule charge à la fois, sans qu'elle puisse en aucun cas prendre une disposition nuisible à la sûreté de l'arme. La charge qui ne pourrait pas entrer par la bouche du canon, est forcée et donne une portée plus grande que celle du fusil à baguette avec moins de poudre ; on peut charger et tirer quinze coups en une minute.

L'inflammation de la poudre s'opère par la percussion de l'extrémité du ressort contre un petit tube de cuivre rempli de poudre fulminante, et solidement fixé à la cartouche. On peut néanmoins employer au besoin les cartouches destinées aux fusils ordinaires, l'amorce du fusil à piston, et même charger sans cartouches quoique sans baguette. Après avoir trempé le fusil et les cartouches dans l'eau, on peut encore charger sur-le-champ et faire feu.

Simplicité dans le mécanisme, promptitude dans la charge : voilà deux perfectionnemens qui, parmi beaucoup d'autres, recommandent le système-Robert, et l'expérience de trois années a sanctionné les avantages de cette belle invention. Nous citerons notamment les rapports suivans :

1. Le rapport sur le résultat des épreuves faites en juin 1831, à Paris par MM. Gay-Lussac, célèbre chimiste, Tardy, capitaine d'artillerie ; Parisot, capitaine d'artillerie et Lefebvre, lieutenant-colonel d'artillerie.

2. Dans le journal belge l'*Emancipation* en date du 6 octobre 1832 se trouvent transcrits la lettre de M. le ministre de la guerre et le rapport de la commission chargée par M. l'inspecteur général de l'artillerie d'examiner le fusil-Robert ; il suffit de dire qu'une commande de 3000 fusils de guerre a été donnée pour apprécier par l'expérience le mérite de cette arme ;

3° Le rapport du 25 juillet 1833 fait au conseil d'administration de l'académie de l'Industrie agricole et manufacturière chargée d'examiner ce fusil et inséré dans le numéro 32 dudit journal, est tellement favorable à M. Robert, qu'il lui accorda la médaille d'or, et le nomma membre de ladite académie ;

4. Le rapport de la société d'encouragement en date du 19 février 1834, énumère toutes les expériences faites avec le fusil Robert et il conclut à accorder à M. Robert la médaille d'or.

Nous engageons nos lecteurs à aller visiter les magasins de M. Robert, rue Coq Héron, n. 3 bis ; ils y trouveront un assortiment complet de fusils de guerre à l'usage des gardes nationaux, des mousquetons de cavalerie, des fusils de chasse à un et deux coups, des carabines de tir et des pistolets de toute espèce.

N. 682. M. CHASTAGNAC, fabricant-lampiste, breveté d'invention, boulevart Montmartre, n. 14 et 16.

Ce n'est pas pour la première fois que ce fabricant obtient les honneurs de l'exposition ; ses lampes ont déja figuré avec avantage aux expositions de 1823 et 1827. Il établit dans toutes les formes et à l'usage de toutes les fortunes, des lampes mécaniques perfectionnées, dites *à la Carcel*. Il fabrique aussi des bronzes dans tous les genres, soit à l'antique soit à la moderne.

N. 684 — MM. BREGUET neveux et comp., horlogers, Quai de l'horloge, n. 97.

La réputation de la maison Breguet dans l'horlogerie est si répandue en France et à l'étranger et si justement acquise que son nom seul fait son plus bel éloge. Nous nous bornerons donc à énumérer ici les divers objets dont elle a enrichi l'exposition de 1834.

Parmi les pièces de haute horlogerie on remarquera différentes montres d'un prix élevé, établies sur les principes des chronomètres ; les unes sont à répétition à quart et demi-quart, et d'autres avec tous les quantièmes connus. Une de ces montres surtout est remarquable par la grande quantité d'effets qu'elle produit ; elle est à répétition, à quantième de mois, quantième de semaine, de jour et de lune ; elle indique de plus les années bissextiles et le quantième se change de lui-même.

La pièce qui présentait le plus de difficulté dans l'exécution est une petite montre-bague de la grandeur d'une pièce de dix sous ; elle appartient à M. Schickler, pour lequel elle a été faite ;

car on sait que cet amateur si distingué se plaît à consacrer noblement une partie de son immense fortune à l'encouragement des beaux arts. Rien de plus curieux que la marche de cette petite bague dont le travail est d'un fini achevé.

La partie des pendules se distingue par une exécution aussi parfaite que possible, et en même temps par le bon marché qui doit être le but et le résultat des perfectionnemens industriels. Elle se compose :

1. D'une pendule à demi-secondes à deux balanciers ;

2. De plusieurs pendules sympathiques établies sur un nouveau principe et par des moyens économiques qui permettent de diminuer de beaucoup le prix d'établissement. Celles exposées en 1819 étaient d'un prix trop élevé pour en faire un objet de commerce ; le prix des nouvelles pendules ne s'élève pas au-delà de 600 f. Avec ces pendules la montre se remet à l'heure précise tous les jours à midi ;

3. Deux pendules de voyage, dont l'une appartient à M. le comte Demidoff.

Horlogerie de marine.

On avait fait courir le bruit que la maison Breguet avait renoncé à la fabrication de l'horlogerie de marine. Ce bruit est entièrement faux ; elle s'en occupe plus que jamais, et pour s'en convaincre il suffit de jeter les yeux sur le grand nombre de pièces marines, qu'elle a envoyées à l'exposition. On saura gré surtout à MM. Breguet des utiles efforts qu'ils ont dû faire pour parvenir à donner une pièce marine très-bien confectionnée moyennant le prix modique de 1,200 f. ; c'est un important service rendu à la marine et un titre de plus à l'estime des savans.

N. 685 M. COLVILLE, fabricant de couleurs fines.
Rue des Vinaigriers, n. 24, faub. St-Martin.

1º Une palette complète de couleurs fines pour peindre sur porcelaine et sur émail.

2º Deux bocaux de bleu foncé de Cobalt, dit *Bleu-Dumont*.

3º Une paire de vases peints en bleu mat. Ce bleu, fabriqué d'après le procédé secret de feu Gabriel Dumont, s'emploie à l'huile pour la peinture, et à la gomme pour l'aquarelle. M. Chenal, à Paris, le prépare en tablettes sous le titre de *bleu foncé de Cobalt*, et M. Newman, à Londres, sous le titre de

Smalt. Mais il faut observer que ce dernier titre est inexact; car le *Smalt* est un bleu très-commun qui sur cinq parties constituantes en renferme deux de sable siliceux, tandis qu'il n'y a pas une parcelle de cette mauvaise substance dans le *Bleu-Dumont*.

N. 686. — M. LAMY. rue de la Verrerie, n. 67. — Fabrique de Baignoires en zinc, et ferblanterie polie.

Ces baignoires d'un nouveau genre sont en zinc poli, inconnu jusqu'à ce jour et réunissent la solidité à l'élégance des formes. Elles ont de plus l'avantage de servir à toutes espèces de bains, car elles ne reçoivent aucune altération des eaux minérales et ne conservent aucune odeur. Il fabrique également la même baignoire non polie à des prix très-modérés.

On trouve chez M. Lamy, un assortiment de cafetières à filtres et généralement toute ferblanterie polie.

Nᵒ 688. M. JAMINET-CORNET, fabricant fontainier, rue du Four Saint-Germain, n. 26.

Filtre-Carbonisé.

Ce nouveau filtre joint à sa commodité et à son prix très-modéré, la légèreté pour le transport; il voyage en tous sens, sans craindre la moindre sujétion, ce qui n'a pu se faire jusqu'à présent dans les Filtres-Charbons, dont le transport coûte fort cher pour la province; l'on peut, en outre, le nétoyer soi-même, et en changer la carbonisation à volonté, sans aucun frais, sans autre entretien que la propreté; sa commodité est inappréciable; l'on ne saurait trop recommander ce Filtre, surtout pendant l'hiver, où les rivières traînent avec elles quantité d'objets impurs. L'on trouve aussi dans les magasins de M. Jaminet, toutes espèces de fontaines en grès sablées pour la cuisine et autres, des cheminées de pierres et de marbre, des pierres à laver portatives et autres enfin des lieux à l'anglaise, des robinets et conduit des pompes, et tout ce qui concerne la fontainerie et marbrerie.

N. 692. PETRUS-LEYSEN, tourneur, rue Thyroux, n. 8.

Les Allemands et les Anglais avaient porté la science du tour au dernier point de perfection; mais M. Petrus-Leysen a surpassé ceux qui jusqu'à ce jour avaient été nos maîtres. Les pièces en ivoire et en buis qu'il soumet à l'appréciation publique sont toutes tournées d'une seule pièce et sans aucuns raccords. On aura peut-être quelque peine à nous croire en voyant la délicatesse du travail de ces différentes pièces et leur agéncement ; mais un examen attentif de quelques minutes suffira pour en convaincre et pour donner une idée de toute la patience qu'a dû exiger un pareil travail.

Cet habile tourneur donne chez lui et en ville des leçons de l'art qu'il pratique avec tant de succès.

N. 700. M. MERCIER, fabricant de pianos, rue Basse-Saint-Pierre, n. 4, boulevart des Filles-du-Calvaire.

Piano à sept octaves.

M. Mercier est du petit nombre de ceux qui ont le mieux réussi à améliorer la confection de cet instrument. L'élégance, le peu de volume de ses pianos, n'en excluent ni la force, ni la pureté des sons, ni aucun des autres avantages que les artistes et les mécaniciens recherchent dans les parties organiques d'un piano. Le clavier est prompt et facile dans sa marche, et les touches obéissent sans difficulté à la plus légère comme à la plus lourde pression.

Outre ces améliorations, M. Mercier a eu l'heureuse idée de joindre à son piano une pédale, dont l'emploi est de diminuer le son à volonté et par gradation, de manière à produire au besoin des sons fantastiques, ou seulement à faire entendre des sons éloignés.

Nous invitons les amateurs à visiter les ateliers de M. Mercier ; ils y trouveront un choix varié de pianos, dont la supériorité atteste ses longues études et son expérience dans la fabrication de cet instrument.

N. 713. M. Le chevalier de LACOUX, impasse Cendrier, n. 1, breveté pour une harpe perfectionnée.

Cette harpe, à boîtes acoustiques doubles dans l'intérieur au niveau du tasseau, n'a sur ce tasseau, auquel la table d'harmonie est collée dans sa plus grande largeur, aucun métal qui enchaîne et détériore la vibration comme dans les autres harpes. Sa cuvette, fixée avec des vis sur une plainte extérieure, est armée du système des pédales, et laisse entièrement libre le tasscau ordinairement surchargé de fer et de ressorts. Par là, le son en est plus rond et plus facile ; les sons étouffés sont plus énergiques, et les sons harmoniques plus purs. Les ouvertures aux deux côtés extérieurs ajoutent encore à cet effet. Les pédales agissant par deux équerres renversés sont près de terre, et par leur vivacité et leur peu de mouvement, elles permettent le chromatique, et remplacent en grande partie le double et sourd mouvement dont les défauts jusqu'ici surpassent de beaucoup les avantages. Sur cette harpe, les cinq dernières cordes filées sont de belles contrebasses sans frisement ; sur le double mouvement, ces cinq dernières cordes pourraient être supprimées, puisqu'on les entend à peine, et qu'on ne peut les attaquer sans produire un son désagréable. Sur la première, la main gauche peut parcourir avec force les cordes près de la table ; quant à la seconde, on peut à peine y toucher à cet endroit sans faire friser toutes les cordes sur la double rondelle. En un mot, la harpe de M. de Lacoux, en diminuant de moitié la fatigue pour les mains, les pieds et la poitrine, double le talent par sa facilité, son égalité et ses beaux sons.

Les violons perfectionnés et guitares à boîtes acoustiques se trouvent, ainsi que les harpes, chez la dame Stelley, impasse Cendrier, n. 1, chaussée d'Antin.

N. 714. M. CERBELAUD, rue Saint-Lazare, n. 98.
Plus de Fumée.

C'est à juste titre que M. Cerbelaud a adopté pour devise ces mots : *plus de fumée*, puis qu'à force de recherches, de persévérance et de travail, il est arrivé à son but, non point à l'aide de machines compliquées et coûteuses, mais au moyen d'une appareil simple, d'un prix peu élevé et qui offre aux consommateurs une économie considérable dans l'emploi des combustibles.

M. Cerbelaud établit, également par un nouveau procédé, des appareils qui peuvent rivaliser avec tout ce qui a paru en ce genre jusqu'à ce jour. Ses foyers sont en fonte coulée ; une bûche en fonte et résistant à l'action du feu, remplace une bûche de derrière: L'air froid du dehors s'échauffe dans cette bûche de fonte, et de là se répand dans l'appartement au moyen de bouches de chaleur.

On trouve dans les magasins de M. Cerbelaud un grand assortiment de cheminées garnies en faïence blanche ou peinte et imitant les plus beaux marbres. Ces cheminées, bien que très-remarquables par leur élégance et leur solidité, peuvent être livrées à des prix très-modiques.

N. 717. M. PETITE-PIERRE, rue du Four-Saint-Germain, n. 28.

Le tableau d'ornemens calligraphiques exposé par M. Petite-Pierre, ne restera pas inaperçu dans l'exposition. Ce travail, en grande partie à la main et l'autre partie gravée, témoigne du talent de l'artiste.

N. 725. M. ROBIN-SCHMITD (Jean-Étienne), serrurier en bâtiment et mécanicien, porte Saint-Honoré, n. 2.

Cet exposant, qui a pour enseigne : *a la Caisse de sûreté*, fabrique des caisses et coffres-forts en fer, contre l'infraction et l'incendie, des serrures Brammal dites à pompe à petite clef perfectionnée, des cache-entrée à combinaison et à secret, des tournebroches à poids et à ressorts s'adaptant aux cuisinières. Il fait, en un mot, tout ce qui concerne son état aux prix les plus modérés.

N. 729 M. RATISSEAU, fabricant de couleurs, rue Traversière-Saint-Antoine, n. 28.

Diminuer et accélérer la main d'œuvre, tel était le problème à résoudre dans ce genre de fabrication comme dans beaucoup d'autres.

M. Ratisseau, après de longues recherches, est parvenu à exécuter des machines à cylindres propres à broyer les couleurs et à réduire en poudre la céruse avec une telle rapidité, que tout travail de main ne peut désormais rivaliser avec elles.

Les machines qu'il a exposées sont de différentes grandeurs et de différens prix.

La plus petite machine à cylindre, conduite par un jeune homme de douze à quinze ans, broie 150 livres de céruse par jour.

La seconde, plus forte et conduite également par un seul jeune homme, broye 250 livres de céruse par jour.

La troisième, à cylindre d'une plus grande dimension, et broyant également la céruse, en réduit en poudre 500 livres par jour, et n'est conduite que par un seul homme ; elle coûte de 1000 à 1200 fr.

N. 751. — M. BAINÉ (Pierre-Louis), exposant en 1827, propriétaire d'un grand atelier situé rue des Boulangers, n. 22, — Lits en fer de diverses formes.

Ces lits, outre leur solidité, sont encore le plus sûr préservatif contre toute espèce d'insectes. Leur avantage est depuis long-temps un fait incontestable, et les frais, jusqu'ici très-couteux, d'une première dépense, empêchaient seuls que l'usage n'en devînt plus général. Mais M. Bainé est parvenu, en diminuant la main d'œvre, à réduire le prix de confection à un taux qui les met à la portée de tout le monde.

Cet industriel expose aussi une cisaille par lui perfectionnée, (instrument pour couper les métaux) dont les lames sont d'acier fondu, soudées avec du fer. L'usage en est adopté par un grand nombre de quincailliers et de fabricans de Paris.

N° 754. — M. HUREZ (François), serrurier en bâtiment et fabricant de cheminées et poêles flamands, rue de Faubourg-Montmartre, n. 42.

Une cheminée flamande perfectionnée avec bouches de chaleur, pour y brûler du charbon de terre et du bois, prix : 240 fr.

Un poêle flamand également perfectionné avec réservoir d'eau chaude, prix : 120 fr.

Un poêle rond, très-bien travaillé, tout en tôle vernie au feu, avec bouches de chaleur, convenant parfaitement à un cafe, prix : 200 fr.

Une cheminée-poêle, en marbre bleu turquain et parfaitement confectionnée, prix : 220 fr.

N° 775. — M. FICHET, rue Rameau, n. 5, serrurier, mécanicien-intérieur de la Bibliothèque royale, depuis le vol des médailles ; breveté pour les divers objets d'invention et d'amélioration relatifs à son état et dont voici la désignation :
1° Une serrure de sécurité parfaitement incrochetable et sans secret. Toute tentative d'effraction, soit avec fausses clés, soit avec crochets ou rossignols, ne fait que refermer davantage la serrure. Après cette tentative, le propriétaire peut, avec sa clef,

l'ouvrir sans le moindre effort et sans le secours d'un serrurier, Ce moyen s'emploie pour toute sorte de fermeture. Chaque serrure de porte d'entrée de six pouces vaut 50 fr., mise en place, gache et entrée comprises. M. Fichet se rend garant de ses serrures, pour leur durée de 10 années consécutives sans altération par l'usure ;

2° Serrure à petite clé que l'exposant a perfectionnée au point de faire des clés aussi petites que l'on peut désirer, et de beaucoup supérieures aux serrures à pompe. Le prix est de 70 fr. pour les portes d'entrée, et de 40 fr. au moins ;

3° Un coffre-fort sans les vis apparentes, réunissant dans l'intérieur un coffre, propre à recevoir l'argent en espèces dans des sacs, et ayant une fermeture très-simple et invisible. Au-dessus se trouvent deux tablettes pour recevoir les espèces comptées et les papiers précieux. La porte principale est garnie d'une serrure invisible et fermée par une nouvelle serrure de son invention, et vraiment curieuse. Elle réunit quinze moteurs de sûreté, inaccessibles à la fausse clé, et lors même que le propriétaire le désire, elle résiste à la véritable clé. Par le même tour de clé, elle fait mouvoir six verroux de sûreté agissant par un mécanisme invisible ; au milieu de la porte à l'extérieur, se trouve une quadrature à combinaisons d'un nouveau système, fesant à la fois mouvoir le cache-entrée de la serrure et condamnant toute la fermeture. Ce coffre peut-être confectionné avec une fermeture plus ou moins compliquée pour le prix de 800 à 2,000 fr. ;

4° Une cheminée dans laquelle M. Fichet a fait un nouveau tourne-broche qui est mû par le feu. Il est composé de deux pièces principales et marche toujours à volonté, sans avoir besoin d'être remonté. Il a aussi l'avantage d'empêcher les cheminées de fumer. Ce tourne-broche vaut de 120 à 150 francs, selon qu'il exige plus ou moins de travail pour être adapté à la cheminée ;

5° Sur la même cheminée se trouve exposé un nouveau tourne-broche à contre-poids, pouvant être remonté sans manivelle, et se posant le plus simplement possible sans corde ni poulie ; le mécanisme étant enfermé, ne craint pas d'être sali ou altéré par la poussière, et par un poids de 10 liv. il fait marcher 50 liv. de viande ; tout posé il vaut 100 fr.;

6° Deux broches à rôtir, dont le nouveau procédé dispense de percer les morceaux que l'on veut préparer à faire rôtir. Ces broches valent 40 fr. pièce;

7° Une nouvelle cisaille servant à découper la tôle, et la coupant sans faire des ébarbures. Elle se vendra, son établi compris, 200 fr.

8° Une mécanique, servant à faire mouvoir deux forts soufflets de fondeur par un seul homme, assis sur un siége, et le vent des soufflets toujours égal sans interruption; cette mécanique semblable au modèle vaut 700 fr.;

9° Une mécanique, servant au soudage des mines et des puits artésiens, faisant percer la pierre par échappement, et propre à enlever les barres et à les descendre à volonté, procurant de plus le moyen de dégréner l'engrenage pour faire marcher un mouton au besoin. Cette mécanique est du prix de 650 fr.;

10° Tous les outils de sondage perfectionnés, les ajustemens avec deux barres et les arrache-sondes, valent, le tout ensemble, 1 fr. 25 c. la liv.

M. Fichet annonce au public, qu'il s'occupe de perfectionner une autre mécanique servant à hacher la viande de charcuterie : cet instrument aura le double avantage de ne pas faire de bruit et de ne pas hacher le bois avec la viande ; enfin M. Fichet espère, avant la fin de l'exposition, avoir terminé une machine de son invention, qui serait d'un grand secours contre les malfaiteurs; c'est une serrure composée de telle sorte que lorsqu'on voudrait l'ouvrir furtivement, elle produirait à l'instant le *cri au voleur! au voleur!* avec une telle force, que ce cri donnerait aussitôt l'éveil à toute une maison.

N. 757. — M. ARNOULT, facteur de pianos, rue du Paon, n. 1, s'est efforcé de faire disparaître quelques-unes des imperfections de cet instrument, imperfections auxquelles les plus célèbres facteurs n'ont pu remédier jusqu'à ce jour,

Le modèle que M. Arnoult offre aux regards du public, présente trois améliorations notables :

1° Toutes les cordes y sont homogènes, afin de conserver à l'instrument son accord:

2° Une barre se trouve placée dans le sens du tirage, afin de résister à l'action même de ce tirage;

3° Les fonds de l'instrument sont faits à jour sans nuire à la solidité, afin que les sons puissent pénétrer avec une égale pureté dans toutes les parties de l'appartement.

N. 740. — M. TRIEBERT, facteur d'instrumens à vent, rue Dauphine, n. 26.

M. Triebert, en 1827, fit un baryton ou hautbois ténor, qui a les avantages du hautbois ordinaire, puisqu'il n'exige pas d'études particulières pour l'artiste qui connaît le hautbois ou le cor anglais. Il obtint alors à l'exposition une médaille de bronze ; cette année, il expose deux cors anglais (hautbois alto), instrument peu connu, il y a quelques années, et notablement perfectionné par M. Triebert.

On remarquera aussi quatre hautbois de divers genres et de systèmes différens, dont l'un est fabriqué d'après une nouvelle méthode, et les clés sont placées de manière à rendre l'exécution plus complète et plus sûre. Ces instrumens ont été fournis à l'école de musique par M. Triebert.

N° 749. — M. GUIRAUD, vitrier et peintre en bâtimens, rue Marsollier, n. 5, près la rue Neuve-des-Petits-Champs, place du théâtre.

Panneaux, genre gothique, de 4 pieds 4 pouces de haut sur 2 pieds 4 pouces de large, en verres de couleurs unis, variés, à l'usage des églises, pavillons, boudoirs, etc., exposés comme exécution de *mise en plomb*, remarquable par le remplissage en incrustation isolée formant le millésime de la rosace milieu dans 5 pouces de diamètre et de ceux des ogives dans les verres dépolis.

Croix d'honneur de l'imposte dans un panneau, façon *borne*, de 2 pieds de haut sur 12 pieds 4 pouces de large à double remplissage au milieu avec couronne en feuille de lauriers et nœuds de rubans.

M. Guiraud se charge de faire la mise en plomb selon la demande ou sur dessin donné.

N. 754. --- MM. CHÉNARD frères, chapeliers, rue Sainte-Avoie, n. 42. --- Chapeaux feutre ras poil sur toile imperméable.

Jusqu'à présent, on n'avait pas cru possible de faire en feutre des chapeaux ras poil, avec beaucoup d'éclat; ceux qui sortent des fabriques de Lyon et de Paris de MM. Chénard frères, ont, avec un noir et un brillant supérieurs aux chapeaux en soie, le poil aussi court que du velours, et pour remédier aux inconvéniens qu'on reprochait aux chapeaux de feutre, ces fabricans ont substitué une toile imperméable à l'apprêt qu'on mettait en tête; de cette manière le feutre étant pur de toute substance résineuse, se conserve très-long-temps sans se ronger et s'use comme un bon drap sans blanchir dans les endroits où le poil peut être enlevé par un accident quelconque.

Le chapeau sans apprêt, aussi poil ras, est tel qu'il sort des mains de l'ouvrier fouleur. Les connaisseurs apprécieront les difficultés de fabrication qui ont été surmontées, et remarqueront la finesse du poil et son peu de longueur, qui le rend semblable au velours.

N. 756. M. FRINCKEN, facteur de pianos; rue des Fossés-St-Germain-l'Auxerrois, n. 28.

Ce fabricant expose un piano carré à six octaves en bois de palissande; les perfectionnemens qu'il a apportés dans le mécanisme de cet instrument ont surtout pour résultat de rendre les sons plus forts et plus énergiques.

Il fabrique toute espèce de Pianos.

N. 763. — Madame RONDET, sage-femme jurée; auteur de la Pompe-Laryngienne et des Pessaires élastiques, en caoutchouc pur, rue Beaubourg, n. 52.

M. le professeur Moreau, dans un rapport fait le 9 février 1830, à l'Académie de médecine, avec deux autres célèbres professeurs d'accouchement de la Faculté de Paris, s'exprimait en ces termes :

« Y a-t-il possibilité de fabriquer des pessaires plus parfaits que ceux de madame Rondet? et peut-on employer des substances qui offrent à un plus haut degré les qualités que nous demandons, savoir : la légèreté unie à la solidité, et l'élasticité jointe à l'imperméabilité? Ces quatre conditions nous paraissent, Messieurs, exister à un haut degré dans les pessaires soumis à votre examen.

» Madame Rondet n'emploie aucun tissu, aucune substance hétérogène, elle se sert de caoutchouc pur; cette dame a trouvé le moyen de donner à ce suc la forme et l'épaisseur qu'elle désire. Elle place dans l'intérieur de ses pessaires un ressort très-mince d'acier, parfaitement trempé, qu'elle entoure d'une certaine quantité de crins; elle recouvre le tout d'une enveloppe plus ou moins épaisse de caoutchouc, sur lequel elle applique une couche de vernis.

» En résumé, quoique les pessaires à la façon de Bernard, et connus sous le nom de pessaires en gomme élastique, soient en général de bons instrumens, ceux qui vous sont présentés par madame Rondet paraissent à vos commissaires devoir leur être supérieurs, et par conséquent préférés;

» 1° A cause de la substance qui entre dans leur composition, et qui offre au plus haut degré les qualités requises pour assurer leur conservation dans l'intérieur de nos organes;

» 2° Parce qu'étant plus souples et plus élastiques, ils peuvent, lorsqu'ils cessent d'être comprimés, reprendre leurs formes aussi bien que les autres, sont d'une introduction plus facile pour les chirurgiens, et moins douloureuse pour les malades.

» En conséquence, Messieurs, nous avons l'honneur de proposer :

» 1° De remercier madame Rondet de la communication qu'elle a bien voulu vous faire;

» 2° D'ordonner le dépôt dans vos cabinets des pessaires qu'elle vous a offerts;

» 3° De l'engager à continuer ses essais, et à vous transmettre les observations qu'elle pourra recueillir sur l'usage de ses pessaires, et à vous faire connaître les modifications qu'elle croira utile de faire subir à leur fabrication.

» Enfin, Messieurs, nous ne saurions trop recommander à la bienveillance de l'Académie madame Rondet, qui mérite des encouragemens, tant pour le zèle qu'elle a apporté dans le perfectionnement de quelques instrumens de chirurgie, par exemple, du tube laryngien de Chaussier, et de ceux qu'elle soumet aujourd'hui à votre examen, que par les pertes qu'elle a éprouvées dans un naufrage, et le courage avec lequel elle a su lutter et lutte encore contre l'adversité. »

La Société de médecine pratique de Paris, sur le rapport de MM. Parent, Nauche, Rousseau et Berthelot, a aussi adressé des remerciemens à Mme Rondet pour les résultats avantageux obtenus par l'emploi de ses divers pessaires.

168

Quant à la pompe laryngienne, elle sert à insuffler l'air dans les poumons des nouveau-nés, lorsqu'ils naissent asphyxiés par une cause quelconque, ou que, faibles, ils respirent à peine. Un rapport a été fait, le 12 avril 1829, sur cet instrument, à l'Académie royale de médecine par MM. Dannyau, Baffos et Maingault, qui ont reconnu qu'il apportait de notables améliorations à celui inventé par M. Chaussier, et qui ont déclaré qu'ils le croyaient utile et même nécessaire dans tous les établissemens publics où l'on reçoit les femmes enceintes, et aux accoucheurs et sage-femmes qui se livrent à la pratique de l'art des accouchemens. Cette fois encore des remerciemens ont été votés par l'académie en l'honneur de madame Roudet.

N. 764. M. JULIENNE jeune, fabricant de porcelaines, rue du Bac, n. 50, au coin de la rue Saint-Dominique.

Les porcelaines exposées par M. Julienne se distinguent par leur blancheur et par le bon goût de ses ornemens. On remarque aussi ses fayences, ses cristaux et ses verreries et terre de Musigny.

Dans les envois pour les départemens, il se charge des emballages ; il loue des services pour les repas et les bals.

N. 770. — M. DESCHAMPS, sculpteur, fabrique de cartons-pâtes, rue de Chabrol, n. 14.

La matière que M. Deschamps emploie pour ses statues et ses ornemens, donne la facilité de reproduire en carton-pâte tout les objets qui forment l'ornement d'une maison. Les statues sont exécutées avec un rare bonheur, remplacent avantageusement les statues de pierres pour la dureté et le bon goût, et doivent produire un bon effet dans les salons. Les ateliers de M. Deschamps sont toujours garnis de tout ce qui peut orner un appartement, de corniches d'extérieur de monumens, de rosaces des fonds etc.

La diminution des prix donne à ce genre d'industrie une vogue toujours croissante.

N- 771. M. DAUTY, marchand d'estampes et imprimeur lithographe, rue Vivienne, n. 2. — *Géographie et lithographie*.

M. Dauty est éditeur du *Nouvel Atlas national de France*,

par départemens, arrondissemens et cantons, comprenant le nouveau tracé des routes royales et départementales, les canaux, les chemins de fer exécutés ou en cours d'exécution, avec l'indication des parties flottables et navigables des rivières, et d'un grand nombre de renseignemens statistiques. Cet atlas est dressé à l'échelle de 1/350,000, par Charle, géographe, au dépôt de la guerre ; par Darmet, chargé des travaux topographiques au ministère des affaires étrangères, et Grangez, au dépôt des ponts et chaussées, chargé des dernières rectifications, et des cartes particulières des colonies françaises, qui devront paraître en 1835.

L'ouvrage est imprimé sur une feuille grand raisin des Vosges.

Les 86 départemens sont terminés. Prix en noir. . . 32 fr.

Coloriés . . . . . 48 fr.

Chaque feuille séparée, en noir, 40 c., et en couleur, 60 c.

Cet ouvrage, résultat des plus nombreuses recherches, encouragé par les savans, compte le Roi, les ministères et les principales autorités de la France parmi ses souscripteurs, dont le nombre est considérable. La modicité de son prix et son exactitude le rendent indispensable à l'instruction et au commerce.

Le même éditeur publie un deuxième volume à cet ouvrage, sous le titre de *France historique, par départemens, ses vues, ses monumens, ses costumes et ses grands hommes,* dessinés d'après nature et lithographiés par nos premiers artistes, tels que Deroy, David, Villeneuve, Tirpenne, Desmaisons, Sorrieu, etc.

Chaque feuille, imprimée sur demi-Jésus vélin, ne contiendra qu'un même département ; la vue du chef-lieu et trois autres points les plus pittoresques, les costumes et le portrait d'un homme illustre.

Cent feuilles compléteront l'ouvrage.

Prix, 100 fr., et pour les souscripteurs, 75 fr.

Chaque département séparé, 1 fr.

N. 778. — M. DENIZET, rue Montmorency, n. 10, près la rue du Temple. Fabrique et magasin de bronzes argentés, dorés ou plaqués, articles d'églises, d'appartemens et de tables.

Cet industriel a trouvé le moyen de fabriquer à des prix très-modérés, des ornemens d'église dans le genre du beau bronze et de l'orfévrerie. Il a exposé les objets suivans :

1° Plusieurs chandeliers d'autel argentés et dorés, formant six différens modèles ;

2° Divers chandeliers acolytes également dorés ;

3° Plusieurs encensoirs de divers modèles, des astensoirs, des pieds de calice, des mod.les de bras pour autel, un reliquaire et une lampe.

4° Un grand cadelabre en bronze de six pieds huit pouces, socle en bois.

5° Une paire de réchauds de table, nouveau modèle, moitié plaqué moitié argenté.

6° Tous les articles de table et de salon sont en cuivre doré et argenté.

N. 784 M. CHARIÈRE, bottier ; passage Saint-Roch, n. 41, ci-devant boulevart Montmartre.

Depuis une dixaine d'années, M. Charrier confectionne des claques à ressorts dits mécaniques ; ces claques ont l'avantage de pouvoir être chaussés sans se baisser. Ils sont très-légers et ne paraissent pas être une double chaussure. (Prix : de 25 à 30 f. la paire.)

N. 785. M. BESNIER DU CHAUSSAIS, d'Avranches, chevalier de la Légion-d'Honneur, déjà breveté pour les voitures tricycles, et M. POISSANT DE BERNAVILLE, tous deux inventeurs du *Pétrin mécanique avec blutoir.*

L'art de la boulangerie est resté dans l'ornière de la routine ; le pain se fait toujours sans économie et avec beaucoup de temps, de peines et de fatigues pour les ouvriers ; la plupart des geindres sont épuisés, usés avant l'âge de quarante ans ; d'autres, plus courageux que sages, succombent et meurent jeunes, emportés par les maladies qu'ils contractent dans le métier de boulanger.

Avec le pétrin mécanique, on fabrique la plus belle pâte possible, sans fatigue pour les ouvriers : on obtient plus de produit et l'on dépense beaucoup moins de temps.

Les deux modèles exposés, dont l'un a été admis par le jury de la Seine, et l'autre par le jury du Pas-de-Calais, sont de nouvelle invention, et laissent de beaucoup en arrière ceux connus jusqu'alors; ils sont d'une grande simplicité; ils occupent peu de place et peuvent être faits par toutes les fabriques, soit des particuliers, soit du boulanger, et à des prix fort modiques. Avec ces sortes de pétrins, on peut tamiser la farine à mesure qu'on la réduit en pâte, et par conséquent la purger de tout ce qu'elle contient de malpropre et d'impur. En dix minutes au plus, on obtient, sans y mettre la main, et avec la plus grande propreté, la meilleure pâte possible; les autres pétrisseurs mécaniques ne la produisent qu'au bout de trente minutes, et le travail manuel demande trois quarts d'heure au moins. Ces résultats sont attestés par une pratique de plus d'une année, acquise en plusieurs pays différens, où ces machines ont fait baisser le prix du pain; c'est ce que les exposans offrent de prouver par des certificats qu'ils ont entre leurs mains, et qui sont signés, des autorités locales et des principaux habitans.

N. 795. M. MONTIGNAC, inventeur des *Lignes* dites *Montignac*; rue St-Honoré, n. 414, à l'entresol.

Ces lignes sont d'une beauté et d'une solidité extraordinaires. Elles sont approuvées par les amateurs et reconnues par eux pour être supérieures à toutes les autres, même aux lignes anglaises. Elles ont le précieux avantage de ne point se *tordre*, se *détordre* ou *s'amollir à l'eau*. Elles sont sans nœuds; ont de 10 à 200 pieds de longueur, fines et grosses, et sont propres à toutes espèces de pêches, mais particulièrement celle de la *truite*, la *carpe*, la *perche*, le *brochet*, le *saumon*.

N. 801. M. FASBENDER, rue Saint-Denis n° 368. Breveté comme inventeur d'un garde-feu mécanique.

Ce garde-feu est composé de deux colonnes qui se placent latéralement devant chaque pilastre de la cheminée, et surmonté d'une galerie qui s'adapte à volonté, et qui s'agrandit suivant la longueur de chaque cheminée; cette galerie qui fait ornement au garde-feu a l'avantage tant désiré jusqu'alors, d'empêcher les enfans de tomber dans le foyer; en ouvrant ou en fermant le garde-feu, le tissu métallique rentre naturellement par moitié dans chaque colonne; il s'allonge à volonté et s'agraffe au milieu de la galerie;

172

les embasses des colonnes sont suffisamment lourdes pour qu'il soit impossible de les faire tomber.

Le seul dépôt est, Bazar de l'Industrie française, boulevard Montmartre n° 27.

N. 802. M. SIMON, naturaliste, à la *Fable du Corbeau*, ci-devant rue de Vaugirard, n. 9, actuellement rue de Tournon, n. 5.

Un cadre renfermant 25 oiseaux étrangers, groupés sur un arbre, appartenant à M. Franck Carré, substitut du procureur du Roi.

M. Simon, déjà très-avantageusement connu par la pose élégante et naturelle qu'il sait donner aux oiseaux, prévient mm. les amateurs qu'il continue de tenir, trois fois la samaine, son cours de préparations d'objets d'histoire naturelle.

N. 806. M. BERNARD fils (Albert), canonnier, rue de Grenelle, n. 156, au Gros-Caillou.

Canons de fusils dits Damas, *id. Rubans d'acier, id. Rubans de fer.*

Des épreuves faites en 1827, dans l'atelier de M. Bernard, en présence des porte-arquebuses de Charles X et du dauphin, ainsi que de MM. le prince de Solre, Blondel-d'Aubert, D'Auberville, Antheaulme, E. Parseval, D'Arboval, général Ernouf, et de MM. Armand, Deboubert, Lelyon, Baucheron, Pirmet, Autelet, Blanchard, Delebourse, Picherau, Delpire, Lefaure, Prélat, Pottet Delcusse, etc., arquebusiers à Paris, ont établi que les canons de la fabrication de M. Bernard fils avaient résisté à l'épreuve de charges poussées jusqu'à sept et huit fois la charge ordinaire, et qu'ils n'avaient crevé, sous l'effort de ces charges excessives, qu'après que leur tonnerre s'était d'abord enflé, sans céder à l'explosion. Un des canous de M. Bernard a supporté, dans ces épreuves, *quatorze* charges, et s'est seulement dessoudé sans éclat. Un autre, chargé à plusieurs reprises à double charge, avec des balles forcées, faisant le vide à différentes distances au-dessus des premières bourres, a résisté sans éprouver d'altération.

N. 814. — M. DRUGEAU-MAUCHER, rue Phélipaux, n. 127. — Incrustation de lacque.

M. Drugeau expose plusieurs articles de fantaisie qui ne sont pas sans mérite sous le rapport de l'exécution et de la variété des dessins. Les genres auxquels il s'est attaché sont anglais et chinois; tels sont par exemple ses guéridons, ses écrans, ses porte-carafes, ses encriers, ses porte-liqueurs, ses huilliers, ses plateaux et ses tabatières en carton. Il fait également tout ce qui concerne la nouveauté.

N. 815. M. ALAN-MIGOUT, chapelier, Champs-Elysées, n. 15.

Les chapeaux de ce fabricant ont été surtout admis à l'exposition de 1834, à cause de leur apprêt véritablement imperméable. Il les livre au public à raison de 15 fr., et fait la remise de 60 c. pour les deux courses d'Omnibus.

N. 816. M. CARON, lampiste, rue du Faubourg-Saint-Denis, n. 45.

Peu de parties ont été exploitées avec autant de succès que la partie des lampes; celle des frères Girard, qui a été plus ou moins bien perfectionnée et qui semblait être abandonnée, a cependant toujours existé. M. Caron, qui a dirigé pendant plusieurs années les ateliers de ce fabricant, est parvenu à faire disparaître quelques imperfections qui existaient encore dans cette lampe, et il la présente de nouveau à l'exposition comme ce qui a été fait de plus simple dans ce genre; les résultats de ces perfectionnemens sont tels, qu'on peut se passer du lampiste pour les nétoyer sans craindre d'y rien déranger, pouvant en extraire l'huile, et sont sous ce rapport très-commodes à expédier. Une instruction précise, donnée avec la lampe, indique la manière d'opérer ce nétoyage.

M. Caron se charge également de remettre en état les lampes dites Girard, et bien qu'elles datent de plus de vingt ans, leur forme est à peu près la même que celle d'aujourd'hui.

N° 822. — MM. GAFFÉ, frères, rue Marie-Stuart, n. 9, et rue
Pavée-Saint-Sauveur, n. 16.

Ces fabricans exposent des éponges préparées et de l'indigo soluble.

Jusqu'à présent, on avait surtout cherché dans l'indigo soluble des résultats productifs. MM. Gaffé ont suivi un autre système et ont voulu surtout y trouver des résultats supérieurs en qualité sans augmentation de prix. Il n'est que trop ordinaire que l'indigo présente une nuance altérée qui se rapproche plus ou moins du vert ou du violet; on remarquera, au contraire, que celui de MM. Gaffé produit une nuance claire, un bleu parfaitement pur.

N. 828. — M. GARNIER, lampiste, rue des Fossés-Saint-Germain-l'Auxerrois, n. 43, breveté pour son nouveau système élastique, calibre à la Dorlu.

Ce nouveau système, qui procure une remarquable intensité de lumière, rivalise avec les lampes mécaniques. L'extrême simplicité de construction garantit les lampes Garnier de tous dérangemens, en facilite le service, et permet de les livrer à un prix très-modéré.

On trouve chez M. Garnier un grand assortiment de lampes mécaniques, de lustres, candélabres, et tout ce qui se fait de beau dans la partie du lampiste.

N. 829. — M. CAVAILLÉ-COLL et fils, facteurs d'orgues,
rue Neuve-Saint-George, n. 14.

1° Un *poïkilorgue* (ou orgue varié), instrument de musique à clavier de quatre octaves et demi d'*ut* à *fa*, sur lequel l'exécutant peut à volonté filer les sons du pianissimo au fortissimo, par sauts ou d'une manière continue, et produire ainsi toutes les nuances d'expression indiquées dans l'art musical ;

2° Un *piano poïkilorgue*, ou piano augmenté d'un jeu de poïkilorgue, applicable à tous les systèmes de pianos. Cet instrument a été soumis à MM. de l'Institut, et a été l'objet d'un rapport favorable ;

5° Une collection de polyèdres réguliers développés en autant de pyramides régulières qu'ils ont de faces. — Objets de géométrie exécutés d'après un procédé mécanique qui permet de les faire sans tâtonner, avec la plus rigoureuse exactitude, et de livrer la collection entière pour un prix qui n'est pas le tiers de celui qu'ils ont coûté jusqu'à ce jour.

N° 832. M. LEMARE, quai Conti, n. 3. — *Caléfacteurs Lemare.*

Approuvés par l'académie des sciences, comme utilisant plus des neuf-dixièmes de la chaleur, et pour lesquels il a été décerné à l'inventeur, breveté de perfectionnement en 1831, 1835, une médaille d'argent en 1827, deux médailles d'or et un prix de 2500 fr. par la Société d'encouragement en 1853. Les principaux sont :

1° Caléfacteur-pot-au-feu, cuisant 7 plats y compris le rôti avec un ou deux sous de charbon, conservant aux viandes et aux légumes tout leur parfum;

2° Caléfacteur des bains, chauffant le linge et tenant en reserve de l'eau pour réchauffer le bain;

3° Caléfacteur des fermes pour bestiaux;

4° Caléfacteur-marin, caléfacteur-militaire, éminemment portatif;

5° Caléfacteur-alambic, pour essai des vins, pour distiller fleurs, etc.;

6° Caléfacteur-couvoir pour 20, 50, 100 œufs, etc., avec régulateur du feu. Prix : 45, 70 et 100 fr.;

7° Cafetières accélérées, se servant de réchaud, brevet de perfectionnement de dix ans (juin 1855.)

Pantothermes et aérothermes. — Deux brevets de dix ans ont été pris en 1853 et 1834, savoir : l'un pour les poêles et cheminées-pantothermes, c'est-à-dire utilisant presque toute la chaleur.

Le second pour les fours aérothermes, c'est-à-dire chauffés sans introduction de combustible, mais par l'air chaud seul qui entre dans le four, et le chauffe à 100, 200, 500 degrés, etc., à volonté.

Ces fours sont destinés à cuire le pain, à vaporiser les sirops, les sels, à chauffer les machines à vapeur, sans altérer ni le métal, ni les qualités des substances chauffées. Ce brevet a été pris en commun par MM. Janitel aîné et Lemare.

Ces divers objets se trouvent à Paris, dans le magasin des caléfacteurs, quai Conti, n. 5.

N° 837. — MM. BOBÉE, propriétaire, et LEMIRE, directeur associé d'un établissement de produits chimiques, bureau, cité Bergère, n. 1, à Paris.

Cet établissement fournit des produits chimiques préparés par l'acide pyroligneux provenant de la carbonisation du bois. Voici quels sont ceux de ces produits envoyés à l'exposition :

1° Créosote ;
2° Verdet, ou acétate de cuivre par précipitation ;
3° Cristaux de Vénus, ou acétate de cuivre ;
4° Vert métis, ou arsénite de cuivre ;
5° Acétate de plomb, ou sel de saturne ;
6° Pyrolignite de plomb ;
7° Acétate de potasse, ou terre foliée végétale ;
8° Acide acétique 40° de saturation ;
9° Acide acétique cristallisable 85° saturation ;
10° Acétate de fer ;
11° Idem, ou pyrolignite de fer 14° ;
12° Acide pyroligneux distillé ;
15° Acide pyroligneux brut ;
14° Viandes conservées par la Créosote.

N. 840. M. le docteur F. LE MOLT, de l'Accadémie royale de Médecine, directeur de l'*établissement des frictions électriques*, rue Saint-Honoré, n. 333, ci-devant place Vendôme.

Les appareils, machines et instrumens exposés par M. le docteur Le Molt, ne peuvent manquer d'exciter la curiosité et l'attention du public. On nous saura donc gré d'entrer ici dans des détails étendus sur le but et les avantages d'un établissement qui intéresse à un si haut degré la science et l'humanité, et que tous les corps savans ont honoré de leur suffrages. Voici l'extrait d'un rapport très-récent qui a été fait au nom de l'Académie de l'Industrie française :

« La commission s'est rendue dans l'établissement de M. Le Molt, consacré exclusivement au traitement des paralysies, des affections rhumatismales et invétérées par l'application de diverses méthodes d'électrisation qui sont propres à leur auteur, et a visité les nombreux appareils, machines, et instrumens variés qu'il renferme. M. Le Molt s'est empressé d'en donner la description, et de signaler les divers procédés à l'aide desquels le fluide électrique est appliqué à tous les parties du corps humain, sous toutes les formes et modifications convenables. La plupart de ces machines et des procédés ont reçu de M. Le Molt des perfectionnemens plus ou moins importans, et nous signalerons ici ceux qui nous ont paru les plus dignes de fixer votre attention :

» 1° L'instrument appelé *brosse électrique* repose sur la théorie des électrisations par influence. La forme diffère peu de celle d'une brosse à friction ordinaire. Un manche en verre sert à isoler l'opérateur du malade auquel l'agent électrique est transmis par la brosse, à l'aide d'un conducteur communiquant à une puissante machine. Le plateau de cette brosse, formé d'une substance isolante, est revêtu extérieurement et intérieurement de surfaces métalliques et d'une certaine quantité de pinceaux de poils de chèvre, servant à faire arriver le fluide à la personne mise en expérience, sous forme d'un arrosement lumineux, d'une manière égale, continue, sans intermittence, commotions ou étincelles, et de manière aussi à promener largement et dans toutes les directions les courans électriques. La brosse électrique de M. Le Molt offre donc une nouvelle et ingénieuse manière d'appliquer l'électricité;

» 2° Une machine à plateau, dite *négative*, dont les frottoirs, complétement isolés par des supports en verre, sont mis en communication avec le corps humain, auquel ils empruntent le fluide vitré ou le fluide résineux, suivant leur nature électromotrice;

» 3° Des *sondes électriques* de plusieurs formes, servant à porter le fluide électrique dans diverses cavités du corps;

» 4° L'appareil que M. Le Molt nomme *intermittent*, servant à graduer la commotion électrique. Remarquable par ses avantages et sa simplicité, de la forme d'un tube de verre de dix pouces de longueur sur six lignes de diamètre, sans garniture métallique extérieure, il peut, à l'aide d'une tige de rappel, acquérir la puissance d'une forte bouteille de Leyde, comme il peut aussi en fractionner la charge à volonté.

» 5° Le *masseur électrique*, communiquant l'électricité par le massage, au moyen de rondelles mobiles et largement échancrées, qui, agissant sur les tissus charnus, y déterminent tous les effets d'attraction et de pétrissement;

» 6° Les *projecteurs électriques*, consistant dans divers conducteurs métalliques à pointes mousses ou aiguës, renfermés dans des tubes isolans, servant à empêcher l'irradiation du fluide pour le faire arriver plus directement et par forme d'insufflation crépitante sur la partie du corps à laquelle on veut l'appliquer;

» 7° Une *fontaine de compression* à injection d'eau électrisée, pouvant transmettre le fluide par courant d'eau naturelle ou minérale;

» 8° Une machine électrique d'une dimension extraordinaire et d'une rare perfection. Son plateau en verre a 64 pouces de diamètre. C'est le plus puissant appareil électrique qui ait encore été construit. (Admis à l'exposition, il est placé dans le premier pavillon, sous le n. 840.)

» 9° Enfin nous ne devons pas oublier une machine électrique fort curieuse, portant le chiffre de *Benjamin Franklin*, et qui a appartenu à ce grand homme. Transportée en 1774 de Philadelphie à Londres, et depuis de Londres à Paris, elle est devenue la propriété de M. le Molt. Son plateau, de 29 pouces de diamètre, était à l'époque où elle a été construite, d'une très-rare dimension.

» M. le Molt s'est s'empressé de faire fonctionner tous ces appareils; et plusieurs des membres de la commission s'étant soumis à diverses expériences, ont éprouvé et apprécié les effets physiques annoncés par M. le Molt.

» L'établissement situé dans un des quartiers les plus riches et les mieux aérés de la capitale, ne laisse rien à désirer sous le rapport de la propreté, de la salubrité et de l'agrément. Guidé par un sentiment dont on ne saurait trop faire l'éloge, M. le Molt a aussi réservé dans son établissement un local spécial où des indigens participent gratuitement au bienfait d'une application thérapeutique recommandée par le suffrage des médecins les plus éclairés.

» Nous proposons :

» 1º D'adresser à M. Le Molt des éloges et encouragemens pour la création à grands frais d'un établissement qui manquait à la capitale, et qui offre aujourd'hui aux malades et aux nombreux médecins qui le fréquentent tous les moyens d'expérimentation et toutes les ressources d'application de l'agent électrique aux cas pathologiques et spéciaux auxquels il paraît réservé;

» 2º De décerner à ce physicien *une médaille d'or* pour l'invention de la *brosse électrique* et les perfectionnemens qu'il a fait subir à plusieurs autres appareils.

> *Signé :* Le doct. MÈGE, de l'acad. roy. de méd., *rapporteur;* le duc DE MONTMORENCY, présid. de l'Acad.; César Moreau, directeur; le gén. baron JUCHEREAU DE SAINT-DENIS, secrétaire; MALPEYRE, présid. du comité des manufac.; le docteur ANTOMARCHI; le docteur DANIEL DE SAINT-ANTOINE, etc., etc.;

Dont les conclusions ont été unanimement adoptées par l'Académie. Nous joignons à ce rapport l'extrait suivant d'une lettre adressée au ministre des travaux publics :

« .... Nous faisons des vœux bien sincères pour que le gouvernement reconnaisse l'importance des services que M. Le Molt rend chaque jour à la science et à l'humanité. L'utilité de son établissement pour l'emploi de l'électricité est constatée par de nombreux succès; tous les praticiens sont à même de connaître et d'apprécier le zèle avec lequel il le dirige, les sacrifices qu'il a dû faire, et aussi le désintéressement dont il fait preuve chaque jour, puisqu'il procure les ressources et les procédés dont il dispose aux malheureux que nous lui recommandons.

« Signé : ROUX, prof. à la fac. de méd., memb. de l'accad. des sciences, — baron Ant. DUBOIS, chir, ord. du roi; — FOUQUIER, prof. à la fac., méd. en chef de la charité; — MARJOLIN, prof. à la fac. méd. ord. du roi; — ORFILA, doyen de la faculté; — baron ALIBERT, prof. à la fac.; — MARC, premier méd. du roi; — Pierre AUVITY, méd. des enfans du roi, etc. »

M. le Molt n'ayant pas voulu s'exposer à ce que des imitateurs compromissent la réputation et les succès de sa découverte, s'est réservé d'en diriger exclusivement l'application par l'obtention d'un brevet d'invention et de perfectionnement de dix années, tant pour sa méthode des frictions électriques que pour les appareils dont il est l'inventeur. De cette manière, il a mis sa responsabilité à l'abri de tout reproche, et a prévenu les dangers

180

qui seraient infailliblement résultés du défaut d'habitude et d'expérience de ceux qui auraient été tentés de faire usage d'un moyen curatif dont l'emploi réclame autant d'habileté que de discrétion, « avantages, dit le rapport de l'Académie Royale de médecine, que l'on est certain de rencontrer dans le vaste établissement de M. Le Molt, où sont rassemblées à grands frais tous les moyens d'expérimentation, et où jamais l'électricité n'est administrée que d'après l'ordonnance d'un médecin. »

N. 851. — M. GRANDJEAN, rue Montmartre, n. 63, passage aux Anes.

M. Grandjean est l'inventeur d'une caisse destinée à faire partie d'une musique militaire; elle produit des sons sonores et harmonieux ; elle est construite en bois debout et peut par ce moyen supporter toute aspèce de tirage sans crainte d'être refoulée. Il fabrique également des étuis à chapeaux pour hommes d'après les mêmes procédés; ils sont revêtus d'une toile imperméable et fermés d'une sorte de cadenas.

N. 866. M. PELZ, fabricant d'ébénisterie en tous genres, cour de la Juiverie, n. 10.

Par un procédé nouveau, M. Pelz est parvenu à remplacer avec succès les garnitures en cuivre, qui décorent les meubles ; son travail, que chacun peut apprécier en examinant les deux meubles qu'il expose, a sur la dorure, l'avantage de ne point changer avec le temps et de ne point conserver de malpropreté.

Il a donné à son procédé le nom d'incrustation ombrée.

N. 868. Mesdames KESLER et BARNES, fabricans de meubles chinois, magasin rue de la Madeleine, n. 15 bis.

Elles ont été admises à l'exposition de 1834 pour les objets suivans :

Une couchette, un secrétaire, une commode, une grande table, une petite table à ouvrage en carton, et plusieurs plateaux aussi en carton.

On trouvera dans leur magasin un assortiment complet de meubles et objets de fantaisie en carton peint et doré à la chinoise, le tout à juste prix. Elles font des envois en province et à l'étranger.

N. 871. M. CHAMOROY, marchand quincaillier, successeur de son beau-père, à la Clef d'or; quai de la Mégisserie, dit de la Féraille, n. 28.

M. Chamoroy a exposé :

Un lit en fer fondu dont le prix peut varier depuis 40 fr. jusqu'à 200.

Un banc de jardin, fer fondu ;

Un tabouret rond, fer fondu ;

Une cheminée en fonte, à foyer mobile ;

Des balustres pour composition de balcons ;

Des ornemens en fonte, des châssis de couche pour jardin, des châssis de caisse.

Il se charge d'exécuter sur les dessins communiqués toutes espèces d'objets en fonte; il tient un assortiment de cheminées en fonte, tôle, marbre; poêles en fonte avec four pour bois et charbon de terre, fondus sur des modèles de son invention.

N. 881. — M. GALIBERT, lampiste, rue Neuve-Saint-Augustin, n. 34.

Ce fabricant expose :

1. Une lampe mécanique de son invention destinée à remplacer les lampes-Carcel et fondée à peu près sur le même principe.

2. Deux pompes placées à angle droit, de sorte que lorsqu'un des pistons est à la fin de sa course et produit le minimum d'effet, l'autre est au milieu de la sienne et produit son maximum d'effet; ils donnent ainsi un jet d'huile continu, avantage que ne présentent pas les lampes Carcel, qui ont des intermittences dans l'ascension de l'huile. Les pistons des pompes portent au bout de leur tige un rectangle dans lequel se meut une manivelle qui leur communique ainsi un mouvement de va et vient. La manivelle reçoit elle-même son mouvement d'un barillet mu par un ressort et engrenant avec un pignon placé sur l'arbre de cette manivelle : la disposition des pompes est telle qu'on peut supprimer le volant et tous les petits rouages si fragiles nécessaires aux lampes Carcel et aux autres lampes mécaniques; c'est ce qui simplifie beaucoup leur mécanisme, les rend susceptibles d'être visitées et réparées avec la plus grande facilité, et permet de les établir et de les livrer au public

à des prix moins élevés. En outre l'ascension de l'huile par un jet continu donne l'éclat le plus vif à leur lumière, comme il est facile de s'en assurer en allant les voir brûler chez l'inventeur.

N. 882. — M. Alexandre FERRIER, boulevart Montmartre, n. 14, breveté comme inventeur du télégraphe de jour et de nuit.

Ce télégraphe, que chacun a pu voir manœuvrer à Paris, sur le boulevard Montmartre, faisait partie d'une ligne télégraphique qui a fonctionné près d'un an, avec succès, entre Paris et Rouen. L'auteur, ayant voulu appliquer son invention aux communications du commerce et du public, une opposition de la part du gouvernement en suspend en ce moment l'exercice.

Depuis l'établissement en France du télégraphe de Chappe, beaucoup d'autres ont été proposés pour suppléer au système de nuit qui lui manque; celui de M. Ferrier est le seul qui ait soutenu l'expérience d'une ligne de quelque étendue.

N. 891. — M. ANIEL, parqueteur-rampiste, faubourg Saint-Denis, n. 84.

M. Aniel a exposé des modèles d'escaliers et de parquets de fantaisie d'une très-belle exécution; ces parquets, faits sur de nouveaux modèles, peuvent, par leur bon marché, remplacer le carreau. On remarquera encore des armoires à trois corps, à colonnes torses, et ouvrant sur les côtés.

Dans le rapport du Jury central de 1827, M. Aniel fut cité avec éloge.

N° 892. M. MARCHAND, fabricant de bijoux en jais, rue Michel-le-Comte, n. 25.

Déjà mentionné en 1827, pour la solidité et la belle exécution de sa bijouterie en jais, M. Marchand a atteint en ce genre toute la perfection qu'on peut désirer. Ses produits vraiment remarquables par l'élégance de leur confection et l'agréable diversité de leurs formes, ne peuvent certainement manquer de fixer de nouveau l'attention des amateurs.

N. 902. MM. SABATIER Père et Fils, couteliers, rue St-Honoré n. 84, près celle du Four, en face celle l'Arbre-Sec, *a la main.*

Parmi les divers ouvrages de coutellerie exposés par ces industriels, on remarquera des couteaux de cuisine, de table et de dessert, manches en ivoire et en ébène, et surtout des rasoirs garantis d'une bonne qualité, qu'ils peuvent livrer à 9 francs la douzaine. La plupart des articles qui sortent des magasins de messieurs Sabatier père et fils, sont fabriqués dans l'usine qu'ils possèdent à Thiers, département du Puy-de-Dôme, ce qui les met à même de livrer à un prix modéré des objets d'une qualité supérieure, et qui partout ailleurs seraient payés un prix beaucoup plus élevé.

On trouve dans les magasins de Sabatier père et fils un grand assortiment de coutellerie nouvelle et du meilleur goût : battes, couperets, hachoirs, lardoirs, couteaux de table et à découper, ciseaux de tailleurs et autres, canifs garnis en or et en argent.

N. 903. M. LÉON CHAPUT, fabricant de papiers, à Saint-Léonard (Haute-Vienne); dépôt à Paris, rue du Jardinet, n. 1. — Papiers carrés superfins à l'instar des n. 1 des Vosges, offrant au commerce, sur le cours de ceux-ci, un rabais de 20 p. 100.

Jusqu'à ce jour les papiers de Limoges n'étaient considérés, dans le commerce, que comme ayant une qualité secondaire, et n'avaient pu être employés en librairie pour les éditions de luxe; M. Léon Chaput est parvenu, par un nouveau procédé importé en Limousin, à assimiler ses produits aux plus beaux carrés fins des Vosges en blancheur et en qualité; malgré cette importante amélioration et l'augmentation continuelle du prix des matières premières, il offre encore aujourd'hui, aux imprimeurs et libraires, ses papiers à 10 francs.

N. 903. M. DELEUZE, rue Phelippeaux, n. 11 ; breveté d'invention pour des syphons ou vides Champagne, et pour des boutons à ressorts, qui tiennent sans boutonnières aux chemises.

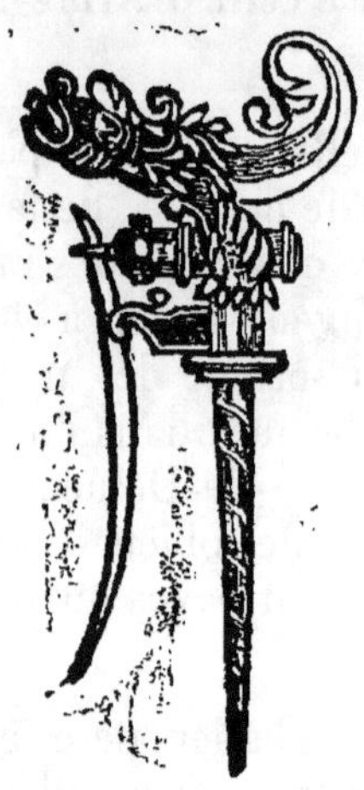 

La première de ces inventions ne peut manquer d'obtenir le suffrage des gourmets. A l'aide du syphon, instrument qui reçoit tous les embellissemens que le luxe commande, on évite les explosions de gaz, souvent fatales à la toilette des dames, ainsi que toute perte du liquide. Son mécanisme est très-ingénieux, et peut également servir pour les eaux gazeuses.

La seconde invention, qui a valu à M. Deleuze un brevet, n'est pas moins ingénieuse; c'est un bouton à ressort qui s'adapte à la chemise, sans aucune préparation et sans boutonnière. Ce nouveau genre de bouton, dont le mécanisme est simple et solide, pourrait s'adapter avec avantage aux gilets. Les dames surtout pourront tirer un grand parti de cette découverte.

N. 908. — M. CLAUDE RUGGIERI, artificier du roi, auteur des *Elémens de pyrotechnie*, de la *pyrotechnie militaire*, etc. rue de Clichy, n. 88.

Les découvertes modernes de la physique et de la chimie ont eu beaucoup d'influence sur les progrès de la pyrotechnie et lui ont fait éprouver depuis quarante ans des améliorations immenses qui ont passé presque innaperçues. Il y n'a pas plus de trente ans que l'on regardait encore les artifices produits par les Chinois comme très-supérieurs à ceux qui se fabriquent en Europe et comme une industrie entièrement perfectionnée par eux. M. Ruggieri père fut le premier en France qui fit remarquer (c'était en 1740) un commencement de progrès dans l'art des feux d'artifices; plus tard il inventa les pièces figurées, celles dont l'ensemble opère plusieurs changemens, ayant quelques formes différentes, et en 1770, au mariage de Louis XVI, il exécuta, concurremment avec Toré, les belles girandes qui furent tirées à Versailles et à Paris. En 1775 jusqu'en 1792, il fit des feux d'artifices un véritable spectacle qui excita de plus en plus la curiosité publique. Aux belles pièces qu'il inventa alors, il joignit des scènes pyrotechniques et animées. Depuis 1792, M. Ruggieri fils a continué les travaux de son père, et a dignement soutenu sa réputation; on peut même dire qu'il est parvenu à simplifier le travail, à l'améliorer et à le perfectionner.

Sans compter un très-grand nombre de pièces figurées qu'il a imaginées, les découvertes de la chimie moderne lui ont procuré le moyen de produire des feux de couleurs que ses prédécesseurs avaient ignorés. Il a étudié, observé, et il a découvert des principes invariables qu'il a livrés à la publicité. Mais, parmi le grand nombre de perfectionnemens dont cet art est redevable à M. Ruggieri, on regardera toujours comme le meilleur, *la fusée volante à baguette détonnante.*

Les pièces exposées aujourd'hui par M. Ruggieri sont le résultat de ses longues recherches et de ses travaux. Leurs qualités, leur effet exempt de tout accident, l'élégance et la propreté, les distinguent de tout ce que l'on a fait jusqu'à ce jour.

N. 912 M. HARDELET aîné, fabricant d'orfévrerie en doublé d'or et d'argent; à Paris, rue Notre-Dame-de-Nazareth, n. 29.

Cette maison, une des plus anciennes fabriques de plaqué, est dirigée depuis sept ans par M. Hardelet, et elle a pris sous sa direction des accroissemens considérables.

Dessinateur et élève des meilleures fabriques d'orfévrerie et de bronze, il est parvenu à donner à ses modèles, qui sont très-variés, une pureté de forme remarquable. Ses prix sont généralement assez modérés pous que les marchands-commissionnaires puissent acheter chez lui une grande partie des objets qui se fabriquent en ce genre. On trouve dans cet établissement des articles d'église exécutés d'après les meilleurs modèles d'orfévrerie.

186

N. 920. — M. JEUBERT, mécanicien, rue Saint-Denis, n. 376, breveté pour des perfectionnemens qu'il a apportés dans le mécanisme des lampes-Carcel, ainsi que des autres lampes mécaniques, et qui sont aussi applicables aux mouvemens d'horlogerie.

On a pu remarquer que les lampes mécaniques et assez souvent les lampes-Carcel elles-mêmes sont susceptibles d'éprouver une suspension subite dans la marche de leurs ressorts. Après plusieurs années d'essais et d'expériences et au moyen d'un procédé très-ingénieux, M. Jeubert est parvenu à éviter ce grave inconvénient ; dans ses lampes-Carcel perfectionnées et simplifiées, il n'y a plus de cause d'arrêt pour les mouvemens, plus d'intermittences pour les pompes. Elles sont toutes vendues à garantie.

N. 922. — M. Le docteur SARLANDIÈRE, inventeur du Cranomètre, rue de la Michodière, n. 2.

Cet instrument est destiné à mesurer la saillie ou l'enfoncement des diverses parties du crâne de l'homme, placées au-devant des localités du cerveau, que les phrénologistes regardent comme le siége des facultés affectives, morales et intellectuelles. Des chevilles, dont les tiges sont divisées en millimètres, correspondent à ces localités, et indiquent le degré de saillie ou de dépression relative de chacune ; le calcul qui en est fait donne le caractère et les dispositions naturelles de l'individu, à partir de l'idiotisme jusqu'à l'exagération d'organisation la plus complète : ce qui produit une appréciation mathématique, tandis que la simple *cranioscopie* ne procurait qu'une donnée approximative et toujours inexacte de l'ampleur du cerveau.

M. le docteur Sarlandière pense qu'à l'aide de cet instrument et des connaissances phrénologiques tirées de l'*idiosyncrasie* individuelle, on peut découvrir les penchans de l'homme fait, et calculer, en mesurant à des époques déterminées, la tête des jeunes sujets, les progrès que l'éducation fait faire à leurs facultés, leur incapacité ou leur aptitude dans telle ou telle science ; enfin le développement progressif de leurs dispositions intellectuelles, de leurs inclinations et de leurs sentimens.

N. 925. M. GARDET-HOYAU, rue de Montmorency, n° 4, au Marais.

On a tellement perfectionné la fabrication des fleurs en pains à cacheter, qu'elles égalent presque aujourd'hui celles faites avec la batiste, et certaines fleurs, les roses à cent feuilles, par exemple, les grenades, les œuillets, les renoncules, les jacinthes et caméléas, imitent, autant que possible, les fleurs naturelles. Ce sont des échantillons de fleurs à dessins qu'expose M. Gardet, et l'on reconnaîtra que les pains sont particulièrement soignés.

En 1827, cet exposant obtint une mention honorable, et déjà en l'an VII, la société des arts avait cité cette fabrique comme faisant aussi bien que les Anglais. Depuis ce temps, cette intéressante industrie a fait encore de grands progrès.

N. 927. M. MANTOUX, fabricant d'encre, rue du Paon, n. 1.

Les encres de M. Mantoux diffèrent principalement de celles en usage :

1° En ce que les procédés nouveaux employés pour leur fabrication permettent de les obtenir constamment de la même qualité ;

2° En ce que, par les proportions des substances qui les composent, elles réunissent le double avantage de la résistance à l'acidulation, et de la solidité dans le tirage, qualités bien distinctes et presque toujours confondues.

Ces qualités et la facilité de leur emploi, ont mérité l'approbation de la société d'encouragement, qui a décerné, le 25 décembre 1832, pour l'encre autographique, la seule de ces deux encres présentée au concours, une médaille d'or de première classe à M. Mantoux.

Quant au papier autographe, il ne laisse rien à désirer, tant pour la sûreté que pour la facilité avec lesquelles il permet d'effectuer les transports de l'écriture du papier sur la pierre.

N. 931. M. ANGRAND, rue Meslay, n. 61.

Quatre cadres contenant échantillons de papiers et bordures de fantaisie, deux panneaux, et des papiers et bordures pour tentures d'appartemens.

Cette fabrique a obtenu une mention honorable en 1802, ainsi qu'une médaille de bronze en 1825 et en 1827.

N. 955. M. PICARD (A.-A.-J.), ancien marchand orfèvre, demeurant à Bourg-la-Reine, n. 15.

Voici le détail des machines inventées et exécutées par cet exposant :

1° Indicateur propre à marquer à la bourse le cours du 5 p. 100, approuvé en 1824 par la société d'Encouragement pour l'industrie nationale.

2° Essai d'un autre procédé pouvant indiquer tous les cours des valeurs qui se crient à la bourse de Paris.

5° Modèle d'une machine pour élever toutes espèces de fardeaux par le moyen de l'équilibre appliqué à un mouton à battre le piloti, avec un nouveau procédé de déclin à roulettes n'employant jamais que la force d'un seul homme. .

4° Compteur de lieues marines pour indiquer la vitesse des vaisseaux et remplacer la table du lok.

5° Nouveau modèle de télégraphe donnant 1,000 signaux primitifs.

N. 958. — M. BRET, fabricant de peignes d'écaille en tous genres et de tabatières en écaillle, rue Grenétat, n. 16.

Ce fabricant a exposé des peignes d'écaille de toutes formes avec incrustation en or, en émail et ivoire. Ce n'est pas seulement en France qu'il est connu pour la bonne qualité de ses ouvrages ; il reçoit aussi beaucoup de demandes pour l'étranger.

N. 959. — M. PETIBON, graveur et fondeur, rue des Noyers, n. 8.

Collection de lettres et vignettes de fantaisie gravée par l'exposant en grosses lettres pour affiches, etc. ; composteurs pour relieurs faits d'après un nouveau procédé de son invention, de 20 à 50 et 55 francs.

M. Petibon se charge des gravures en relief.

N. 952 — MM. MORAND et SOCQUET, fabrique d'impression en relief, rue Saint-Honoré, n. 97.

Cette impression en relief, imitant la broderie, s'applique à tout ce qui concerne l'ameublement, aux tapis de tables de toutes dimensions, aux tables-jeu, aux tapis de pianos, aux canapés, divans, dormeuses, méridiennes, fauteuils, etc. Elle sert aussi pour les schales, les manteaux et les objets de fantaisie.

Les objets exposés par ces fabricans offrent la réunion de tout ce qu'il y a de plus nouveau dans ce genre.

N. 954. Mademoiselle MARTIN, graveur sur tous métaux, quai Voltaire n° 15.

Mademoiselle Martin qui depuis douze ans s'occupe de la partie de la gravure, a été admise à l'exposition non pour invention, mais pour perfectionnement dans le travail ; les objets qu'elle expose ont été exécutés par elle ; ils se composent de cachets à armoiries, de cachets à griffes, de cachets pour timbres secs, de boutons de livrées gravés sur acier, et d'armoiries faites au pinceau.

Mademoiselle Martin qui grave également le couvert, entreprend la gravure sur tous les métaux , à des prix très-modérés.

N. 966. MM. LEROY et Fils, horlogers, Palais-Royal n. 15.

Cette maison, presque aussi ancienne que l'horlogerie, et à laquelle cette industrie est redevable de tant d'heureuses découvertes, a conservé, par sa bonne exécution et ses progrès, la place élevée qu'elle a toujours occupée parmi les horlogers. Voici les objets qu'elle expose cette année et qui ne peuvent manquer d'exciter la curiosité publique :

1° Une montre de 24 lignes de large, dite *compteur*, ayant deux cadrans divisés en quarts de secondes, dont l'une marche toujours et l'autre arrête et repart à volonté ;

2° Répétition à cylindre en pierre avec huit trous, d'une très-belle exécution ;

3° Quatre montres simples avec cylindre en pierre, et huit trous également en pierre ;

4° Deux montres, échappemens à ancre dont les leviers et les trous sont en pierre et à balancier compensateur ;

5° Quatre petites montres, à une seule aiguille, cadran d'émail faisant montre à toct à volonté ;

6° Deux petites pendules dorées, l'une modèle grec et l'autre modèle corinthien ;

7° Une pendule portative à répétition et à réveil, boîte en cuivre, d'une forme gracieuse, et dont le mouvement est tout ce que l'on peut faire de mieux en horlogerie.

N. 975. M. DUBOURG (Olivier), rue Chapon, n. 6.
Fabrique de nécessaires.

En 1825, M. Dubourg fut cité honorablement par le jury central, et en 1827, la pendule et la corbeille de mariage en bois de Spa, qu'il avait exposées, furent achetées pour le mariage du prince de la Moscova.

Son exposition de cette année se compose de boîtes à ouvrage, de boîtes à lettres dans le genre gothique, de sacs d'un nouveau genre et de nécessaires de fantaisie. On confectionne dans ses ateliers des valises, des mallettes, des tassettes à secrets perdus, de son invention ; des boîtes à thé, des caves à odeurs, des corbeilles de mariage d'un genre nouveau. Il fabrique des portefeuilles en tous genres, et travaille beaucoup pour l'exportation.

N. 977. — M. CAMBRAY, mécanicien, rue Ménilmontant, n. 23, à Paris.

Voici d'abord l'état exact des objets exposés par cet habile mécanicien :

1° Une charrue fouilleuse, propre à buter les pommes de terre.
2° Une charrue araire d'Ecosse perfectionnée.
5° Une machine à broyer les graines oléagineuses.
4° Un hache-paille à tambour, à manége et à bras.
5° Une machine à broyer le noir animal.
6° Un tarrare perfectionné.

Maintenant nous croyons utile de faire connaître au public la nomenclature et le prix des machines et instrumens d'agriculture montés ou perfectionnés par M. Cambray :

1	Machines à battre le grain, force de quatre chevaux	800
2	Id. plus petites à bras	450
3	Manége pour un, deux, trois et quatre chevaux, depuis 500 f. jusqu'à	1,200
4	Moulin à meule de pierre de la Ferté-sous-Jouarre, depuis la force d'un cheval jusqu'à celle de trois chevaux, y compris le manége 1,500 f. 2,000 et	5,000.
5	Tarrare pour néto_er toutes espèces de grains, depuis 160 f. jusqu'à	180
6	Moulin à meule de fonte blanche avec ou sans bluterie 60 et	180

7 Machine à broyer les graines oléagineuses, à bras ou à manége, depuis 160 f. jusqu'à	700
8 Moulin à drège pour les brasseurs et propre à concasser toutes espèces de grains pour la nouriture des bestiaux, de 160 f. à	220
9 id. pour la force d'un cheval	500
10 Machine à broyer les fruits à cidre	180
11 Coupe-racine à tambour pour la nourriture des bestiaux 100 f. 120 et	150
12 Râpe à pommes de terre pour la force de deux hommes	280
13 Id. pour la force d'un homme	160
14 Id. avec cylindre en fonte avec le manége, de la force de deux chevaux	1,700
15 Hache-paille à tambour, à bras	160
16 Id. plus grand pour marcher au manége	250
17 Id. à levier	40
18 Id. à cisaille à croissant	25
19 Râpe à betterave, bâtis et cylindre en fonte pour la fabrication du sucre, dite Cambray	1,200
20 Machine *dite Cambray*, à broyer le noir animal, pour la force de deux chevaux	1,500
21 Id. pour la force d'un cheval	1,000
32 Id. pour la force de deux hommes	220
23 Machine à faire le sable pour les fondeurs en cuivre	450
24 Machine à écraser les pommes de terre cuites pour la nouriture des bestiaux	200
25 Moulin conique de M. Albert pour servir à alimenter un ménage	45
26 Bluteries de toutes dimensions, soit pour la farine, soit pour la fécule de pomme de terre, pour le noir animal et pour toutes choses susceptibles d'être blutées, depuis 150 f. jusqu'à	600
27 Calandre à repasser le linge	800
28 Barate à faire le beurre, de toutes dimensions de 25 à	70
29 Forte charrue, dite écossaise, pour le défrichement, avec avant-train	450
50 Id. sans avant-train	90
31 Charrue, dite américaine	80
32 Id. plus petite pour un cheval	65

53 Forte charrue, *dite Cambray*, propre à faire des
    fossés et à butter les pommes de terre   120
54 Charrue plus petite à butter les pommes de terre   60
55 Charrue, *dite Dombale*, en fonte, 60 f. 70 et   80
36 Charrue dite à la Granger, 130 et   140
57 Charrue dite Pluchet, 120 et   130
58 Charrue, dite à la Guillaume, avec avant-train   140
59   Id.   sans avant-train   60
40 Charrue à tourne-oreille, dite charrue de France,
    avec roulette   75
41 Petite charrue légère avec avant-train   115
42   Id.   sans avant-train   60
45 Extirpateur à cinq socs   80
44 Rayonneur à cinq socs   75
45 Scarificateur à cinq lames   75
46 Ratissoire pour les allées de parc, 60 et   80
47   Id.   à bras pour les jardins, 18 et   24
48 Houée à cheval, à soc mobile pour cultiver entre
    les planches en rayons   55
49 Machine à étaupiner les prairies   75
50 Semoirs à bras *dits Cambray*   80
51   Id.   plus simple   60
52 Herse à dents de fer de différentes dimensions de 70 à   140

On construit également dans les ateliers de M. Cambray, toutes espèces de machines en petit et en grand d'après des dessins communiqués.

N. 978. MM. CHOPIN et MELON, fabricans de lampes et bronzes, rue Saint-Denis, n. 374.

Cette maison, avantageusement connue depuis nombre d'années, vient soumttre au jugement des connaisseurs, un nouveau système d'éclairage qui, par son bon marché, ne peut manquer de fixer l'attention publique. Nous allons donner le détail des objets exposés par ces fabricans :

1. Lampes de suspension à mouvement d'horlogerie dite Carcel, portant douze becs sur deux plans et soixante-douze bougies disposées par six autour de chaque bec.

2. Un lustre orné de cristaux français à cent quatre-vingt-sept bougies et dix-huit becs de lampe Carcel ou autres.

3. Une lampe système Carcel, de suspension, portant six becs ;

on pourrait au besoin ajouter des bougies ; elle est d'une forme très-riche et d'un nouveau modèle.

4. Une lampe, même système que la précédente, mais à trois becs seulement.

5. Une lampe dite Carcel à un bec, pour billard ou salle à manger, avec son réflecteur en porcelaine et ornemens-estampes.

6. Des lampes de suspension à plusieurs becs avec régulateur, nouveau système plus économique et à niveau constant ; on peut introduire ce système dans des lampes antiques qui portent des becs extérieurs.

7. Un bougeoir Carcel avec garniture en cuivre, estampe, figure anglaise.

8. Une lampe à bouteille avec plusieurs becs, en cuivre estampé, genre anglais, avec chaînes et anneaux ronds, grelats estampés.

9. Une lampe à mouvement d'horlogerie, portée par trois figures ; elle peut au besoin servir de candelabre à bougie.

10. Le même modèle sans mouvement, candelabre à bougies.

11. Bougeoir dit Carcel avec garniture en cuivre estampé, nouveau modèle.

12. Plusieurs nouveaux modèles de lampes mécaniques à pied.

13. Lampe à tringle (dite de bureau) en cuivre estampé, nouveau système de bec et de niveau par un régulateur, formes diverses.

14. Une lampe à main dite veilleuse, estampée.

15. Un régulateur à gaz à compensation.

16. Une lampe nouvelle dite lampe de travail.

17. Une cafetière nouvelle appelée cafetière parisienne.

N. 983. M. GROHÉ, ébéniste, rue de Grenelle-Saint-Germain n° 107.

Parmi les nouveaux genres de meubles, il faut placer les meubles égyptiens sortis des ateliers de M. Grohé ; sa commode, son secrétaire, et surtout son lit qui donne la facilité de changer le dossier à volonté, sont d'un très-bon goût ; ils sont en bois de palissandre incrusté de bois d'houx. On remarquera aussi un fauteuil de bureau et un autre fauteuil dont la coupe est empruntée au règne de François Iᵉʳ ; il est couvert d'une étoffe ornée de

13

dessins chinois. Citons encore une armoire et une commode également en bois de palissandre, mais dans le genre gothique; une
table en acajou de forme ovale de sept pieds sur huit pieds,
supportée sur trois pieds et dont le dessus, d'un seul morceau, est
peut-être ce qu'on a vu de plus grand dans ce genre.

N. 991. — M. ROUSSELET, mécanicien, rue de Sèvres,
n. 97; breveté comme inventeur d'une machine à imprimer
en caractères typographiques.

Ce mécanicien n'ayant pu exposer aux regards du public une
de ses machines, en a fait admettre les dessins, auxquels il a
joint des épreuves du résultat de l'impression.

Ces machines sont beaucoup plus grandes que celles connues
jusqu'à présent; elles tirent 5,000 exemplaires à l'heure et
n'emploient que deux formes. Avec une seule machine, on peut
obtenir le même tirage que celui de quatre presses mécaniques;
elles donnent de plus la facilité d'employer du papier d'un très-
grand format.

Les personnes qui voudront voir une de ces machines, pourront se présenter chez M. Béthune, imprimeur, rue de Vaugirard, n. 36.

N. 992. — M. LAURLYS, fabricant de cheminées, rue des
Filles-Dieu, n. 18.

Les cheminées exposées par ce fabricant sont de son invention. Faites en cuire bronzé, doré, argenté ou en bronze uni,
elles peuvent se coordonner avec les ameublemens les plus
riches. Elles se nettoient ou se remettent à neuf à volonté; elles
ont surtout l'avantage de ne chauffer l'appartement que selon le
le degré de chaleur qu'on désire.

Ce fabricant ne peut en fournir que sur commande et d'après
la grandeur de la cheminée du bâtiment; elles coûtent depuis
300 fr. jusqu'à 1,200 fr.

N. 1003. — MM. PERRELET, père et fils, horlogers, rue de
Rohan, n. 24; leur atelier rue St-Honoré, n. 108.

Parmi les horlogers qui se présentent cette année à l'exposition, M. Perrelet doit sans contredit occuper une des premières
places. Déjà en 1825, il a reçu une médaille d'argent pour une

horloge astronomique d'une construction spéciale dans l'intérieur du mouvement et dans la disposition particulière du pendule compensateur. Cette pièce fut choisie et achetée pour la maison du roi. En 1827, M. Perrelet reçut du Jury central une récompense encore plus honorable. Une médaille d'or lui fut décernée pour un compteur de précision de son invention et pour un balancier de chronomètre, dont la compensation se fait sans lames composées et sans coupures à sa circonférence.

L'Académie des sciences, dans sa séance publique de 1830, a décerné à M. Perrelet une médaille d'or en considération de l'effet entièrement neuf de son compteur, pour lequel MM. Perrelet père et fils sont brevetés.

M. Perrelet père, qui depuis trente-cinq ans professe l'enseignement et dans ce moment donne ses soins à dix élèves, n'espère pas terminer assez à temps plusieurs pièces qu'il se proposait de soumettre au Jury. Parmi celles qu'il a exposées, on remarquera des montres chronomètres portatives, des pièces de démonstration, et différens instrumens qui sont faits en entier dans son atelier.

N. 1010. M. JACOB aîné, horloger, boulevart Montmartre n. 1.

M. Jacob s'occupe spécialement de la haute horlogerie; son exposition n'est donc composée que de pièces de précision, savoir :

1° Trois régulateurs marchant une année sans être remontés : on remarque dans le premier un pendule compensateur de l'invention de M. Jacob, dont la compensation peut se régler aussi facilement que l'avance ou le retard d'une pendule ordinaire. Cet ouvrage a été l'objet d'un rapport à la société d'encouragement en 1835.

2° Régulateur portant un baromètre et deux thermomètres, ce qui en fait un meuble complet de cabinet;

3° Modèle de *régulateur*, de la souscription à 600 fr., ouverte par M. Jacob, et à laquelle Sa Majesté a bien voulu s'intéresser, ainsi que le ministre des travaux publics et un grand nombre de personnages élevés. Les savans les plus distingués considèrent comme un important service rendu à l'horlogerie de pouvoir livrer des instrumens d'une si grande utilité, à un prix si modéré, comparativement à ce qu'ils coûtaient auparavant.

4° Montres à secondes indépendantes, à l'usage de tous les

observateurs astronomes, physiciens, médecins, etc., de l'invention de M. Jacob; après avoir été arrêtée, puis remise en marche, *l'aiguille* des secondes de cette montre va reprendre la place qu'elle aurait occupée si elle n'avait pas cessé de marcher; le mécanisme à l'aide duquel il obtient ce résultat est si simple, qu'on peut l'appliquer à toutes les montres à secondes ordinaires déjà établies. Un rapport favorable a été fait sur ces montres à la société d'encouragement en juillet 1830;

5° Chronomètres à l'usage de la marine;

6° Chronomètres de poche de la plus petite dimension,

N. 1015. M. BAUDRY, fabricant d'ébénisterie, rue Neuve-Saint-Roch, n. 10, ci-devant rue du Faubourg-Saint-Antoine, n. 123; tenant aussi un magasin de meubles, place de Rivoli, n. 1, a exposé

1° Pour chambre à coucher, une commode en bois de palissandre, forme gothique, qui réunira, par ses incrustations, les modèles les plus riches de nos antiquités de France;

2° Un secrétaire, un lit et une armoire dans le même genre et de la même richesse.

N. 1017. — MM. BAVOZET frères et sœur, fondeurs, fabricants de bronze, rue Neuve-Saint-Etienne-Bonne-Nouvelle, n. 15 à Paris.

Les deux bronzes-pendules, exposés par ces fabricants, représentent l'un, le magnifique portail de l'église métropolitaine de Reims; et l'autre, le superbe portail de la calende de la cathédrale de Rouen.

La cathédrale de Reims, ce chef-d'œuvre du genre monumental, est établi sur les proportions d'un 150° de l'édifice; tous les détails d'architecture et de sculpture qui font de cette église une des plus belles basiliques de France, ont été reproduits avec une vérité parfaite. Les amis des arts sauront gré à MM. Bavozet d'avoir conservé à la postérité, un monument auquel se rattachent tant de souvenirs, monument précieux échappé comme par miracle aux désordres de 93, et qui chaque jour cède aux efforts destructeurs du temps.

La seconde de ces deux pièces, le portail de la calende de la cathédrale de Rouen, a été exécutée avec les mêmes soins et avec la même vérité de proportion et de détail de sculpture et d'architecture, que le portail de la cathédrale de Reims.

Le genre spécial de cette maison, est la fabrication de bronze pour pendules. Les frères Bavozet se sont particulièrement adonnés au genre monumental; on leur doit plusieurs modèles dans lesquels ils ont reproduit avec un rare bonheur la richesse et la délicatesse de détails des édifices gothiques.

N. 1020. M. SERVAIS, de Spa, peintre-fabricant, rue d'Enghien, n. 14, a exposé des échantillons de petits meubles et de divers objets dits de *Spa*.

Sa manière de peindre est très-avantageuse, grâce surtout au beau vernis de Spa qu'il a perfectionné et qu'il emploie avec une notable supériorité. C'est un établissement très-favorable aux marchands, aux commissionnaires et aux amateurs qui peignent eux-mêmes, il leur prépare tous ces objets pour tous les genres de peinture et il vernit tous les ouvrages avec le plus grand soin.

N. 1022. — Mlle HERSENT, rue Chanoinesse, n. 8.

La jolie table à ouvrage, exposée sous le n° 1022, a été peinte par une jeune artiste, que nous recommandons particulièrement a celles de nos élégantes qui aiment à employer utilement leurs loisirs. Ce genre de peinture, nommé peinture orientale, s'apprend très-facilement et en peu de leçons. Pour arriver à confectionner des ouvrages aussi jolis que ceux livrés par Mlle Hersent à l'appréciation du public, une connaissance préliminaire du dessin n'est pas nécessaire. On remarquera que le pinceau pourrait difficilement produire des tons aussi purs, des contours aussi moelleux, des ombres aussi bien senties.

Mlle Hersent désire des élèves; elle ne peut manquer d'en avoir après l'exposition de 1834.

N. 1025. M. DUTERTRE, lithographe, ex-associé de Félix Leray, ci-devant rue de Belle-Chasse, n. 5, présentement rue Popincourt, n. 12.

M. Dutertre est le premier qui a réussi à utiliser la lithographie pour les papiers de tentures. Il expose un paysage pour tentures destiné à orner les plus beaux appartemens, et qui représente des chasses diverses, dessinées par les premiers artistes de la capitale. Ce paysage, le seul qui existe, et dont il est l'auteur, s'exécute en couleur noire imitant la gravure; il est également d'un bon effet en couleur seppia, en gouache ou en peinture à l'huile. On trouve chez lui un grand assortiment de devans de cheminées, à différens prix.

Il fait des envois dans les îles.

N. 1026. M. CHEVALLIER et Comp., quai Valmy, n. 28 bis, près le canal Saint-Martin, au coin de la rue du Temple.

Pierres lithographiques.

Cette maison, dont le dépôt est chez M. Mattoux, imprimeur lithographe, rue du Paon, n. 1, est propriétaire des carrières de Passy et de l'usine d'Argentenay (arrondissement de Tonnerre); elle offre au commerce des pierres lithographiques françaises, qu'on peut avoir en plus grandes dimensions que celles des pierres de Munich. Le prix porté sur le tarif distribué à l'exposition, est de 50 pour 100 au-dessous de celles d'Allemagne. On peut graver également sur ces pierres des dessins reproduits comme des eaux fortes sur cuivre ou acier; elles donnent dix-huit à vingt mille de tirage.

N° 1036. — M. HENTZ, rue Folie-Méricourt, n. 28.

Les allumettes *à frottement* de M. Hentz sont ainsi dénommées, parce qu'un simple frottement entre le pli d'une carte préparée, suffit pour enflammer l'allumette et obtenir du feu; elles ont de plus l'avantage d'être très-portatives, car un simple portefeuille de 50 lignes contient les allumettes et le papier préparé. Ces allumettes sont noires et blanches; celles-ci sont pour l'usage ordinaire; les autres sont pour les fumeurs; elles ont l'avantage de brûler jusqu'à la fin sans faire de flamme et de résister au vent et à la pluie. On trouve aussi chez M. Hentz des briquets à ressort oxigènes à l'instar des briquets fumant.

N. 1042. MM. DE RAMACHARD et comp., rue Sainte Anne, n. 54, brevetés pour des garde-robes en appareils inodores.

Le service de ces garde-robes est on ne peut plus facile. Il suffit de l'impulsion donnée à un seul bouton, pour vider la cuvette et y faire jaillir la quantité d'eau nécessaire à son nettoiement.

Par un procédé qui vient d'être découvert tout récemment, ou a augmenté la capacité de la fosse de manière à n'en faire la vidange que deux fois par mois, sans répandre aucune odeur dans l'appartement. La maison Ramachard se charge de cette vidange, à raison de 1 franc par quinzaine.

Ils continuent toujours la fabrication de leurs appareils, les seuls qui garantissent véritablement de la mauvaise odeur.

N° 1043 — M. ACHARD et Comp°, rue du Renard-Saint-Sauveur, n. 11, établissement d'épuration des laines, crins, plumes, duvets, édredons, breveté pour les couchers et siéges du mobilier de la couronne, pour les châteaux royaux et l'infirmerie des gens du roi.

Cet établissement se fait remarquer par la supériorité de ses épurations, l'activité et les soins apportés à la confection et à la remise à neuf des objets de literies.

Les procédés employés ont le double et précieux avantage de ne laisser aucune odeur désagréable à la plume, et de rendre à la plus vieille l'éclat et le moelleux de la neuve ; la vieille laine reprend également sa moelleuse élasticité et la neuve entièrement dégagée de corps gras, d'odeur et de poussière, se conserve beaucoup plus long-temps par suite de l'épuration.

Cette compagnie a mérité la faveur d'être seule brevetée pour la conservation du mobilier de la couronne, pour l'épuration et la mise à neuf des couchers des châteaux royaux et de l'infirmerie des gens du roi, et elle justifie, sous tous les rapports, la confiance publique dont elle jouit.

N° 1052. M. MONGIN, rue des Juifs n. 11, fabricant de ressorts et de scies.

Les expositions de 1823 et 1827 ont valu à M. Mongin des médailles d'encouragement. Les scies de sa fabrication, avec lesquelles on peut tirer 25 feuilles par pouce, et autres de toutes dimensions ont surpassé, par leur qualité, celles déjà connues ; ses ressorts sont d'une force extraordinaire et s'emploient pour l'usage de diverses mécaniques. Il tient des racles pour indiennes, des aciers pour bandages et busc, le tout fabriqué par de nouveaux procédés.

Nº 1055. — M. HÉRARD DEVILIERS, peintre-décorateur, vernisseur, rue de Crussol, n. 1.

L'incrustation, bien que connue en France depuis long-temps pour l'usage des meubles, n'avait pas encore été appliquée à une foule d'objets de première nécessité et qui ne permettent point d'employer les moyens ordinaires; il a donc fallu créer un nouveau genre d'incrustation. M. Hérard-Devillers, après de longues recherches et de nombreux essais, est parvenu à fabriquer des objets en incrustation de lacque qui peuvent remplacer avec avantage les lacques de Chine; ces ouvrages, dont l'incrustation fait tout le mérite, se recommandent par la variété des sujets, le bon goût et la fraîcheur des dessins.

M. Hérard Deviliers expose une table à déjeuner d'une grande dimension avec douze sujets différens; une très-belle corbeille de mariage avec incrustation d'un genre nouveau et différens petits objets en incrustation de nacre, tels que des dessus de brosses, des claquettes, des albums et des dessus de soufflets. Le genre de M. Hérard Deviliers peut s'appliquer, comme on le voit, sur toute espèce de matières. La modicité de ses prix met sa découverte à la portée de la petite propriété.

N. 1060. Madame LECOQ, MM. BAZIN et ANRÈS aîné, rue des Roziers, n. 34, au Marais. — Huile perfectionnée par M. Anrès aîné, pour l'horlogerie fine, la mécanique et les armes.

Cette huile, est-il dit dans le rapport de la Société d'Encouragement, ne contient pas de mucilage ni d'acide; sa pesanteur spécifique est moins considérable que celle de la meilleure huile fine. Sa pureté et sa limpidité sont supérieures à toutes les huiles qu'on a employées jusqu'à ce jour dans l'horlogerie fine et la mécanique.

Les certificats sur le mérite de cette huile, accordés par la société d'encouragement, par MM. Cadet de Gassicourt, Bréguet, Janvier, Tavernier, Chapuis, Lepine, Mathieu Houriet, Wagner et Lepage, armurier, et beaucoup d'autres horlogers et mécaniciens distingués, sont le meilleur témoignage qu'on puisse donner en faveur de cet excellent produit, que l'influence de l'atmosphère ne fait ni épuiser, ni verdir, et qui ne forme pas de Cambouis.

N° 1070. — M. CLÉMENT, serrurier-mécanicien, rue de la Chaussée-d'Antin, n. 35. Nouvelles pompes.

M. Clément est inventeur de deux nouvelles pompes qui présentent de grands avantages ; l'une est nommée pompe à cheval, et l'autre pompe à vent. Il serait trop long d'en énumérer ici les résultats. M. Clément se charge de les expliquer lui-même aux personnes qui voudront bien visiter ses magasins.

On fabrique aussi chez cet habile mécanicien, des serrures de sûreté à garnitures mobiles et des pompes incrochetables avec de très petites clés ; des coffre forts, des caisses, des serrures à combinaisons, et généralement toute espèce de fermetures.

N° 1071. — M. JOLIET, Palais-Royal, n. 12, galerie d'Orléans, fabricant de tabatières en bois et racines de toutes espèces, doublées et incrustées d'or, d'ivoire et d'écaille.

Ces objets, tous établis par M. Joliet lui-même, ne laissent rien à désirer pour leur perfection. Les procédés nouveaux qu'il applique à la dissection des bois, et l'étude qu'il a faite pendant vingt ans de ce genre de fabrication, lui ont permis de donner à ses boîtes une telle solidité, qu'il garantit toute pièce sortie de son établissement. Il se charge de confectionner sur dessins toute espèce de boîte avec les chiffres et les incrustations les plus riches. Il a réuni en outre, dans son magasin, un assortiment considérable de nécessaires à ouvrage, de toilette, de trousses de voyage, de tabletterie en ivoire, en nacre de perle et en écaille ; on y trouve aussi des pipes et tuyaux de tous genres et de grand prix, des portefeuilles, des bourses et des cannes de toute espèce en bois recherchés.

N° 1073. — M. J. A. RENARD fils, rue des Gravilliers, n. 28, fabricant d'outils pour tous les genres de gravures.

Ce genre de fabrication n'avait pas encore été exploité spécialement en France ; les prix des fabriques étrangères semblaient trop bas pour espérer de rivaliser avec avantage contre cette branche de commerce. Cependant M. Renard fils, d'après les avis de plusieurs artistes distingués, a entrepris cette fabrication dans laquelle il a apporté des procédés nouveaux qui l'ont mis à même d'offrir au commerce des objets de meilleure qualité et à un prix moins élevé que celui des fabriques étrangères. Il a de plus créé une quantité de formes nouvelles qui ont été adoptées par nos graveurs.

Il a fait admettre à l'exposition des berceaux pour gravure (dite manière noire), qui sont perfectionnés par un procédé mécanique de son invention. Il expose aussi des burins pour taille-douce sur acier qui sont déjà avantageusement connus; des outils pour vignettes sur bois; une collection d'affiloirs, de grattoirs, des pointes sèches; des échoppes à plusieurs pointes, des burins renommés pour l'horlogerie. Tous ces objets sortent de sa fabrique et il ne les livre que sous garantie.

N. 1075. M. LEVASSEUR, fabricant d'outils, rue du Milieu-des-Ursins, n. 7 (quartier de la cité).

AFFUTAGE COMPLET SE COMPOSANT :

1° D'une varlope en cormier;
2° D'une demi-varlope id.;
3° D'un rabot id.;
4° D'un guillaume id.;

Ces outils, par leur précision et le fini du travail, sont particulièrement à l'usage des amateurs, des fabricans de nécessaires, des facteurs de pianos et des ébénistes.

La varlope et le rabot présentent cet avantage, que la lumière, au moyen d'un mécanisme fort simple, conserve toujours sa dimension, et ne peut s'agrandir par le frottement, comme il arrive dans les outils de fabrication ordinaire.

N. 1078. M. VARIGAR, fabriquant de socques corioclaves, rue des Saints-Pères n° 65.

Ce nouveau genre de chaussures, appelé corioclaves, est d'un très-bon usage; ces socques forment une double chaussure et sont fermés de manière à remplacer avantageusement les claques.

La semelle maintient le pied ferme et se déforme difficilement. La totalité de la chaussure est en cuir de vache et résiste à l'humidité; la forme en est gracieuse et le prix peu élevé.

Le dépôt est chez M. Hubert, cordonnier breveté, rue des Saints-Pères n° 20; les brodequins brodés sont faits dans le magasin de M. Hubert.

N. 1080. M. VICKHAM, Bandagiste, rue Saint-Honoré, 257, presque en face de celle Richelieu. — *Bandages herniaires.*

C'est avec satisfaction que nous remarquons l'immense progrès que l'on a fait depuis quelques années dans l'art du bandagiste pour combattre et soulager une des infirmités auxquelles le genre humain est le plus exposé.

Les dangers que présente une hernie sont incalculables, lorsqu'elle est abandonnée à elle-même ou qu'on néglige d'y remédier par un appareil destiné à en arrêter les progrès, et à en prévenir les accidens.

Les anciens ont tout-à-fait ignoré les moyens à employer, soit pour guérir, soit pour soulager cette infirmité; aussi une infinité de gens de tout âge périssaient dans les souffrances les plus cruelles, ou languissaient pendant le reste de leur vie.

Ce n'est que depuis deux siècles que l'on a songé à faire des appareils contre ce genre de maladie; mais c'est surtout depuis une vingtaine d'années que la science et l'esprit inventif ont créé des moyens mécaniques dont les effets sont admirables. Aussi les appareils exposés sous le N. 1080 sont d'un mécanisme et d'un fini de travail parfaits. Tout y est prévu et recherché avec les soins les plus minutieux pour contribuer au bien-être et au soulagement des personnes affectées de cette infirmité.

Ajoutons que MM. Vickham et Hart qui sont les auteurs de ces améliorations dans l'art mécanique herniaire, mettent leurs produits à la portée des bourses les plus médiocres et qu'ils se font un plaisir de soulager autant que cela dépend d'eux, les personnes peu fortunées comme celles qui sont dans l'opulence.

Outre ces recherches dans l'art de construire et de perfectionner leurs nouveaux bandages, M. Wickham a seul inventé et fait confectionner des appareils et autres mécanismes qui ne peuvent que servir aux progrès de l'art chirurgical herniaire, par une heureuse combinaison de ses élémens avec l'art mécanique.

Nota. On distribue gratuitement dans les magasins de ce fabricant des prospectus, qui donnent une description très-étendue de ces nouveaux bandages, et les personnes qui désirent consulter M. Wickham lui-même sont priées de s'adresser rue Saint-Honoré, n. 257, tous les jours, excepté ceux fériés, de midi à trois heures, les autres heures étant consacrées spécialement à la surveillance des travaux de sa fabrique et à ses visites au domicile des personnes qui le font demander.

N. 1093. M. JAMES DUBOIS, fabricant de blondes, dentelles

soie noire et dentelles de fil blanc, au Puy (département de la Haute-Loire), dépôt à Paris, rue des Deux-Portes-Saint-Sauveur; n. 16.

M. James Dubois s'applique plus spécialement à sa fabrique de blondes.

Cette fabrique, dans le département de la Haute-Loire, n'est encore qu'à sa naissance, et cependant elle mérite déjà d'attirer l'attention du Commerce, tant par la bonne qualité de ses produits que par la modicité de ses prix, qui sont bien au-dessous de ceux des autres fabriques, ce qui en facilite la vente tant dans l'intérieur de la France que pour les colonies et l'étranger, où ces articles s'exportent beaucoup.

N. 1096. — M. MERCKEL, fabricant de briquets, rue du Petit-Lion-Saint-Sauveur, n. 13, à Paris;

Depuis l'invention de l'un des moyens les plus élégans et les plus commodes de se procurer du feu à volonté au moyen des briquets dits oxigénés, il semblait impossible de perfectionner ce procédé si usuel, si universellement adopté. C'est cependant ce que vient de faire M. Merckel, avec ses nouveaux briquets et ses allumettes pyrogènes en cire.

Ces allumettes, faites d'un brin de cire de la longueur de deux pouces, prennent feu en écrasant l'extrémité qui touche au mastic, avec l'ongle du pouce et l'index. Cette pression développe aussitôt une flamme éclairante qui permet de monter plusieurs étages et supplée ainsi aux bougies en usage; ce qui les rend d'ailleurs supérieures, c'est l'extrême modicité du prix et l'avantage de donner du feu sans briquet.

Ses machines, servant à la fabrication des allumettes en cire, sont tellement remarquables par la simplicité de leur mécanisme, qu'un seul coup de couteau sufit pour couper soixante allumettes tout émêchées, de la longueur voulue, et prêtes à être mastiquées; elles en produisent cinq cents par minute, et s'il était possible à un ouvrier de travailler douze heures sans interruption, il pourrait en préparer près d'un demi-millon dans sa journée.

Enfin, on trouve à la fabrique de M. Merckel, une infinité de briquets sous les formes les plus nouvelles et les plus variées; en bronze plaqué, fer-blanc, gainerie, cartonnage, fleurs, serre-papiers, etc., des cachets dont le manche renferme, avec la bouteille, des allumettes qui durent assez de temps pour cacheter plusieurs lettres, et mille autres procédés pour se procurer du feu de la manière la plus prompte et la plus ingénieuse.

Cette fabrique, susceptible de la plus grande extension, emploie dans ce moment près de soixante ouvriers; c'est le seul établissement de ce genre que possède la France.

La Société d'encouragement, à la suite d'un rapport fait au nom du Comité des arts chimiques, a décerné une médaille de bronze à M. Merckel. « En récompense, y est-il dit, de ses découvertes aussi utiles qu'ingénieuses, et importantes surtout par le grand nombre de personnes qu'elles intéressent. »

N° 1097. M. LAINÉ, rue Michel-Lecomte, n. 34, fabrique de cartonnage; admis déjà à l'exposition de 1827.

M. Lainé expose encore cette année des ouvrages nouveaux; les boîtes de bureau de son invention pour les fermetures et les décors ont l'avantage d'être plus solides que les autres et ne coûtent pas plus cher.

Nous avons encore ses boîtes à serrures à secret où la poussière ne peut pénétrer, ses boîtes alphabétiques, ses cartons pour robes et chapeaux, ses boîtes en peaux, en parchemin et en toile pour les négocians et les commis-voyageurs.

On trouve dans ses magasins un grand assortiment de toutes espèces d'ouvrages depuis le prix de 25 cent. jusqu'à celui de 20 francs et au-dessus. Pour éviter toutes contraventions, M. Lainé prévient le public que ses ouvrages portent son poinçon.

N. 1103. — M. CHARRIÈRE, rue de l'École-de-Médecine, n. 7 *bis*, fabricant d'instrumens de chirurgie et coutellerie.

Cet artiste a compris que, pour perfectionner l'arsenal de la chirurgie, il fallait suivre les praticiens dans les hôpitaux, assister aux opérations qu'ils pratiquent, et saisir, pour ainsi dire, l'instant où l'instrument manque au génie du chirurgien. C'est ainsi que M. Charrière est parvenu à inventer et à modifier bon nombre d'instrumens; aussi reçoit-il des commandes de tous les pays, de ceux même dont nous étions autrefois tributaires. M. Charrière, en rendant de grands services à la chirurgie, a beaucoup fait pour le commerce, car il a donné un développement tel à la branche d'industrie qu'il exploite, que son étendue est le triple de celle qu'elle était auparavant. Ce fabricant occupe à lui seul cent cinquante ouvriers, soit dans ses ateliers, soit en ville, ou dans les départemens.

Les inventions et les modifications de M. Charrière portent sur presque toutes les parties de la médecine opératoire. Pour en avoir une idée, on n'a qu'à passer en revue les instrumens de lithotritie, ceux pour la taille, et tout ce qui a trait à la chirurgie militaire.

La coutellerie fine n'a pas été négligée par cet artiste, car il fabrique des rasoirs dont la qualité sera, sans doute, appréciée. Avec tous ces avantages, on a de plus la modicité du prix ; car M. Charrière est artiste dans toute la force du terme : l'intérêt de son art, voilà ce qu'il recherche le plus.

Nº 1127. M. GARNIER (Paul), horloger, rue Taitbout, nº 8 bis.

Cet horloger, élève de M. Janvier, et qui, en 1827, se présentait pour la première fois à l'exposition, obtint une médaille comme créateur de plusieurs pièces d'horlogerie. Depuis, M. Garnier a toujours continué ses inventions et ses perfectionnemens ; son exposition se compose, entre autres objets nouveaux :

1º D'un régulateur à secondes, à effets astronomiques, échappement libre, et remontoir d'égalité ;

2º Une pendule de voyage à répétition, réveil, quantièmes, échappement d'une nouvelle invention. M. Garnier se propose d'appliquer cet échappement aux chronomètres ;

3º Une pendule de voyage remplissant les mêmes fonctions que la précédente, mais ayant un échappement à ressorts ;

Toutes ces pièces sont de l'horlogerie de précision.

Dans l'horlogerie ordinaire, M. Garnier expose :

1º Plusieurs petites pendules de voyage à répétition, réveil, sonnerie à quarts, à heures et à demies, avec un échappement de son invention. Le prix de cet échappement, exécuté par des procédés mécaniques, a fait de ces petites horloges un objet de commerce, dont l'écoulement a lieu en Angleterre. En résumé, M. Garnier a vendu plus de pendules de voyages, depuis deux ans, qu'on n'en avait établi depuis l'invention de l'horlogerie ;

2º Une montre construite avec l'échappement ci-dessus mentionné et qui présente pour les montres les mêmes avantages que pour les pendules.

3º Un instrument nommé sphygmomètre servant à l'exploration du pouls ; il indique à la vue la fréquence, la force, la régularité, ou l'irrégularité, l'égalité, ou l'inégalité du pouls. Avec cet instrument les différentes anomalies du pouls sont rendues sensibles à la vue et numériquement appréciées sur une échelle graduée.

M. Garnier est aussi l'inventeur d'un appareil propre à être appliqué aux réverbères pour en empêcher la destruction dans les émeutes populaires. L'essai en a été fait à la préfecture de police, et a été approuvé.

N° 1129. — M. ROLLET, mécanicien, rue de Charenton, n. 95.

Les machines exposées par ce mécanicien sont destinées à réduire en poudre la céruze. Ce procédé nouveau présente aux fabricans de couleurs un grand avantage sous le rapport de l'économie. Les machines de M. Rollet sont faites sur trois échelles ; la première réduit en poudre en une journée 400 kilog. ; la seconde 800 kilog, et la troisième 1300 kilog.

On obtient les mêmes résultats pour les autres couleurs. Pour faire fonctionner chacune de ces machines, un seul homme suffit.

N. 1154. M. MERIJOT, rue de la Muette, n. 5, faubourg Saint-Antoine ; fabricant de chandelles, breveté.

La chandelle Lebaclare, inventée par M. Merijot, et déja très-répandue dans le commerce, est une de celles qui rivalisent avec la bougie ; elle est parfaitement seche au toucher, sans odeur, et elle brûle sans avoir besoin d'être mouchée. Prix : 1 fr. 40 cent. le livre et 7 fr. le paquet de 5 livres.

On doit encore à M. Merijot la découverte toute récente d'une chandelle ordinaire perfectionnée, qui est blanche, brillante et même transparente, sans odeur, d'un excellent usage et de plus d'un prix très-modéré. Le prix actuel est de 5 fr. 75 cent. le paquet de 5 livres.

La chandelle alcoolique du même fabricant présente en outre des avantages que nous venons d'énumérer, celui d'être seche au toucher, même dans les grandes chaleurs, et le prix n'est que de 25 centimes de plus par paquet de 5 livres.

Toutes ces chandelles se trouvent aussi chez M. Natter, rue Neuve-des-Petits-Champs, n. 18.

N. 1162. Madame LEPAIGE, rue Regratière, n. 12, île Saint-
  Louis. — *Apprêt de dentelles et de blondes*

Madame Lepaige, après de nombreux essais, a trouvé un
moyen de blanchir les blondes et les tulles sans les attacher ni
les souffrer, et en conservent le réseau, le dessin et le picot dans
leur état primitif. Cette découverte, si utile aux fabricans de
blondes, puisqu'elle donne la facilité de vendre toutes les anciennes blondes comme des neuves, présente de plus une économie de 50 pour 100, et l'avantage de les maintenir plus long-
temps dans leur blancheur. Par ce procédé, on supprime l'emploi
des épingles.

Madame Lepaige se charge de toutes espèces de raccomo-
dages en ce genre.

N. 1166. — M. CHAUVEL, rue de Seine-Saint-Germain,
  n. 23.

En voyant la redingote exposée par cet industriel, il n'y a
personne qui ne soit convaincu de la possibilité de faire de son
vieil habit un habit neuf. M. Chauvel a voulu que le public fût
lui-même juge de son procédé, et la redingote qu'il expose est
d'un côté dans son état de vétusté, et de l'autre dans son état de
réparation. Quel est le consommateur de la petite propriété qui
ne sera bien aise de savoir que, moyennant une somme très-modique (26 f. pour les habits et les redingotes), il pourra changer
son vieil habit contre un habit neuf et d'une nouvelle coupe?

N. 1172. M. E. DUVERGER, imprimeur rue de Verneuil, 4.
  Typographie musicale. Industrie nouvelle.

Trois caractères de musique : un gros, pour l'impression
d'ouvrages élémentaires; un moyen, dit *Musique de Piano*;
un petit, dit *Musique de Guitare*; impressions et planches stéréotipées.

Ces nouveaux procédés permettent d'imprimer la musique
comme les livres, et de la mêler avec le discours. Les planches
stéréotipées peuvent tirer au-de-là de 50,000. Elles reviennent à
un prix plus élevé que les planches gravées en étain; mais il y
a une économie sur le tirage. Ces procédés ne sont donc applicables, quant à présent, qu'aux ouvrages qui se tirent à un

certain nombre d'exemplaires , et principalement à ceux qui sont destinés à l'enseignement dans tous ses degrés.

N. 1167. M. J. DEVINCK, rue Saint-Honoré, n. 285, près le passage de l'Orme , breveté d'invention pour la fabrication du chocolat.

Torréfacteur du cacao par la vapeur.

M. Devinck, ayant reconnu que le cacao torréfié par le procédé employé jusqu'à ce jour l'était très-inégalement, que certaines fèves étaient déjà carbonisées , tandis que les autres n'avaient encore rien perdu de leur crudité naturelle, opération qui, en dissipant l'arôme et en brûlant l'huile du cacao, communique souvent au chocolat une saveur plus ou moins désagréable, a remplacé le feu direct toujours inégal, toujours difficile à conduire, par la vapeur qui ne carbonise pas, qui chauffe également le brûloir sur tous les points, dont on peut varier et régler l'action à volonté, et qui conserve au cacao **ce** parfum et cette huile sans lesquels il est impossible d'obtenir d'excellent chocolat.

Dressage à la mécanique.

Pour dresser le chocolat, on a l'habitude de placer les moules sur une planche que l'ouvrier agite le plus vivement possible, tantôt dans un sens tantôt dans un autre. Un bon ouvrier dresse ainsi 250 à 300 livres par jour ; mais la tablette de chocolat n'est jamais dressée régulièrement ; elle n'est pas de niveau, et présente à la surface des bulles formées par l'air.

Le dressage que M. Devinck soumet à l'exposition, remédie à tous ces inconvéniens ; un ouvrier ordinaire peut facilement dresser 600 à 700 livres de chocolat par jour : le chocolat est toujours de niveau et ne présente aucune bulle d'air.

Ces deux appareils sont en pleine activité à sa fabrique de chocolat, rue Saint-Honoré, n. 285, et, par leur économie de combustible et de main-d'œuvre, lui permettent de livrer à la consommation des chocolats d'une qualité supérieure et faits avec une propreté inconnue jusqu'alors.

N. 1174. Maison DEMI-DOINEAU, rue Vivienne, n. 16, et rue de Bussy-Saint-Germain, n. 8 et 10.

M. Demi-Doineau, fabricant de tapis d'Aubusson, expose cinq grands tapis d'un genre tout-à-fait nouveau et dont les dessins n'ont pas encore été exécutés ; au mérite de la nouveauté ces dessins joignent l'élégance des formes et une agréable variété de couleurs éclatantes.

On remarquera plusieurs autres petits tapis, façon cachemire et façon turque, dont les couleurs flattent l'œil et sont habilement harmonisées.

Cette maison, située au centre des affaires, peut, en raison de son étendue et de l'importance de ses opérations, offrir aux consommateurs l'assortiment le plus complet de tapis de toutes espèces. Indépendamment des articles qui sont du domaine public et qu'elle livre à des prix très-modérés, on trouve toujours chez elle un choix de dessins en tous genres, riches et variés, qui sont sa propriété et dont l'exécution est confiée aux plus habiles artistes de la capitale.

Dans l'établissement de la rue Vivienne comme dans celui du faubourg Saint-Germain, de vastes magasins sont spécialement destinés aux articles de coucher.

M. Demi-Doineau fabrique aussi les lits élastiques ordinaires et pour malades ; on trouve enfin chez lui des coussins de voiture d'un genre nouveau.

M. Demi-Doineau reçoit les tapis en garde dans ses magasins et se charge de leur pose et de leurs réparations.

N. 11 75. M. GAVET, rue Saint-Honoré, n. 138, coutelier du roi et des princes, membre de la Société d'encouragement; médaille d'argent 1823, et médaille d'argent 1827.

Voici ce qu'on lit dans le rapport du jury central pour l'exposition de 1827 :

« M. Gavet fabrique depuis long-temps de bonne coutellerie, tant fine que commune. Il fut mentionné honorablement dans les expositions de 1816 et de 1819. Depuis cette dernière époqne, à laquelle on citait déjà M. Gavet comme ayant perfectionné la trempe et le recuit des rasoirs par l'emploi d'un pyromètre métallique, et comme étant parvenu à fabriquer d'excellens rasoirs à des prix modérés, il a établi, auprès de Chaumont, dans le département de la Haute-Marne, une grande manufacture de coutellerie, où il a divisé le travail avec habileté : en même temps, il a perfectionné ses produits. Bonne qualité de lames, solidité des montures, élégance de formes, modicité du prix, tout paraît se réunir en faveur des produits de M. Gavet. La rapidité du débit prouve que les consommateurs ont ainsi jugé sa manufacture, et il lui a été décerné une médaille de première classe. »

Les objets exposés cette année par cet industriel sont :

1° Des rasoirs d'une nouvelle trempe appelé pyromitrique, qui les rend supérieurs aux rasoirs anglais : au moyen d'un bain de métaux combinés, l'acier qui est chauffé jusqu'au cœur, et qui n'a aucune communication avec l'air, acquiert une égalité parfaite;

2° Des couteaux de table à chevalet, pour éviter de salir la nappe;

3° Un assortiment de couteaux de table de dessert avec des manches d'ivoire, d'ébène et de nacre ; des fourchettes à garde pour éviter de se couper; des couteaux de chasse à vingt pièces; de nouveaux couteaux à gibier, et une grande variété d'articles qu'il serait trop long d'énumérer ;

4° Des canifs taillant la plume d'un seul coup ;

5° Des cuirs magnétiques qui présentent un grand avantage par leur surface plane et unie.

La pâte magnétique que l'on étend dessus leur donne un tranchant très-vif.

N. 1178. — M. GRANGOIR, serrurier, rue Mouffetard,
n. 307, a exposé :

Une serrure de porte de coffre à garniture mobile dite *brama*,
enclavée par une autre, à combinaison, perfectionnée par lui,
en 1833.

Cette nouvelle serrure n'éprouvera aucun des inconvéniens
de celles qui ont paru jusqu'à ce jour ; elle peut être ouverte
sans lumière et changée de place sans être démontée.

N. 1182. — M. DIER, marchand-tailleur-teinturier-dégrais-
seur, rue Saint-Honoré, n. 129, entre la rue des Poulies et
la rue de l'Arbre-Sec. — Bréveté depuis 1791.

La restauration des vieux habits remis à neuf date de quarante
années, comme on le voit par le brevet de M. Dier. Ce procédé
dont les détails sont tout-à-fait secrets, produit des effets qui méritent d'être remarqués ; tous les vêtemens de laine fanés, tachés,
ou dont les couleurs sont mangées, peuvent être remis dans leur
état primitif et le disputent en fraîcheur au coupon de drap ou
d'étoffe taillé à la pièce. A l'aide d'un procédé également secret,
M. Dier donne de l'élasticité aux vêtemens, et peut par conséquent les alonger ou les élargir légèrement sans le secours de pièces
de rapport. Une pareille industrie est vraiment utile à la petite
propriété, c'est-à-dire au plus grand nombre des consommateurs
et l'on peut en apercevoir les résultats par les objets exposés.

N. 1185. — M. HAVARD, mécanicien, rue du Temple, n. 37.

M. Havard est l'inventeur d'un nouvel instrument auquel il a donné
le nom de fausse équerre à rapporteur. Les avantages de cet instrument sont précieux pour les personnes qui journellement ont
besoin de se rendre compte des angles ; ce rapporteur qui est
placé à l'une des extrémités de la fausse équerre sert de mesure
de longueur et de niveau ; il a été établi dans le but de se
rendre compte du degrés des angles et de la longueur d'un
objet sur une ligne droite. Sa construction lui permet de prendre
la mesure d'un angle de tel degrés qu'il soit ; il en conserve la
forme et sert à tracer l'assemblage des pièces qui concourent à la
formation de cet angle ; il suffira aux personnes qui font usage
d'équerres de jeter un coup d'œil sur celle de M. Havard pour se
convaincre de son utilité et de sa solidité.

N. 1201. M. JEHL, cour du Dragon n° 3. Inventeur d'un nouveau procédé pour l'impression de la musique, avec lequel on tire sous presse typographique d'un seul et même coup les parties et la lettre de la musique.

Parmi les découvertes heureuses qui se présentent à l'exposition, comme signalant un véritable progrès dans l'industrie, nous devons placer le procédé nouveau de M. Jehl. Elève de M. Molé, et employé depuis nombre d'années par M. Didot dans les travaux qui exigent une grande précision, il a été à même d'observer les nombreux essais de nos premiers typographes pour vaincre les grandes difficultés que présente cette partie lorsqu'il faut composer de la musique avec des pièces mobiles qu'on doit lier les unes avec les autres, et il a remarqué le peu de succès qu'on a obtenu dans cette partie.

Après de nombreuses recherches et expériences, il offre avec confiance aux typographes le fruit de son travail qui ne laisse rien à désirer; on voit par ses épreuves que la musique peut être reproduite en aussi petit caractère qu'on veut. Nous n'ajouterons rien de plus sur l'avantage de cette découverte; les personnes intéressées à la connaître nous sauront gré de leur apprendre que M. Jehl distribue des épreuves à son domicile.

L'inventeur ayant perdu l'espoir de rétablir entièrement sa santé, et ne se sentant pas assez de force pour donner à cette entreprise toute l'extension qui serait nécessaire afin de répondre aux besoins du public, ne serait pas éloigné de communiquer son procédé à ceux qui pourraient en faire un emploi utile.

N. 1203 M. EVRAT, bottier, rue Saint-Jacques-la-Boucherie, n. 15.

Cet industriel, pour obvier aux nombreux inconvéniens des guêtres de chasse, a trouvé le moyen de faire un soulier dit *anti-guêtre*, qui se met très-promptement, et dont le sous-pied est inaltérable.

N. 1218. M. GOMBERT (Carlos) fils, maintenant rue de Vaugirard, n. 77, ci-devant rue de Sèvres, fabrique de cotons retors.

Cotons à coudre, à broder, à repriser, à marquer, à tricoter. Fils d'Écosse blancs et de couleurs pour la fabrique et la bonneterie en poignées et en bobines.

214

Cotons pour chaînes et pour lisses servant à la fabrique des tissus.

Grande retorderie pour toutes les matières filamenteuses.

M. Carlos·Gombert fils, élève du conservatoire des arts et métiers et ancien associé de son père, a porté à un haut degré de perfection la retorderie de cotons fils d'Écosse.

N° 1225. — M. FESSARD (Baptiste), rue des Cinq-Diamans, n. 2, au coin de la rue des Lombards, à la fois artiste peintre et modeleur en cire et cartonnage, et naturaliste.

Comme artiste, il fait les fruits en cire montés en tous genres, tels que corbeilles pour présens de fêtes, vases et assiettes pour garnitures de tables ou ornemens de salon; des ceps de vignes et des arbres à fruits de toutes grandeurs. On ne trouve ces objets que chez lui.

Comme peintre et modeleur en cire et cartonnage, il fait des moules à surprises et un grand assortiment de toutes sortes de surprises pour étrennes.

Comme naturaliste, il prépare les oiseaux et les animaux de toute espèce, d'après les règles de la taxidermie, et forme des élèves dans cet art. Il tient un assortiment complet d'objets d'histoire naturelle, tant indigènes qu'exotiques et en cire, et fait des groupes d'ornemens. Il se charge de former un jardin artificiel dans un salon. En un mot, le naturaliste praticien et l'amateur instruit trouveront chez lui tout ce qu'ils pourront désirer, sans oublier des yeux d'émail de toutes sortes, pour hommes, animaux et oiseaux.

N. 1241. M. ELIE, fabricant d'albâtre, rue Bourg-l'Abbé, n. 2, au coin de la rue aux Ours, dépôt rue Saint-Denis, passsage du Grand-Cerf.

L'albâtre est une pierre brute que l'on tire de la Toscane, et ce n'est que depuis quelques années qu'on est parvenu à exécuter avec cette sorte de pierre des objets de luxe qui méritent sous tous les rapports de fixer l'attention des curieux et des amateurs. M. Elie, chef d'un établissement très-avantageusement connu dans ce genre de fabrication, est parvenu à exécuter une infinité de jolis modèles de pendule, dont le fini et l'élégance ne laissent rien à désirer. On trouve, dans ses magasins, un grand assortiment de jolis vases de toutes dimensions et de tous genres, de groupes, de figures, de bombonnières et d'objets d'étrennes. Il est parvenu aussi, par un nouveau procédé, à remettre à neuf les albâtres jaunis par le temps, et il répare les objets endommagés.

N. 1244. — M. SIMON, fabricant de meubles élastiques, rue Basse du Rempart, n. 44.

Une innovation importante a été apportée dans l'ameublement par M. Simon, qui fabrique des meubles élastiques, dont l'élégance égale la solidité. Il expose un très-beau meuble de salon en bois de palissandre, orné d'incrustations en cuivre, genre gothique.

N. 1246.— M. CHOCHINA.

Le tapioca composé en France à l'instar de celui des îles, présentait à peu près les mêmes résultats comme substance alimentaire; mais cette préparation était susceptible de perfectionnement.

M. Chochina, inventeur du riz qui porte son nom (dont l'entrepôt général est rue Sainte-Appoline, n. 16, chez M. Groult jeune) et qui n'a cessé de travailler à des produits alimentaires depuis quarante ans, vient d'améliorer de la manière la plus notable le tapioca français, tant pour la délicatesse du goût et de l'odorat que pour les propriétés qui lui sont incontestablement reconnues, d'après l'examen et l'adhérence des parties dont la composition a été exécutée sous les yeux de MM. Benard de Courtigis, ancien docteur en médecine de la faculté de Paris et membre titulaire de l'ancienne académie de médecine, et Graffant, docteur en médecine de la faculté de Montpellier, demeurant au Bourget.

Ces hommes de l'art déclarent que le tapioca Chochina est un des plus puissans analeptiques que l'on puisse employer pour rétablir les forces abattues; il peut remplacer avec beaucoup d'avantage le vrai sagou de l'Inde comme aliment; il convient mieux que le tapioca exotique retiré de la racine du Jatropha Manitrot, plante vénéneuse des Euphrabiacés.

D'après les vertus et les effets reconnus au tapioca Chochina, leur avis est qu'il l'emporte sur toutes les préparations féculentes et ils s'accordent pour le recommander dans les maladies chroniques des organes digestifs et dans toutes les convalescences, afin de hâter le recouvrement de la santé.

La fabrique est établie au Bourget, banlieue de Paris.

N. 1247.— M. CHAVANT (Fleury), fabricant de papier réglé et de couleurs pour les dessins de schâls, soiries, tapis, toiles damassées, indiennes et toutes sortes d'étoffes façonnées, brochées et imprimées, rue de Cléry, n. 19.

Un des cadres de l'exposition contient divers échantillons de feuilles de papier réglé de 10 en 10, 8 en 10, 8 en 12, 8 en 14, etc. Ces papiers servent à la composition des dessins de schâls, cachemire ou laine et étoffes façonnées. C'est sur ces mêmes papiers que l'on fait tous les dessins des étoffes qui se fabriquent à Paris, Lyon, Nimes, Saint-Quentin, Bourbaix, Amiens, Rouen, etc. M. Chavant à 30 planches différentes.

L'exposant a inventé un procédé particulier pour donner à ce papier une qualité supérieure. C'est une préparation liquide qui, étendue dessus, procure au dessinateur la facilité de faire dans la composition de son dessin tous les changemens qu'il croit nécessaires en lavant les parties qu'il veut effacer, sans altérer toutefois le papier qui peut supporter plusieurs fois le lavage. Le prix de ces papiers est de 30 francs le cent de feuilles.

M. Chavant se charge de l'exécution des planches extraordinaires en quinze jours.

Un second cadre renferme des échantillons de papier peint mat de 100 nuances pour servir de fond à la composition des dessins d'étoffes imprimées, telles que mousseline, laine et coton, cachemire, foulard, toiles peintes, indienne des fabriques de Jouy, Mulhouse, Colmard, Wisserling, Vizille, Rouen, Saint-Quentin, Amiens, etc. M. Chavant s'est livrré depuis plusieurs années à de grandes recherches pour obtenir cette série de nuances avec des couleurs qui n'ont aucun corps gras, *chose essentielle pour les dessinateurs.* Autrefois chaque dessinateur était obligé de faire, avec la couleur, le fond de son dessin, ce qui lui prenait beaucoup de temps, et il n'obtenait pas toujours la nuance qu'il desirait. M. Chavant trouve le moyen de remédier à cet inconvénient, et peut vendre ses papiers à peu près au même prix que le papier blanc.

N. 1248. — M. VINCENT H. F., fabricant de tabletterie, rue de Beauce, n. 4, près le Temple.

La fabrique de M. Vincent réunit tous les genres d'ouvrages de tabletterie ; c'est sans contredit une des plus considérables et des plus renommées de la capitale.

Il a exposé des boîtes à tabac de toutes formes et à musique, depuis deux airs jusqu'à six airs, en écaille et en imitation d'écaille ; des boîtes carrées incrustées d'or et d'argent, des souvenirs, des visites, des boîtes pour cigares et toutes sortes d'objets de fantaisie.

M. Vincent tient un assortiment de cadres et de glaciers carrés, ronds et ovales pour miniatures, qui sont en bronze doré, en citron, en érable, en ébène et façon d'ébène, en tôle et en carton ; de la poudre d'écaille, des cercles dorés et au vernis anglais ; des peintures pour tabatières en tous genres ; des passes-partout à filets ; des marqueteries pour toutes espèces de dessins.

N. 1249. MM. TERROT et WILLIAM, artistes peintres en lacque de Chine, rue du Puits-Vendôme, n. 7.

Ces artistes ont exposé un modèle de chacun des genres les plus recherchés ; savoir :

1° Une table en lacque, en incrustations de nacre et à relief : imitation exacte du genre chinois ;

2° Une table, genre dit Coromandel, à relief ;

3° Une table, sujet chinois, genre coquet et idéal, à relief ;

4° Une table à fleurs, idéal ;

5° Différens petits modèles de fantaisie.

Ces objets étant l'œuvre même des exposans, ils peuvent répondre de la solidité du vernis et du relief.

N. 1251. M. TISSOT-CRETIN, doreur sur bois, rue Richelieu, n. 35.

M. Tissot a exposé un modèle de pendule représentant Andromède délivrée par Persée et deux vases médicis dont la dorure, bien que sur bois, peut être comparée à celle sur cuivre pour la perfection du travail.

Il fait également les ornemens d'église, les meubles, les encadremens et la bordure pour le bâtiment.

N. 1257. M. GIRARDET (Charles), rue de l'Hirondelle, n. 10.

Inventeur d'un procédé de gravure en relief sur pierre. cet exposant a obtenu en 1832 une médaille d'or et un prix de 2,000 fr. pour cette découverte, qui a été qualifiée par la société d'encouragement de Paris, *d'application de la lithographie à la typographie.*

Ce procédé perfectionné ¡depuis peu de temps s'applique au cuivre comme à la pierre et remplace avec avantage toute espèce de gravures en relief pour l'usage de la typographie.

N. 1264. M. le chevalier LEGROS-D'ANIZY, rue de Poitou, n. 9, au Marais, attaché à la manufacture royale des porcelaines de Sèvres et à l'imprimerie royale, et adjudicataire des inscriptions des rues de Paris, sur lave émaillée, par un procédé dont il a fait le premier l'application, d'après l'idée de M. de Chabrol, a exposé :

1° Des pièces de porcelaine, dont diverses imprimées en or, à surface plane, imitant le pinceau, faisant partie de services exécutés à la manufacture royale de Sèvres, pour les châteaux de Saint-Cloud et de Compiègne, par un procédé dont il est inventeur, et qu'il a perfectionné ;

2° Des assiettes de porcelaine imprimées en couleur, par un procédé dont il est aussi l'inventeur;

3° Des assiettes également imprimées en couleur par les mêmes procédés, mais sur faïence-porcelaine de la manufacture de M. Saint-Cricq-Cazeau, à Creil, et sur faïence à couverte d'émail opaque, représentant des vignes ainsi que des fleurs, tant sur les morlys que sur les fonds d'assiettes, ce qui permet, au moyen de ce procédé, de donner à un prix très-minime ces impressions qui offrent l'aspect de peintures faites au pinceau ;

4° Un douzième de cadran, de huit pieds, en lave d'Auvergne émaillée, avec les signes du zodiaque.

M. le chevalier Legros-d'Anisy a déjà reçu, pour diverses inventions, une médaille d'argent de la société d'encouragement, et deux autres médailles aux expositions de l'industrie, en 1819 et 1823.

N. 1267. M. MERCIER, rue Beaubourg, n. 49.

Fabrique de Tabatières.

Parmi les ouvrages de M. Mercier, on remarquera surtout

des tabatières en racines de buis et en bois des îles, avec incrustation en or, en nacre et en ivoire. Cette maison se recommande par l'exécution et le bon marché de ses produits.

N. 1274. — M. SERVAIS, doreur, rue des Beaux-Arts-Saint-Germain, n. 9.

M. Servais a fait admettre à l'exposition deux cadres dorés qui se recommandent par leur parfaite exécution.

Les personnes qui ont des cadres, des estampes et des desseins à faire nétoyer, peuvent s'adresser à lui en toute confiance.

N. 1280. — Les frères NORMANDIN, fabricans de perruques, rue Neuve-des-Petits-Champs, n. 5, passage des Pavillons.

Collection de perruques, depuis Louis XIII jusqu'à nos jours.

Il est une foule de branches d'industrie, dont l'importance n'est guère connue du public. De ce nombre est celle du commerce, dont les cheveux sont l'objet, depuis le jour où on les récolte sur la tête des villageoises de plusieurs de nos departemens jusqu'au moment où l'art du coiffeur leur fait prendre tant de formes diverses. Le jury, chargé de l'examen préliminaire des produits présentés par les fabricans, hésitait d'abord à admettre cette industrie aux honneurs de l'exposition; mais elle a trouvé de zélés avocats dans les frères Normandin. Le 20 janvier dernier, ils adressèrent au jury un mémoire sur le commerce des cheveux; c'est dans ce mémoire, aussi curieux qu'instructif, que nous avons puisé les détails et les renseignemens qui terminent notre exposé général placé en tête de cet ouvrage, et nous y renvoyons nos lecteurs. Grâce à cette défense, les perruques ont triomphé de toutes les préventions et figurent à l'exposition des produits de l'industrie nationale.

Il serait dommage, en vérité, que le public eût été privé de l'espèce de spectacle que lui ménageaient les frères Normandin. Leur exposition est très-bien entendue et elle indique assez que ces messieurs, qui ont obtenu une mention honorable en 1823 et 1827, exercent leur art, non-seulement en habiles praticiens, mais encore en hommes d'esprit. Elle se divise en deux parties. D'un côté, ils nous font apprécier l'importance de leur industrie, en montrant tout le travail que les cheveux subissent avant de passer de leur état brut à celui de perruques, de faux toupets, etc. De l'autre, ils nous montrent combien leur art est fécond et varié, combien il a fait de progrès et jusqu'à quel point on peut le rapprocher de la nature, en étalant à nos yeux les différens genres de perruques, qui se sont succédé depuis Louis XIII jusqu'à notre époque. Voilà, en vérité, un petit coin de l'exposition de 1834, qui ne serait pas indigne peut-être du regard même de l'historien, et qui bien certainement piquera la curiosité de l'homme du monde. Plus d'une fois il y aura foule devant la collection de perruques de MM. Normandin, sans en excepter les perruques pilogènes qui sont de leur invention et qui attestent, en fait de perruques, la supériorité de notre siècle sur tous les siècles précédens.

N° 1281. — Madame ROCHE, tenant une grande fabrique de corsets, rue de Choiseul, n. 8 *bis*.

Madame Roche, connue depuis plusieurs années par son habilité dans la confection des corsets et ceintures, vient encore d'ajouter à sa réputation par la fabrication de corsets d'un nouveau genre, qui maintiennent toujours dans une position agréable les tailles même les plus défectueuses, sans que pour cela la personne en éprouve ni gêne, ni fatigue ; au reste, la précision de la coupe de madame Roche, est en quelque sorte devenue proverbiale parmi nos dames de Paris.

Mss ROCHE, geeat manufacture of bodices, rue de Choiseul, n. 8.

M. Roche Known, since some gears for her skil in making bodices and girdles has just increased her reputation, by making of a new son of bodices, keeping alvays in an agreable posture, the most imperfect shapes, without pain nor fatigue ; fin in a word the precision of M. Roche's cutting is, in a manner, become proverbial among our ladies.

N. 1282 M. LEMONNIER (Charles), artiste-dessinateur en cheveux, au *Grand-Orient,* rue du Coq-Saint-Honoré, n. 13, près du Louvre.

Cet artiste a inventé plusieurs procédés, à l'aide desquels les cheveux sont travaillés sans gomme et ne subissent aucune préparation. On trouvera chez lui des modèles de toute espèce et dans le plus nouveau goût, soit pour lettres, soit pour tableaux.

M. Lemonnier a été aussi admis cette année à l'exposition départementale de la ville de Caen.

N. 1284. — Mme THOREL, fabricante de corsets, avec ou sans épaulettes, rue Neuve-Saint-Roch, n° 20.

La forme particulière des corsets de cette fabricante fait ressortir la finesse de la taille sans causer la moindre gêne. Sa coupe dissimule et même rectifie, par les moyens les plus simples, les difformités de la taille, sans que la santé de la personne qui en fait usage puisse en souffrir aucunement.

Mme Thorel a perfectionné ses corsets pour dames enceintes ; ils se lacent et se délacent à la minute, font disparaître les inconvéniens des ceintures simples et réunissent enfin l'élégance à la commodité.

N. 1285. Mademoiselle AIMABLE, élève de M. Delacroix, rue Neuve-des-Petits-Champs, n. 55, presque en face le passage Choiseul.

Mademoiselle Aimable a exposé :

1° Un corset en moire blanche, avec élastiques devant et aux épaulettes, garni de blondes, du prix de 60 fr. Ce corset, aussi remarquable par sa nouvelle coupe que par sa bonne confection, a l'avantage d'allonger la taille sans la comprimer ;

2° Une ceinture des Graces, en moire cerise et verte, montée sur une poupée en pied. Cette ceinture, le meilleur modèle en ce genre, et qui ne se trouve que dans un très-petit nombre de magasins, contribue au développement de la taille chez les jeunes personnes, et prévient souvent une mauvaise conformation.

Les prix de mademoiselle Aimable sont pour les corsets en coutil, de 18 à 30 fr., pour les corsets en gros de Naples, de 30 à 60 fr., et pour les ceintures des grâces, de 25 à 35 fr.

N. 1286. M. GESLIN, parfumeur, place de la Bourse, n. 9 ; admis aux expositions de 1819, 1823, 1827, 1834.

L'extrait d'eau de Cologne, fabriquée par M. Geslin, est le resultat de cinq distillations d'aromes réunis. Outre cette eau de Cologne, dout la réputation est faite depuis long-temps, on trouve chez lui une foule d'articles de parfumerie parmi lesquels on distinguera sans doute les suivans :

La Rosée du Printemps. — Cette eau à la propriété d'embellir et de conserver le teint dans toute sa fraîcheur ; elle est composée de fleurs et de fruits, et il n'entre dans sa composition aucune huile essentielle.

Le vinaigre camphré aromatique concentré pour chasser le mauvais air. — Ce vinaigre fut composé par M. Geslin lors des premiers ravages du choléra en Russie.

Le vinaigre aromatisé pour la toilette. — On l'emploie avec succès après la barbe, et répandu ou brûlé sur des charbons ardens, il exhale un parfum délicieux et chasse de l'atmosphère toute espèce de miasmes.

Le philoderme pour entretenir la beauté et la douceur des mains.

Et généralement toute la parfumerie, ganterie et brosserie de toilette.

N. 1291. M. BOUVRET, fabricant de savon de toilette, breveté, rue de Vendôme, n. 25.

Les savons en formes de fruits de M. Bouvret, que la reine des Français à favorablement accueillis à leur apparition, sont revêtus d'une enveloppe d'une adhérence telle, qu'elle fixe dans les pâtes de savon pendant un temps indéterminé les parfums qui entrent dans leur composition. Ces avantages et leur aspect séduisant, les feront rechercher pour les expéditions d'outre-mer, d'autant plus qu'ils peuvent traverser sans accident les régions les plus méridionales

Appliquant le même procédé à des savons d'une dimension moindre, montés sur de petits arbres, imitant au naturel tout les fruits possible, ce fabricant a rendu cet article propre aux ornemens de cheminées et à une foule d'autres usages, qui doivent en multiplier le débit.

N. 1293. M. VICTOR PLAISIR, breveté, successeur de Plaisir père, rue Richelieu, n. 108.

Cette maison déjà renommée depuis tant d'années pour le soin qu'elle apporte dans la confection de tous les ouvrages en cheveux, vient d'ajouter encore un perfectionnement à ses perruques. Les élastiques en cuivre si sujets à s'oxider, y sont remplacés par un tissu en gomme élastique qui a le double avantage de ne pas former épaisseur et de ne pas incommoder les personnes qui en font usage.

N. 1294. — M. NADAL, rue des Vieux-Augustins, n. 61, cordonnier, breveté de la Reine.

Plus d'une dame élégante s'arrêtera certainement devant les chaussures que M. Nadal a exposées, et sera tentée, après les avoir vues, d'aller visiter aussi ses magasins.

N° 1295. — M. GUDIN, cordonnier-bottier, rue Cotte, n. 2 *bis*, faubourg Saint-Antoine.

Cet industriel fabrique des bottes et des souliers tellement imperméables, qu'ils peuvent être placés pendant huit jours consécutifs dans l'eau sans que l'intérieur soit mouillé. Par les temps les plus pluvieux, cette chaussure, qui sert pour homme et pour femme, est un préservatif certain contre l'humidité.

N. 1297. Madame LESOUEF, rue Neuve-des-Petits-Champs, n. 8, fabricante de cols en velours, en satin uni et broché.

Les fashionables qui visiteront l'exposition remarqueront, nous en sommes convaincus, les cols-cravates de madame Lesouëf, qui, sous le rapport de l'élégance des formes et de la solidité, ne laissent rien à désirer. C'est elle qui la première a introduit dans nos modes cette innovation, et elle a trouvé le moyen d'empêcher les cols qu'elle confectionne de se déformer.

On trouve chez elle les cols militaires, les intérieurs de cravates, les coulisses à adapter aux cravates de batiste et dont l'usage a démontré la commodité.

N. 1303. — M. TELLIER, coiffeur breveté, Palais-Royal, galerie d'Orléans, sur le jardin, n°° 197 et 198, inventeur de Cachefolie des dames et de nouvelles coiffures d'hommes.

Au moyen des nouvelles formes de cachefolie de M. Tellier, les dames peuvent se coiffer elles-mêmes, en cinq minutes, de toutes les manières, et sans se servir de peignes. Prix : 25 fr.

Ses nouvelles coiffures pour hommes, appelées *toupets-perruques* sont confectionnées sans aucun ressort ni élastique, et tiennent sur la tête, sans aucune pression, à l'aide d'un ruban disposé de manière à fixer solidement la coiffure sur tel endroit de la tête que l'on puisse désirer, en laissant le front plus ou moins découvert, et en évitant les poches que font ordinairement les perruques. Prix : 20 fr.

M. Tellier est le seul qui se serve des moules métriques pour prendre la mesure de toutes les formes de tête ; à l'aide de cet ingénieux procédé, celui qui commande une coiffure peut voir tout de suite si elle tiendra solidement, si elle ne le gênera pas et si elle est à sa convenance ; une personne, même éloignée de Paris, est sûre, en faisant une commande, que la coiffure ne peut que lui bien aller.

L'inventeur envoie et délivre gratis les moules métriques.

M. Tellier ne s'est pas seulement occupé de la fausse chevelure. Il vient d'introduire dans la coupe des cheveux une notable amélioration. Avec le *peigne métrique*, qu'il a inventé, et qui a été adopté par les principaux coiffeurs, en France et à l'étranger, chacun est assuré que ses cheveux seront coupés régulièrement et de la manière qui lui convient le mieux. Nous renvoyons, pour les détails de cette découverte, à la brochure explicative que M, Tellier a publiée, et qui se trouve chez lui et chez Tesson, successeur de Terry, libraire au Palais-Royal, galerie Valois, n. 185.

N. 1307. M. FROMONT T.-L., rue de Lille, n. 78, au Moulin Saint-Jacques, près de la Légion-d'Honneur.

Cet industriel est parvenu à fabriquer du cirage pour les harnais, qu'il présente aux amateurs comme le plus solide contre l'épreuve de l'eau ; il est préparé sans acide ni mordant, d'un très-beau noir et teint le cuir souple. (Prix : 1 fr. 25 cent. la bouteille.)

M. Fromont fait aussi de l'eau propre à blanchir le revers de bottes. (2 fr. la bouteille.)

N. 1311. — M. BEMY, peintre, faubourg Saint-Martin, n. 22.

Parmi les nombreux objets exposés par M. Bemy, et qui ne peuvent manquer d'attirer l'attention du public, nous citerons :

1. Plusieurs écrans à feu montés avec autant de luxe que d'élégance, et remarquables aussi par le gracieux des dessins, l'éclat des couleurs et la délicatesse du travail ; il en est un surtout dans le genre étrusque, qui est le complément indispen-

sable des ameublemens du moyen âge si fort en vogue depuis quelque temps ;

2. Un cadre renfermant plusieurs papillons indigènes, peints d'après nature, et dont la parfaite imitation sera facilement appréciée du public ;

3. Un cadre de diverses étoffes peintes pour fichus et robes de bal ; elles se recommandent aux dames les plus élégantes, par la délicatesse du travail et par un choix de dessins aussi gracieux qu'originaux ;

4. Des écrans à mains en plume peinte et imitations chinoises, ainsi que des stores et plusieurs autres objets.

N. 1313. M. GALLET, opticien, passage des Panoramas, n. 25.

Microscope-Monstre.

Tout le monde sait qu'il existe un microscope au moyen duquel on peut voir dans une goutte d'eau une quantité d'insectes, qui seraient invisibles sans le secours de cet utile instrument. On doit cette découverte à M. Ehrenbergh ; mais elle laissait quelque chose à désirer ; car le soleil étant indispensable pour bien examiner ces infiniment petits êtres, et le microscope réunissant les rayons solaires dans un même point, on s'exposait à tuer les insectes avant d'avoir eu le temps de les observer. M. Gallet a donc cherché le moyen d'éviter l'action du soleil, afin de conserver vivans ces insectes, et de donner aux curieux le temps d'examiner leur forme et leur marche. Il a complétement réussi ; à l'aide de verres habilement disposés, il remplace, par une lumière factice, l'éclat du soleil. Cet ingénieux instrument, dont M. Gallet a mis un modèle à l'exposition, est aussi chez lui, où les amateurs peuvent aller s'assurer de ses résultats. Ils liront sur cette machine même les heures auxquelles elle sera livrée à la curiosité publique.

M. Gallet tient aussi un assortiment de tous les articles dépendant de son art, tels que lunettes, baromètres, etc.

N. 1325. M. GEORGE, menuisier-treillageur; ses magasins rue Saint-Lazare, n. 94, et ses ateliers, avenue du Cimetière-Montmartre, n. 3.

Cette branche d'industrie, qui, au premier aperçu, semble de peu d'importance, occupe pourtant dans Paris un grand nombre d'ouvriers. Dans une exposition d'horticulture , M. Georgé reçut du jury une médaille d'argent, en récompenre des progrès dont cet art lui est redevable. La volière qu'il expose cette année fera connaître au public ce que peut la patience jointe à l'habileté.

On trouve dans ses magasins un assortiment de chaises , des tables , des consoles de jardinières de son invention , et dont l'élégance est telle qu'elles ne seraient pas déplacées dans les plus beaux salons.

N. 1326. M. GRAVANT, horloger , rue Boucher, n. 1 bis.

Bien que M. Gravant soit depuis quarante ans connu dans la haute horlogerie , il ne se présente à l'exposition que pour la seconde fois. La première fois, il a remporté une médaille de bronze.

Son régulateur, sans rien innover, présente pourtant de notables améliorations. Il est à secondes et à équation, par différences; le remontoir, dont le mécanisme est dû à M. Lepaute, est concentrique du côté du cadran, et les perfectionnemens qu'on peut y remarquer sont dus à M. Gravant. L'échappement est de graham; la pièce a huit trous en pierre, avec un balancier compensateur, à branches ovales. Elle est de plus à sonnerie et à trois quarts. Toutes ces pièces ont été faites de la main de M. Gravant.

N. 1327. — M. TRIBOULET , fabricant de cols - gilets , galerie Vivienne, n. 44.

Parmi les objets de première nécessité pour la toilette, on doit placer aujourd'hui les cols-cravates, qui ont remplacé généralement les anciennes cravates toujours génantes et difficiles à mettre. Cette invention , dont la simplicité fait tout le mérite , vient d'être perfectionnée par M. Triboulet qui a trouvé le moyen de faire un col et un gilet d'une seule pièce, qui peuvent s'adapter facilement au moyen de deux ou trois petites agrafes. Cet industriel était déjà connu pour sa bonne confection des cols.

N. 1328. M. KUHNER , horloger, rue de la Roquette, n. 2. *Au cheval blanc.*

Cet horloger expose une pendule à musique dont le sujet représente le palais des Tuileries avec la cour et la grille. Il a reproduit avec toute la fidélité possible les parties en cuivre et celles en fer; il a également fait la toiture en zinc; il est parvenu surtout, avec beaucoup de bonheur, à imiter la pierre dans la plus grande partie du bâtiment.

N. 1330. — M. VALKER (John), gantier et fabricant de bretelles et de cols, rue Richelieu, n. 88.

M. Valker, inventeur des bretelles élastiques, dont l'origine remonte en 1791, et qui a toujours, depuis ce temps, perfectionné la partie des gants et des bretelles, a exposé cette année les échantillons d'une branche d'industrie qu'il a depuis long-temps ajoutée à la sienne. Ses cols sont exécutés dans le goût le plus moderne, et leur confection ne laisse rien à désirer.

Voici ce que nous pourrions appeler les *états de service* de cet industriel :

1791. Il introduit en France la fabrication de bretelles, ceintures et jarretières élastiques, et il est, pour ces objets, breveté de Louis XVI;

1793. Il obtient un brevet de perfection et d'addition pour des ceintures ornementales et à deux faces;

1796. Révision de la loi sur les brevets d'invention sollicitée par lui, et nomination de deux commissions par l'Assemblée nationale;

1798. Il fait exécuter, conjointement avec M. Robert Fulton, célèbre ingénieur américain, le premier panorama qui ait été fait en France (le brevet en fait foi);

1799. Perfectionnement des bretelles par la traverse, qui lie les deux branches de la bretelle, et la fait suspendre par deux lignes perpendiculaires, au lieu de deux obliques. Par la suspension perpendiculaire, la pression sur les épaules est réduite de trois cinquièmes;

Dans la même année, il a inventé une nouvelle giberne qui garantissait les cartouches de la pluie. On pouvait la fermer et la rouvrir soixante fois en deux minutes, étant sur le corps. Ses modèles sont au ministère de la guerre;

1801. Premières bretelles toutes en soie, en remplaçant les ressorts gros par des fins;

1808. Invention des coussins de cravate en baleine;

1809. Invention des cols noirs, en soie et en velours;

1813. Invention de cols blancs unis, sans couleur apparente;

1820. Invention des cols blancs à nœud, imitant la cravate, avec intérieur en baleine, qui s'ôtait à volonté (l'enveloppe se laçait par derrière) pour pouvoir le laver;

1823. Médaille d'argent à l'exposition;

1824. Brevet d'invention pour la fabrication de faux cols de chemise;

1826. Brevet d'invention pour bretelles, jarretières et ceintures, en tissu double avec divisions faites au métier, en soie et soie et coton;

1832. Brevet pour les nouvelles carcasses ceintrées (ou fonds de col), en tissu coton et crin. Par la promptitude de la confection de ces carcasses et leur bon marché, ce fabricant est à même de fournir des cols de tous genres à très-bas prix; 40 pour 100. de moins qu'il ne l'a fait jusqu'à présent.

N. 1343. MM. JOSSELIN, POUSSE et comp., rue Bourbon-Villeneuve, n. 28, brevetés pour les corsets, médaille d'argent, de la société d'encouragement en 1832.

L'ingénieux procédé de MM. Josselin et Pousse, opère le délacement du corset instantanément et sans qu'il soit nécessaire de déranger les vêtemens; ils viennent d'y ajouter un perfectionnement non moins précieux, celui de pouvoir se lacer avec la même facilité sans le secours de personne. Les dames sauront apprécier toute l'utilité de cette invention.

On remarquera parmi les objets exposés par ces industriels, des corsets dits Josselin, qui se lacent et se délacent avec une grande rapidité et toutefois se serrent et se desserrent progressivement;

Des corsets dits tissus, qui se délacent en une seconde, et qui, par la modicité de leurs prix, se recommandent aux mères de familles;

Des agrafes dites hygiéniques, pour ceintures de robes, au moyen desquelles on se serre et se desserre à volonté; il n'en faut qu'une pour plusieurs robes.

Des bouffantes mécaniques, pour remplacer les gigots; elles donnent aux dames la facilité d'annuler leurs bouffantes, et de les rétablir graduellement; une seule paire suffit pour plusieurs robes;

On confectionne aussi dans les magasins de MM. Josselin,

Pousse et comp. avec le même succès des corsets pour dames enceintes, pour nourrices et sans épaulettes, des ceintures avec ou sans élastiques.

N. 1344. M. PARIS, coiffeur des princes et princesses, breveté, passage Choiseul n° 25.

M. Paris expose :

1° Un tissu chevelu dont la finesse du travail laisse apercevoir la peau au travers des cheveux; il n'a pas le même inconvénient que les perruques en tresses ainsi que les perruques imitant la peau, dont le tissu ou trop épais ou trop compacte, et incommode les personnes qui en font usage. Ce tissu, que l'inventeur nommé tissu cadrille, est en crin et comme il ne peut ni se rétrécir ni donner aucune chaleur à la tête, il laisse la transpiration absolument libre. Jusqu'à ce jour on avait fait de nombreuses et inutiles recherches pour empêcher le tissu des perruques ordinaires de se rétrécir; le tissu en crin a levé des difficultés qui avaient paru insurmontables;

2° Un tour à plumets élastiques dont les boucles peuvent se prêter sans difficulté à toutes les exigeances du goût. Les dames qui feront usage de ces tours ne seront pas exposées à être décoiffées par le vent ou la pluie.

On trouve chez M. Paris l'eau de Jouvence, inventée par M. Dufour, perfectionnée par lui.

Prix des Toupets,	10 à 25 fr.	
Perruques,	20	35
Tours,	6	15

Les chimistes se sont long-temps occupés d'un procédé semblable, mais sans avoir obtenu de résultats satisfaisans. M. Paris, par son procédé, peut teindre les cheveux avec succès, de toutes couleurs et de toutes nuances.

Cette composition est divisée en huit numéros, c'est-à-dire, en huit teintes différentes.

Elle a, de plus, le grand avantage de ne pas salir les cheveux, ni de corroder la peau.

La livre se vend douze francs.

N. 1345. — M. PROESCHEL, quai Napoléon n. 23.

Enduit hydrofuge Proeschel. Tous les hydrofuges, n'ayant eu jusqu'à présent pour principe que de résister à l'humidité, leur insuffisance est aujourd'hui entièrement reconnue ; l'inventeur de ce nouvel enduit, pénétré après de nombreuses recherches des vraies causes de la dégradation, est enfin parvenu, par une composition chimique et en combinant son application, a résister à la force de l'action chimique et physique du principe destructeur : il empêche d'une part, les murs de devenir humides, et de l'autre, l'humidité de l'intérieur d'endommager la peinture ou autres objets appliqués sur la surface de ces murs. Ce procédé est très important, surtout pour garantir les tableaux et peintures exécutés dans les monumens publics sur la pierre ou le plâtre.

Nota. Le retard de l'admission de cet enduit, ainsi qu'une absence prolongée de M. Prœschel, l'ont empêché de préparer les objets qui devaient figurer à l'exposition.

N. 1346. — M. KOEHLER françois, relieur, rue des Fossés-Saint-Germain-des-Prés, n. 12.

M. Koehler, qui pendant plusieurs années a dirigé les travaux comme doreur chez M. Thouvenin, a depuis la mort de ce dernier, établi avec succès un atelier de reliure, où les connaisseurs trouveront tout ce qu'ils peuvent désirer. Il a exposé à côté de plusieurs ouvrages d'un grand prix, d'autres ouvrages fort simples, qui sont travaillés avec le même soin.

N. 1352. — MM. RINGAUD frères, fabricans de couleurs et vernis, impasse Sainte-Opportune, n. 8, rue Grange-aux-Belles.

Ces industriels ont exposé des produits de leur fabrique avec de grandes améliorations ; des prussiates de potasse perfectionnée, du bleu de Prusse surfin dit de Berlin, avec toutes les dégradations des nuances employées dans le commerce. Le vert de Schwinfurt de première qualité qu'ils ont importé et perfectionné et qu'ils fabriquent en grand, se distingue par les mêmes qualités. Ils fabriquent également le chrôme de toutes qualités, le carmin, les loques carminés et généralement tous les articles de couleur.

N. 1369. M. J. LAFOND, docteur en chirurgie, rue Vivienne n° 23. *Bandages thérapeutiques.*

Les bandages de M. Lafond sont le produit de recherches infatigables basées sur quarante années d'expérience. Plus souples et plus légers que des bandages ordinaires, leur ingénieux mécanisme les rend propres à recevoir toute espèce de médicament. Grâce à M. Lafond, la guérison radicale des hernies est devenue possible pour tout le monde, car à beaucoup d'autres avantages ses bandages joignent celui d'être d'un prix très-modéré.

N. 1378. M. LEGUÉ, horloger, rue Saint-Honoré, n. 137. *Huile pour l'horlogerie.*

Les différentes parties du mécanisme des montres offrent des frottemens qui ne peuvent être diminués que par l'emploi d'une substance grasse qui les libréfie.

Deux inconvéniens graves s'offrent dans l'emploi de certaines matières grasses; les unes non-seulement s'épaississent par le froid, mais deviennent solides, et cessent par là de produire l'effet pour lequel elles ont été employées : d'autres sont acides et corrodent plus ou moins fortement les pièces sur lesquelles on les a répandues.

L'huile que fabrique M. Legué, horloger, n'a aucun de ces inconvéniens; elle n'est nullement acide et ne peut corroder les parties qu'elle touche. L'usage a prouvé combien cette substance offre de propriétés utiles.

N. 1382. — M. GUÉZÉNEC (Joseph-Louis), ébéniste-tapissier, rue Saint-Yves, n. 23, à Brest.

Un tabouret à pivot et à vis; balustre-torse, plaqué en érable; patin, bois satiné, couvert d'une peau rouge maroquinée.

Il faut remarquer que la peau qui couvre le siége de ce tabouret et qui préalablement a dû être piquée très-d'aplomb et cylindriquement, est entière et exempte d'altération, plis ou nervure, sans qu'il ait été nécessaire toutefois de la mouiller ni de la chauffer pour lui en faire prendre la forme.

Jusqu'à présent, lorsqu'on couvrait un siége avec une peau on était toujours obligé de la couper à la vive arrête ou partie supérieure de la garniture, de rapporter une plate-bande à l'entour, afin d'eviter l'aglomération des plis à la feuillure ou partie inférieure du siége. Mais, après quelques recherches et quelques sacrifices, M. Guézénec est parvenu à trouver le moyen d'obvier à l'inconvénient de couper la peau et à la nécessité de coudre une crête ou gazon sur l'angle afin de cacher cette couture ; il a réussi à poser la peau entière sur le siége sans laisser apercevoir ni plis ni nervure.

N. 1398. — M. LAVALLÉE jeune, à Brest (Finistère). Capote imperméable.

La capote de M. Lavallée joint à la légèreté et à la finesse du tissu, le moëlleux et le lustre de la préparation imperméable, et cette dernière qualité est surtout digne de remarque. Car la préparation imperméable trouvée assez brillante pour n'avoir pas besoin de vernis extérieur, a un avantage immense, qu'on n'avait pu obtenir jusqu'à présent; elle empêchera certainement les toiles de se couper comme autrefois et permettra de les plier en tous sens. Il en résulte une sensible économie pour les personnes qui voyagent à cheval, puisqu'ils pourront ainsi les placer sans inconvéniens sous les courroies.

N° 1437. — M. VULLIAMY (Justin), filature de laine peignée, à Nonancourt, département de l'Eure. (Dépôt à Paris, chez MM. Joseph de Coninck, rue des Petites-Ecuries, n. 4.)

Un paquet en papier bleu contenant 5 demi-kilogrammes franc, numéro 86 millimètres ou kilog., répondant au numéro 75/76 numérotage de *Bradfort de 560 yards*.

Un paquet en papier bleu contenant 5 demi-kilogrammes chaîne (moulinée en deux bouts), numéro 60 millimètres au kilogramme.

Un châssis vitré contenant un petit dévidoir sur lequel sont étendus ces deux articles de manière à en faciliter l'examen.

N. 1439. M. CHARPENTIER (Alexandre), architecte à Vitry, ancien élève de l'école de Châlons, inventeur d'une machine à déblayer.

Cette machine, attelée de quatre chevaux et conduite par deux garçons de charrue, pioche, charge et transporte à trente mètres de distance quatre cent mètres cubes par jour de dix heures de travail.

Cette invention appliquée au creusement des canaux, à la construction des retranchemens et à toute espèce de travaux de déblaiement donnerait un résultat prodigieux.

N. 1444.—M. BELLÊME, chef d'une manufacture de coutils, à Évreux.

Fabrique les coutils pour lits, corsets et pantalons, en tout fil, fil et coton et tout coton.

Son dépôt à Paris est rue des Fossés-Saint-Germain-l'Auxerrois, n° 26.

N. 1449. — M. MARTIN (Jean-François), facteur d'instrumens à vent, à la Couture, près Pacy-sur-Eure.

Ce fabricant expose :

Une Clarinette en si, à 13 clefs.

Deux Clarinettes en ut, à 6 clefs.

Trois Flûtes en bois de grenadine et une en ébène avec 7, 6, et 5 clefs.

Quatre petites flûtes en grenadine, à 4 clefs.

Un flageolet en grenadine, à 3 clefs.

Après un examen qui a été entièrement favorable à M. Martin, le Jury départemental de l'Eure, dans sa séance du 25 mars dernier, lui a accordé une mention honorable.

N. 1465.—M. LEROUX, pharmacien à Vitry-le-Français.
Salicine.

Ce produit est un extrait de l'écorce du saule, nommée *salix-helix* qui croit abondamment dans les environs de Vitry-le-Français. Il est généralement employé pour couper les fièvres intermittentes, et il paraît jouir d'une autre propriété non moins importante, celle de rétablir les forces sans excitation ; c'est en un mot un des plus puissans toniques que possède l'art de guérir. Il est préparé en grand à l'aide d'une machine à vapeur à Vitry-le-Français, et il se trouve chez tous les fabricans de produits chimiques et droguistes de la capitale.

La découverte de ce précieux médicament, dont les avantages ont été constatés par un grand nombre de médecins, date de 1829, et elle est due à M. Leroux, auquel la Société des sciences physiques et chimiques de Paris a décerné une médaille et l'Académie des sciences un prix d'encouragement.

N. 1471. — ROUSSEL-HACHE (J.-B.), horloger à Versailles, rue Hoche, n. 23, ci-devant rue Dauphine.

M. Roussel-Hache, inventeur d'une horloge qui ne se remonte jamais et qui fut approuvée par l'Académie des sciences, le 26 mars 1827, est aussi l'inventeur des *insoporifères* ou réveils-matin, que l'on peut voir à l'exposition. Ces petites pendules d'un mécanisme fort simple et dont le service est facile, sont disposées de manière à recevoir toutes espèces de montres, et à réveiller à l'heure indiquée ; il suffit pour cela d'ouvrir la montre du côté du verre et de placer l'aiguille des heures près d'une petite détente qui, le matin, fait partir le réveil. M. Roussel n'ayant point de dépôts, prie les personnes de s'adresser directement à lui.

N. 1493. M. JOLY-CASALAT, mécanicien à Versailles.

Cet habile mécanicien a exposé :

1° Voiture à vapeur, destinée aux transports sur les routes communes.

2° Fusil à deux coups avec un seul canon.

3° Pompe universelle sans pistons ni soupapes.

4° Lampe hydraulique.

5° Phare.

N. 1496. — M. ROUSSEAU, arquebusier à Chartres (Eure-et-Loir.

Les fusils et pistolets exposés par M. Rousseau, n'ont, comme on peut le voir, que deux pièces pour la batterie ; le chien sert de noix ; la gachette et son ressort sont pris dans la même pièce, il suffit de deux vis pour rendre l'arme solide. Un garde feu, qui empêche la fumée d'incommoder le tireur, sert aussi à abriter les mains et donne la facilité de porter ce fusil sur le bras.

On pourra s'adresser, après l'exposition, pour essayer ces armes, chez Mme veuve Guenau, rue et île Saint-Louis, n. 62, à Paris.

N. 1551. — MM. GERBERT fils aîné et GÉNIN, fabricans de draps, à Vienne (Isère).

Parmi les produits envoyés à l'exposition par la fabrique de Vienne (Isère), nous avons remarqué un drap façonné de

MM. Gerbert fils aîné et Génin, qui mérite d'être étudié avec une scrupuleuse attention. Ce genre de tissus sur lequel on distingue un dessin parfaitement régulier, conserve toujours à l'endroit, quoique façonné, le mérite d'un drap lisse, et son apprêt en est aussi beau. La variété des dessins et des couleurs que peuvent offrir les fabricans qui en sont les inventeurs, doit donner à cette étoffe une vogue assurée.

L'industrieuse ville de Vienne se distingue, depuis longues années, par la bonté de ses draps; et grâce aux soins intelligens d'un certain nombre de jeunes fabricans, elle est devenue une des plus importantes fabriques de France.

N. 1550. — M. BERLINER, à Strasbourg (Bas-Rhin).

M. Berliner a obtenu cette année un brevet d'invention en faveur d'un nouveau système d'enseignement simultané des élémens de la musique et des écritures anglaise et allemande, accompagné d'un plastron orthopédique pour la position du corps, ou plutôt pour empêcher les attitudes vicieuses du corps en écrivant, à l'usage des écoles primaires industrielles, colléges royaux, écoles normales, etc., etc. Professeur de calligraphie, expert écrivain vérificateur près la cour d'assises et les tribunaux civils du département du Bas-Rhin, M. Berliner est l'inventeur de ce procédé calligraphique, qui présente le double avantage d'appliquer la musique à l'enseignement de l'écriture, et d'en rendre l'exercice simultané pour un très-grand nombre d'élèves. On peut regarder son plastron orthopédique, du reste très-simple, comme une précieuse découverte, un heureux secours pour la jeunesse, un grand progrès pour l'écriture. L'emploi en est facile et le prix modique.

S'adresser à M. Berliner, rue Brûlée, n° 28, à Strasbourg, et à Paris, chez F.-G. Levrault, rue de la Harpe, n° 31.

N° 1576. — M. JOHANNOT (François), fabricant de papier, à Annonay (Ardèche).

M. Johannot est un des plus anciens fabricans de France, et il a puissamment contribué, ainsi que ses ancêtres aux développemens de cette industrie; aussi plusieurs médailles d'or lui ont-elles été déjà décernées à différentes époques.

Il a dans ce moment des machines à papier en pleine activité; son dépôt est à Paris, chez M. Buhot, rue de Cléry, n. 9.

N. 1583. — M. SOUTAIN, fabricant de cotons à broder, à Saint-Mihiel, (Meuse).

On trouve dans cette excellente fabrique de Saint-Mihiel, des cotons perfectionnés en georgie-longue-soie pour la broderie au plumetis, bottelés par demi-livre en grand format, et des cotons en courte soie de choix, bottelés dans le même genre, et aussi en douzaine pour le même usage, ainsi que pour la broderie au crochet.

N. 1604. — M. HUGUES de Bordeaux. — *Semoir et Sarcloir-Hugues.*

Depuis long-temps les agronomes instruits avaient fixé leur attention sur les pertes immenses qu'éprouve chaque année l'agriculture, par l'usage habituel de semer les céréales à la volée ; et c'est afin d'obvier à cette perte incalculable, que beaucoup d'entr'eux ont inventé des moyens plus ou moins ingénieux pour planter ou semer les blés ; mais bientôt il a fallu renoncer aux premiers procédés, parce que les frais d'exploitation n'étaient pas compensés par les résultats. Quelques célèbres agronomes, qui dirigent aujourd'hui nos fermes expérimentales, emploient des semoirs plus ou moins variés, qui, jusqu'à ce jour, n'ont cependant pas paru remplir parfaitement le but desiré.

M. Hugues, avocat à la Cour royale de Bordeaux, et propriétaire-cultivateur à Pessac, considérant avec raison l'utilité de la libre circulation de l'air autour des céréales, a inventé un semoir qui procure les plus grands avantages sous le double rapport de l'économie et de la beauté des grains. Sa construction extérieure est simple et très-solide : elle consiste en une caisse surmontée par deux trémies, dans lesquelles on dépose les grains ou semences qu'on veut enfouir. Ces grains sont divisés dans des tuyaux par l'action de la rotation d'une roue placée devant l'appareil, et conduits dans le fond des rayons tracés par des coûtres.

L'instrument sème ou ne sème pas, à volonté. Ainsi, quoiqu'en action et les trémies pleines de grains, le conducteur n'a qu'à presser un bouton pour le faire semer ou pour arrêter la semence ; d'où il résulte un grand avantage pour l'économie de cette semence et la célérité du travail.

L'instrument sème à l'alignement avec une parfaite régularité, et le vent ne peut être un obstacle à l'action du semoir,

Sept coûtres sont placés latéralement et à la distance de six pouces chacun au bas de cet instrument, et sont immédiatement suivis par les tuyaux dont nous venons de parler, et ces derniers, à leur tour, sont également suivis par des chaînes qui, faisant l'effet d'un rateau, couvrent tout de-suite la semence, de manière à ce qu'il ne puisse pas se perdre un seul grain.

Un seul conducteur peut faire fonctionner cet le semoir, à à l'aide d'un cheval de moyenne force, et cela avec d'autant plus de raison, que cet instrument étant supporté par trois roues, n'exige pas une force majeure pour être mis en action.

En résumé, par l'usage du semoir de M. Hugues, on obtient :

1° Economie de la moitié de la semence;

2° Très-grande économie de temps, et par ce moyen, toute la latitude possible de choisir un jour convenable pour ensemencer les champs, puisqu'un individu peut ensemencer au moins deux hectares de terrain dans un jour;

3° Que les plantes étant peu enfoncées en terre, prospèrent et tallent avec beaucoup de force, et que pas un seul grain ne se trouve perdu pour l'agriculture;

4° Enfin, que l'isolement des rayons permet la libre circulation de l'air autour de la plante, et contribue pour beaucoup à sa belle végétation.

M. Hugues a aussi inventé un sarcloir non moins ingénieux que l'instrument principal dont il est l'accessoire indispensable; sa forme est simple et son emploi très-facile : un homme le pousse devant lui comme une brouette en se dirigeant sur les plantes alignées. Les cultivateurs, qui connaissent les nombreux avantages de sarcler toutes les plantes semées en lignes, seront heureux d'avoir un instrument qui expédie l'ouvrage d'une manière vraiment étonnante, et qu'à juste titre on pourrait nommer l'*épargne-temps*.

Une foule d'expériences ont été faites avec ces instrumens dans un grand nombre de départemens de la France en septembre, octobre et novembre 1832, et en mars, avril et mai 1833, et partout en présence de commissions nommées par les diverses sociétés agricoles du pays et de tous les agriculteurs que l'on a pu réunir. Les commissions ont suivi et observé, jusqu'après les récoltes, les diverses graines confiées à la terre et ont constaté, dans des rapports, les résultats que nous venons de faire connaître. Ces rapports qui ne laissent aucun doute sur les immenses avantages de cette nouvelle méthode, se distribuent à Paris, rue Lepelletier, n. 15, chez M. Godefroy, beau-frère et correspondant de M. Hugues.

N. 1605. M. ANDRÉ (Jean), à Villeneuve, près de la Rochelle (Charente-Inférieure). — *Charrue à avant-train.*

Cette charrue réunit plusieurs avantages ; elle fonctionne sans qu'on ait la peine de la diriger, même au bout de la raie ; elle tourne seule, et elle fait mouvoir un semoir et une herse.

La charrue est tellement fixée sur son avant-train, que ce serait en vain qu'on voudrait, à l'aide d'un mancheron, la faire dévier ; aussi suit-elle exactement la même direction que la force, ce qui fait que son labour est régulier ; elle fonctionne depuis deux jusqu'à neuf pouces de profondeur.

Le semoir qui y est adapté, et qui est mu, à l'aide d'une chaîne, par la roue gauche de l'avant-train, sème le blé ou de l'engrais en poudre, ou bien l'un et l'autre ensemble.

M. André (Jean), dans sa pratique, s'en est servi avec beaucoup d'avantage pour les tourteaux de colza en poudre ; il suffit d'agrandir plus ou moins l'ouverture, pour répandre dans toute la largeur de la raie la quantité qu'on désire mettre par hectare ; en mêlant le blé avec l'engrais, ou en le semant seul, il est très-utile de faire suivre une petite herse qu'on peut attacher au versoir de la charrue, pour que le blé soit également couvert. De cette manière, pourvu cependant que le blé ne soit pas enterré à plus de deux à trois pouces, on a l'avantage, au mois de mars suivant, de faire herser fortement et plusieurs fois le blé, sans craindre d'en détruire.

Cette charrue, construite en fonte ainsi que les roues de l'avant-train, prise à la fabrique de M André, à Villeneuve près la Rochelle, coûte 150 fr.

L'extirpateur monté sur le même système que la charrue, coûte 200 fr.

Une charrue et un extirpateur ensemble pour un seul avant-train, 260 fr.

N. 1607. M. GUIBAL ANNEVEAUTE, de Castres, département du Tarn, manufacturier, membre du conseil général des manufactures.

Voici quels sont les produits exposés par ce fabricant :

1° Un drap cuir-laine cachemire ;

2° Un drap cuir-laine, double mimot ;

3° Un drap amazone, double croisé ;

4º Un drap zéphir ;

5º Une hybérine drap ;

6º Une castorine cachemire ;

7º Un casimir zéphir ;

8º Un casimir double mimot ;

9º Une flanelle mérinos ;

10º Une espagnolette croisée.

Tous ces produits sont dans la consommation ; ils ont été déjà présentés aux expositions de 1823 et de 1827 , sauf l'hybérine drap, l'amazone double croisé garance, et le casimir double mimot, qui sont exposés pour la première fois. Les consommateurs ont apprécié la bonne fabrication de M. Guibal Anneveaute ; un succès toujours croissant a récompensé ce manufacturier de tous les soins qu'il a pris pour créer à Castres , sur une très-grande échelle , des ateliers dans lesquels sont mis en pratique tous les perfectionnemens connus jusqu'à ce jour.

Parmi les échantillons présentés à l'exposition de 1834, par M. Guibal Anneveaute, on remarquera surtout les articles nouveaux que ce manufacturier offre à la consommation.

Le drap amazone, double croisé garance, est spécialement destiné à MM. les officiers de la ligne et de la cavalerie, pour les pantalons d'été. Ce drap, double croisé, d'un tissu fin et serré, remplira toutes les conditions de son emploi.

L'hybérine drap est une étoffe d'hiver ; ce drap a deux faces ; l'une à poil forme l'envers ; l'endroit apprêté classera l'hybérine parmi les étoffes de bonne mise. Nous ne doutons pas que ces étoffes d'un genre nouveau, n'obtiennent un grand succès.

Le casimir double mimot est l'article que les Anglais offrent à la consommation avec le plus grand succès. C'est l'étoffe pour pantalon d'automne, comme le drap cuir laine est celle pour pantalon d'hiver.

Les efforts et les sacrifices que fait constamment M. Guibal Anneveaute dans l'intérêt de son département , sont connus et appréciés depuis long-temps, et la ville de Castres conservera, nous n'en doutons pas, le rang honorable qui lui a été déjà assigné parmi nos villes manufacturières.

N. 1609. — MM. BAUX aîné et compagnie, à Mazamet, (Tarn), ont exposé, entre autres articles de leur fabrique, des algériennes 4/8 et 5/4 qui, sans aucun apprêt, que celui du garnissage et du ciseau, sont préférables, sous tous les rapports, au soria et à la castorine.

Les premiers, ils commencèrent en 1830 à entreprendre cette fabrication, et depuis, ils ont constamment travaillé à la perfectionner; aujourd'hui ils fournissent ces étoffes avec avantage dans les départemens du Lot, la Corrége, Dordogne, Gironde, Charente, Charente-Inférieure, Vienne, Deux-Sèvres, Vendée, Loire-Inférieure, Maine-et-Loire, etc.

N. 1627. M. DE SAINT-BRIS, membre du conseil-général de manufactures, chevalier de la Légion-d'honneur, propriétaire-directeur de la manufacture d'acier et limes à Amboise (Indre-et-Loire).

Cette fabrique existe depuis un demi-siècle. C'est à Amboise qu'a été faite la première conversion du fer en acier par la concentration, et c'est grâce à cette découverte que la France a cessé d'être tributaire de l'étranger.

La fabrique de Saint-Bris occupe deux cents ouvriers; ses produits sont répandus dans toute la France, et elle fait vivre le tiers de la population d'une ville de cinq mille ames; depuis trente ans elle approvisionne les arsenaux de la marine et depuis vingt ans ceux de l'artillerie de guerre.

De pareils faits disent assez combien cet honorable manufacturier a mérité les récompenses et les distinctions que réclament les services rendus au pays. Aussi a-t-il obtenu une médaille d'or et deux rappels de médaille d'or aux trois dernières expositions, et une médaille d'or, en 1848, à la société d'encouragement.

N. 1648. — M. BORDEAUX, fabricant d'instrumens de chirurgie à Montpellier (Hérault).

M. Bordeaux, à qui la chirurgie doit déjà plusieurs instrumens qui ont été approuvés par différentes sociétés savantes, en expose cette année deux nouveaux appelés *forceps*, qui offrent aux praticiéns de nombreux avantages. On pourra remarquer que le travail, quoique long, a été fait avec beaucoup de soin, et que l'exécution ne laisse rien à désirer.

M. Bordeaux dont les ateliers sont montés à l'instar de ceux de Paris, tient un assortiment d'instrumens de chirurgie, qu'il peut livrer à des prix très-modérés.

L'auteur a complété son travail par l'invention d'une règle mécanique, imitée de la règle glissante des Anglais *slinding rule*, au moyen de laquelle on transforme la force apparente des liqueurs alcooliques en force réelle. Cette règle, exécutée d'après les tables calculées par M. Gay-Lussac, donne le moyen de connaître au premier aspect, quel est le titre correspondant au degré centésimal, exprimé en degrés de Cartier et de Bories.

OEno-alcoomètre, ou appareil à essayer les vins.

L'œno-alcoomètre, exposé aussi par M. Placide Boué, fut inventé par M. Félix Dunal ; mais celui-ci ne l'ayant fait que pour les distilleries du Midi, avait basé son opération sur un volume de 693 litres de vin (un muid), amené par la distillation en veltes 3ı6 de Montpellier ; dans cet état, la graduation adoptée par l'inventeur de l'appareil, ne pouvait être utile que dans les localités où l'on fait usage des mesures appelés *muids* et *veltes*. Ce précieux appareil serait resté inconnu à toutes les autres localités, sans les heureuses modifications opérées par M. Placide Boué, soit en changeant totalement la forme primitive, ce qui lui a permis d'en abaisser sensiblement le prix, soit en substituant à l'ancien aréomètre gradué en veltes 3ı6, l'alcoomètre centésimal, et surtout en ne posant plus de bornes au volume du vin, dont on veut connaître la richesse alcoolique, ainsi qu'au degré de la liqueur, auquel on voudra l'amener par la distillation.

Le temps nécessaire à l'opération est de douze minutes, et il suffit de voir opérer ou de lire une seule fois la description de l'opération pour être dans le cas d'opérer soi-même avec confiance et succès.

Nº 1651. — M. PLACIDE BOUÉ, de Montpellier (Hérault), alcoomètre en argent, portant toute l'échelle centésimale.

Jusqu'à ce jour, aucun alcoomètre n'avait porté sur la même tige toute l'échelle centésimale; M. Placide Boué a résolu ce petit problème d'une manière aussi simple qu'ingénieuse. A l'aide de deux poids additionnels, l'artiste a réuni sous une tige quadrangulaire, toute la graduation de l'alcoomètre, sans donner à son instrument plus de volume qu'à ceux dont on se sert tous les jours, et qui ne contiennent souvent que la moitié ou le tiers de l'échelle centésimale.

N. 1656. — MM. ARMINGAUD, MINGAUD et Comp^e.,

fabricans de drap à Saint-Pons (Hérault).

Cet établissement est situé au bord de la rivière de Jaur, qui le sépare de la route de Saint-Pons à Béziers, à un kilomètre de distance et dans le rayon de l'octroi de la ville de Saint-Pons. Il est pourvu de machines à battre, à diabler, à drosser, à carder, à filer la laine; de celles à fouler, à lainer et tondre le drap. Ces machines sont mues par un hydraulique représentant la force motrice d'environ vingt-cinq chevaux-vapeur.

Il possède un atelier de teinture et de presses pour teindre, ramer et presser le drap, et un appareil d'apprêt indestructible à la vapeur. Dans l'établissement se font généralement toutes les opérations qu'exige la fabrique du drap, excepté celle du tissage, dont les métiers sont disséminés sur divers points des communes de Saint-Pons et de Riols.

Il consomme annuellement quarante-un mille cinq cents kilogrammes de laine. Un quart de cette matière première est importée d'Espagne; les trois autres quarts sont de production française.

Il consomme aussi pour environ quarante mille francs de drogues de teinture, huile ou savon, provenant en majeure partie de productions exotiques.

Dans la quantité des laines indigènes qu'il consomme, les départemens méridionaux y concourent pour trois parties; l'autre partie est fournie par les départemens de la Seine, Seine-et-Marne, Seine-et-Oise, Loiret et Eure-et-Loir.

Il produit annuellement environ quarante-cinq mille aunes de drap.

Un quart de ces produits a ses débouchés dans les exportations en Italie, à Naples, à Alger, en Grèce, en Egypte ou en Turquie. Les autres trois quarts se consomment en France.

Ces produits sont de deux genres de fabrication. L'un, léger, appelé zéphyr ou londrin, est propre aux habillemens d'été, aux tentures ou à la fabrication des meubles ou des casquettes; l'autre, d'un tissu plus fort et d'un feutre plus complet, sert à l'habillement ordinaire. L'un et l'autre genre se subdivisent en plusieurs qualités, dont le prix courant varie depuis huit francs jusqu'à treize francs l'aune de cent vingt centimètres.

La fabrication de ces produits fournit du travail à trois cents ouvriers, dont cent cinquante sont employés dans l'établissement même, et cent cinquante dans l'intérieur des communes de St.-Pons et de Riols.

Parmi ces ouvriers, partie sont payés à la journée, et partie à forfait ou à tant la pièce.

Le prix moyen de la journée pour les hommes est d'un franc cinquante centimes; pour les femmes et les garçons de douze à quinze ans, de soixante quinze centimes ; pour les enfans au-dessous de douze ans, de cinquante centimes.

En 1827, MM. Armingaud, Mingaud et Cie, firent paraître leurs produits à l'exposition qui eut lieu à Toulouse, et le jury leur décerna une médaille d'argent.

Voici la note des draps qu'ils exposent cette année :

44414 — 16 $^{11}/_{12}$ gris frais.	} Drap-cachemire à 11 f. 50 c.
44291 — 15 $^{4}/_{12}$ café au lait.	
44393 — 15 $^{9}/_{12}$ amaranthe.	} Drap dito à 13
44410 — 16 $^{2}/_{12}$ cerise.	
44409 — 15 $^{8}/_{12}$ écarlate.	
44445 — 14 $^{10}/_{12}$ gris bleuté.	} dito 2e série, à 10
44446 — 12 $^{2}/_{10}$ bleu de roi.	
44415 — 16 $^{6}/_{12}$ vert de Saxe.	dito 11

Les huit premières pièces sont d'une qualité de drap léger, connu sous le nom de Zéphyr, propre à l'habillement d'été, aux tentures et à la fabrication des casquettes.

23278 — 14 $^{6}/_{12}$ bleu de roi, drap métis	8 fr. 50 c.
30135 — 13 bleu de roi, drap mérinos,	11
32161 — 14 bleu de roi, *id.*	12
32166 — 14 *id.* *id.*	12
32163 — 14 amaranthe, *id.*	13 50

Les cinq dernières pièces sont de la qualité propre à l'habillement ordinaire.

N. 1697. M. T.-B. BECHÉTOILLE et Compagnie, fabricant de papiers, à Bourg-Argental (Loire), entre Annonay et Saint-Étienne. Dépôt à Paris, rue Thévenot, n. 12, chez Isnard; à Marseille, chez Delestrade.

La papeterie de Bourg-Argental fut construite en 1826, par MM. Montgolfier et Bechétoille, d'Annonay, d'après les procédés les plus nouveaux, et elle est en activité depuis 1827. Sa force motrice est de 96 pieds de chute, représentant 140 chevaux. Elle livre au commerce 210,000 kilogrammes de papier par an. Six moulins à cylindre, un moulin à maillets, mus par

244

des eaux constantes, alimentent la machine à papier, qui travaille dix-huit heures par jour, avec une vîtesse moyenne de 35 pieds à la minute, en fabricant du carré d'impression du poids de 7 à 8 kilogrammes. La plupart de ses produits se vendent concurremment avec ceux d'Annonay ; et ses machines perfectionnées, en réduisant les frais, ont permis à ces fabricans de diminuer leurs prix.

N. 1714 M. le comte Max. DE PERROCHEL, propriétaire à Saint-Aubin-de-Locquenay, canton de Fresnay, arrondissement de Mamers (Sarthe).

Le département de la Sarthe livre annuellement au commerce un nombre très-considérable de toiles de lin et de chanvre, qui jouissent d'une réputation méritée. Ses plus beaux produits en ce genre sont fabriqués dans le canton dont la ville de Fresnay, qui possède une halle aux toiles, est le centre.

Industriel par goût, et dans une belle position de fortune, M. le comte de Perrochel entreprit, il y a quelques années, d'améliorer encore la fabrication des tissus dans ce département. Il commença par visiter les établissemens de toileries de la Flandre ; et, de retour en France, son premier soin a été de former des fileuses dont les progrès furent tels que MM. les fabricans allaient voir les toiles de cette fabrique sur les métiers, comme un objet de curiosité. M. de Perrochel est arrivé à faire filer des fils de lin de 90,720 mètres à la livre, plus de 22 lieues et demie, à raison de 4000 mètres à la lieue. La toile la plus belle de la fabrique de Fresnay, en deux tiers pleins, n'avait jamais dépassé, jusque là, 3920 fils de chaîne, tandis que M. de Perrochel porte ce nombre à 5600 : différence en plus, 1680 fils.

Les objets que ce fabricant expose sont au nombre de trois ; savoir :

1º Une toile de lin, blanche, de 30 aunes, en 2/3 pleins.

2º Une *idem* de chanvre, écrue, de 30 aunes, 2/3 pleins forts.

3º Deux échantillons de marbre de sa commune.

La toile de lin, plus frappée, dans laquelle il entre plus de matière, meilleure par conséquent que celles des autres fabriques de France, a paru au jury de la Sarthe d'une beauté digne de remarque, et telle qu'il n'en est jamais sorti de la fabrique qui puisse lui être comparée sous aucun rapport.

Même éloge a été donné par ce jury à la toile de chanvre, produit plus extraordinaire en raison de la dureté, de la grossièreté des filamens de cette plante torotile. Et cependant la matière a été recueillie, préparée, filée et tissée dans ce canton, sans employer d'autres rouets, d'autres métiers que ceux dont on se sert habituellement. Cette assertion sera appuyée devant le jury par la production de certificats des autorités locales.

Quant aux deux échantillons de marbre (chaux carbonatée polissable) que l'exposant a fait polir, ils proviennent d'une carrière située dans la commune de Saint-Aubin-de-Locquenay, et qui n'est exploitée qu'à sa surface, pour en extraire de la pierre à bâtir. Nous appelons l'attention des marbriers sur ce produit du règne minéral. La carrière dont il s'agit est d'une grande richesse, et une route départementale passe tout près de là.

M. le comte de Perrochel a fait déposer à l'exposition, auprès de ses toiles, une brochure aussi utile qu'intéressante sur un *Nouvel encollage des chaînes de tissus.*

N° 1717. — M. BERGER DELEINTE, fabricant de toiles à Fresnay-le-Vicomte (Sarthe).

Cette fabrique produit des toiles en lin et en chanvre depuis 2|3 jusqu'à trois aunes de large pour chemises, serviettes, nappes et draps sans coutures, et des toiles fortes pour tableaux en toutes largeurs.

M. Berger Deleinte a obtenu une médaille d'argent à l'exposition départementale de 1831.

N. 1721. — MM. CONEAU et compagnie, conservateurs de substances alimentaires, au Mans, (Sarthe).

Dès l'année 1828, ces industriels ont fondé dans le département de la Sarthe, un établissement pour la conservation des *substances alimentaires.* Il n'en existe que trois ou quatre dans toute la France.

Depuis que les marins font usage de ces conserves alimentaires, les voyages de long cours sont moins pénibles et moins nuisibles à leur santé, qui n'est plus compromise par le scorbut et les autres maladies auxquelles on est exposé sous l'influence d'un usage prolongé de viandes salées. Les équipages profitent déjà de cette industrie nouvelle; car on donne des conserves aux matelots malades, et pour les voyages très-longs, pour la pêche de la baleine, il est plusieurs armateurs qui, par humanité et par économie bien entendue, font distribuer trois fois par semaine, à tout l'équipage, des rations de bouilli entouré de bouillon concentré qui, étendu d'eau, produit un potage tout aussi bon qu'on peut l'avoir à terre.

Ajoutons que l'art de conserver des substances alimentaires a ouvert à la France de nouvelles valeurs à importer en pays étranger au profit de la balance de notre commerce ; car les Américains enlèvent beaucoup de produits, et ces colons en consomment dans leurs habitations.

Plusieurs des produits de cet établissement trouvent en outre un débouché dans l'intérieur ; car depuis quelques années, il débite des petits pois et autres légumes conservés à Paris et dans les principales villes.

On confectionne annuellement, dans l'établissement de MM. Coneau et compagnie, plus de 40,000 boîtes de conserves, et ils ont des entrepôts importans à Brest, au Havre, à Nantes, à Marseille. Ils possèdent en outre un établissement au Croisée, port de mer, pour la conservation des sardines et autres poissons de mer qui leur arrivent tous les jours au sortir des filets.

N° 1752. — M. PROSPER DELAUNAY et Comp^e à Laval (Mayenne).

Voici le détail des produits de la fabrique de ces exposans :

Drills pour pantalons en pur fil de lin.

Drill jaune satin	n° 1.
— gros grain,	2.
— grain superfin,	3.
Drill gris naturel,	4.
— gris ardoise clair,	5.
Drill blanc gros grain,	6.
— grain superfin,	7.
— satin cuir fil,	8.
— satin superfin,	9.
Drills façonnés,	10, 11, 12, 13.
Drill satin Marengo, pur fil bon teint,	14.
Toile écrue 4240 fils en chaîne,	15.
— blanche,	16.
Service damassé de 12 couverts,	17.

La maison Prosper Delaunay et compagnie, est la première qui ait fabriqué en France ces drills à l'imitation des drills anglais. Toutes ces pièces sont les qualités courantes qu'elle livre à la consommation depuis plusieurs années; aucune n'a été fabriquée exprès pour l'exposition.

N. 1756. M. HENRI jeune, propriétaire d'une usine à scier le marbre, à Laval (Mayenne).

Peut livrer au commerce les marbres de diverses couleurs qu'il a exposés, au prix de 1 fr. 25 c. le pied carré superficiel, et de 6 fr. le pied cube.

N. 1784. — M. de GALLIFFET, à Thalanet (Bouches-du-Rhône). — *Carrières de marbres.*

Ces carrières, ainsi que le prouvent les trois colonnes qui sont sous les yeux du public, sont en pleine exploitation. Le propriétaire, en abandonnant d'anciennes fouilles, a découvert en 1828 quatre variétés de marbres toutes nouvelles. La dureté du ciment, qui réunit les nadules qui les composent, les rend susceptibles de résister autant que le granit à l'influence de l'atmosphère ; aussi ces marbres peuvent-ils être employés avec succès aux décorations extérieures, et sont-ils dignes de figurer parmi les plus beaux de ceux choisis pour les ameublemens.

Ces carrières sont inépuisables, et seules elles peuvent fournir des colonnes de 10, 20, 50, et jusqu'à 60 mètres de longueur. (Prix : 40 fr. le pied cube rendu à Paris).

Elles ont été l'objet de deux rapports très-favorables, l'un à la Société d'encouragement en 1828, par M. Hericart de Thüry, et l'autre à la direction générale, par l'ingénieur des mines du département. M. de Galliffet a des dépôts sur les carrières même au Thalanet; à Paris, au Louvre; et à Aix, chez Bastiany, sculpteur.

N. 1789. — M. GRAUX (Jean-Louis), cultivateur à Mourchamp; commune de Juvincourt (Aisne).

Laine-Soie, produite par les béliers et les brebis de son troupeau. Cette sorte de laine, qui n'existe que dans le troupeau de M. Graux, imite autant que possible le cachemire, les brins ayant la même contexture et le même soyeux.

248

Il est redevable de ce nouveau genre de laine à un bélier né
dans ses bergeries, en 1828, de la race mérinos arrivée à l'état
de pureté après une suite de métissages pendant trente années.
Depuis cinq ans, le nombre des animaux qui produisent le même
genre de laine, s'est élevé à soixante-dix, dont trente-quatre
béliers. M. Graux possède, en outre, plus de deux cents métis
béliers et femelles, qui se font remarquer par une telle supériorité
de lainage, que les laines mérinos les plus belles n'offent rien de
comparable à leur matière soyeuse et lustrée. Il a cru devoir
également faire figurer à l'exposition un certain nombre de ses
échantillons métis, dans lesquels on pourra reconnaître l'exactitude de cette assertion. Au mois de juin prochain, il mettra en
vente une vingtaine de béliers de race pure, et environ quatre-
vingts métis.

Des tissus de cette laine, fabriqués par les soins de M. le baron
de Fourment, manufacturier à Cercamp-les-Frévent (Pas-de-
Calais), doivent aussi figurer à l'exposition.

N. 1791. MM. MORET et comp. de Moy, près Saint-Quentin, (Aisne) — *Filature de Lin.*

Cet établissement important dans son genre, créé en 1825, a
marché sans interruption depuis cette époque.

Déjà en 1827, ces messieurs ont obtenu une mention honorable pour des fils de lin simples, seuls produits qu'ils fabriquaient
alors; (la filature de lin est, ont le sait, un problème dès long-
temps résolu.) Mais depuis, M. Moret a trouvé le moyen de filer
les étouppes et jusqu'aux plus mauvais déchets des plus mauvais
lins; ces messieurs en ont appliqué les fils à différens genres de
toiles fort avantageuses pour draps, chemises d'ouvriers et linge de
ménage commun, pour sacs de toutes espèces, pour sucreries et
pour grains; ils s'occupent en ce moment de fabriquer du papier
avec les *balayures* de leur établissement.

Mais la plus ingénieuse de ces applications, est l'emploi qu'ils
en ont fait pour tapis de pied, qui joignent à une grande solidité
le précieux avantage d'être à l'abri de l'atteinte des vers. Ces
tapis qui, par la modicité de leurs prix, sont à la portée de tout
le monde, nous paraissent devoir être recherchés, surtout pour
être mis dans les escaliers, autour des billards, dans les théâtres
et dans les maisons de campagne.

Les prix de ces objets eussent été beaucoup plus modérés sans l'excessive augmentation que les lins ont éprouvée par le manque total de la récolte dernière.

Cette industrie si éminemment nationale et si intéressante pour l'agriculture, serait bien digne d'un peu d'intérêt et de protection de la part du gouvernement. Le lin est en effet une des plantes les plus avantageuses pour fertiliser les jachères qu'il est si important de faire disparaître de nos assolemens, et la matière première employée par chaque ouvrier de ces établissemens, fournit, avant son entrée en fabrique et pour sa conversion en lainage, en travaux préparatoires de bouissage, teillage etc. , de quoi subvenir à l'entretien et à la nourriture de deux famille *françaises*; qu'on rapproche ce résultat de la filature de coton, qui entre chez nous tout prêt à filer, et qu'on évalue, si l'on peut, combien de millions d'élémens de travail cette dernière industrie nous enlève ! Et pourtant on ne voit qu'elle, on fait tout pour elle. Les filés de coton sont prohibés à la frontière et les filés de lin, ce produit de notre sol, entrent moyennant un simple droit de balance; aussi les étrangers, et surtout les Anglais, en profitent-ils.

N. 1793. — M. GUILLE (Auguste), à Saint-Quentin (Aisne).

Fabricant de broderie au plumetis, sur mousseline et jaconas, par l'opération du tissage, et breveté pour ce procédé tout nouveau, a exposé deux pièces de ses tissus brodés au plumetis, avec raies du jour, ast et entre-deux, l'une en mousseline et l'autre en jaconas.

N° 1801. — MM. le baron DE POILLY, propriétaire, officier de la Légion-d'Honneur et DE L'AGE, administrateur-directeur de la verrerie royale de Folembray (Aisne), de ses annexes et dépôts.

Cette verrerie fabrique et livre annuellement au commerce de la Champagne, de la Bourgogne, de Bordeaux, de Paris, etc., environ trois millions de bouteilles de toutes formes, et soixante mille cloches à jardin.

Elle a des dépôts :

1° A Epernay, Ay et Avize, tenus par J.J. Colsenet père, préposé à Epernay ;

2° A Reims, tenus par R. Mongel, préposé à Reims, rue du Grenier-à-Sel, n. 5 ;

5° Et à Paris, tenus par M. Doré, préposé, rue du Paradis, n. 14 *bis*, faubourg Poissonnière.

N° 1807 — M. MAURICE-COLIN, fabricant de dentelles, à Arras, (Pas-de-Calais).

Ce fabricant dirige cinq cents ouvriers environ, travaillant plus de huit cents dessins dont les prix varient de vingt centimes à huit francs l'aune. Il administre l'atelier des jeunes orphelines de la ville, atelier fermé où se fabriquent des dessins toujours nouveaux.

Les dentelles d'Arras conviennent et se vendent dans toute la France, en Angleterre et aux États-Unis.

N. 1809. — M. CUVILLIER, fils ainé, à Saint-Omer, (Pas-de-Calais); haut-bois perfectionné.

Le haut-bois est sans contredit l'instrument à vent en bois, dont la confection présente le plus de difficultés, sous le rapport de la perce et de la justesse. M. Cuvillier s'est spécialement attaché à l'améliorer sur ces deux points très-essentiels. Voici en quoi consiste cette amélioration :

1° La grande clef n. 1er donne si *bécare* grave, ce que l'on ne peut faire avec les haut-bois français sur lesquels cette clef ne sert qu'à corriger l'*ut* grave qui est beaucoup trop haut.

2° La 10e clef, qu'il a le premier importée en France, sert, par la manière dont il la place, à couler les octaves depuis sa *bécare* en bas, jusqu'au si *bécarc* en haut ; elle sert aussi à faire sortir les notes aigues.

3° La forme est plus élégante et plus légère que celle des haut-bois ordinaires.

N. 1812. — M. THEODORE GAUDY, marchand de marbre et marbrier, à Boulogne-sur-Mer (Pas-de-Calais).

M. Gaudy est propriétaire des trois principales carrières du Boulonnais. Deux fournissent le *marbre Napoléon*, et l'une d'elles a donné tous les marbres employés à l'érection de la colonne de la grande armée, sise à Boulogne-sur-Mer. Ces deux carrières, qui se font remarquer par la beauté et l'énormité des masses qu'elles produisent, ont encore fourni des marbres pour le monument du rond-point des Champs-Elysées, pour le palais de la Bourse, à Paris; pour le monument élevé il y a peu d'années à Caen, en Normandie, etc.

La troisième, qui produit le *marbre lunel*, en a fourni pour la cathédrale d'Arras, pour le palais de la Bourse, à Paris, etc. Elle a aussi fourni des meules pour les poudrières de France.

Non loin de ces carrières, M. Gaudy possède une scierie à quatre cadres, mue par l'eau, où se réduisent en tranches de toutes épaisseurs, les marbres qu'il emploie dans ses chantiers et qu'il livre au commerce. Dans la cour de cette usine se trouve un atelier où l'on confectionne la marbrerie d'ameublement.

Il possède en outre, à Boulogne-sur-Mer, où est le siége de ses opérations, un établissement qu'il a hérité de son père. Cet établissement, depuis plus de quarante-cinq ans, jouit d'une grande réputation à l'intérieur et à l'étranger pour les beaux ouvrages qui en sont sortis.

Enfin ses carrières et ses divers établissemens occupent presque continuellement 100 à 120 ouvriers.

M. Gaudy a obtenu déjà deux médailles d'argent, l'une à l'exposition de Paris en 1827, l'autre à l'exposition d'Arras en 1833.

On trouve à Paris ses marbres bruts et travaillés, chez MM. Beaugrand et compagnie, petite rue Saint-Pierre, n. 2, et chez M. Dupuis, même adresse.

N. 1818. — MM. ROSSIGNOL frères, à l'Aigle, (Orne), exposent divers numéros et qualités de leurs aiguilles d'acier à coudre et à tricoter.

Avant eux, de nombreux essais avaient été faits pour naturaliser en France cette intéressante fabrication; mais elle exige tant de soins et de détails, elle est hérissée de tant de difficultés d'exécution, que ces entreprises avaient été abandonnées. MM. Rossignol, en même temps fabricans d'épingles et de fil de fer pour cardes, sont jusqu'ici les seuls qui soient arrivés à ces résultats favorables. Leur fabrique, créée en 1820, est en voie de prospérité, et ses produits sont accueillis avec d'autant plus de faveur, que les prix en sont modérés et que leur qualité convient à la consommation la plus générale.

Les succès de ces industrieux fabricans prouvent que des soins intelligens, unis à la persévérance, parviennent à surmonter tous les obstacles.

N. 1850. MM. JONARD et MAGNIN, fabricans de *Pâtes françaises*, à Clermont-Ferrand (Puy-de-Dôme).

Gênes a long-temps excellé dans la fabrication des pâtes qui portent son nom ; elle a dû surtout sa réputation à la beauté de son climat, et plus encore aux blés qui lui viennent de la Sardaigne et dés pays étrangers qui abondent en céréales. Depuis qu'il s'est élevé des fabriques semblables en France, on a fait beaucoup de pâtes, mais toujours sous cette dénomination de pâtes de Gênes et d'Italie. Aujourd'hui que nous avons cessé d'être tributaires, nous devons donner à ces produits le nom de notre pays, et lui prouver que nous rivalisons avantageusement avec nos devanciers.

MM. Jonard et Magnin se sont livrés avec assiduité à une étude approfondie des blés qu'ils emploient, et l'expérience leur a prouvé qu'ils exigeaient un travail différent, suivant leur nature. Un fait bien positif, c'est que toutes les fois qu'on em ploiera la farine et la fécule pour cette fabrication, les pâtes seront toujours défectueuses; quelles que soient les substances qu'on y ajoute pour leur donner du brillant et du corps, elles tendront toujours à se dissoudre et à épaissir le bouillon. Souvent aussi on s'est servi de substances qui n'auraient jamais dû y entrer; c'est pour cela qu'il y a dans le commerce beaucoup de vermicelle aigre et de mauvais goût. Celles que fabriquent MM. Jonard et Magnin sont la substance la plus pure du froment, dont la base est la semoule.

Les personnes qui n'ont pas vu cette fabrication en grand, ne peuvent se faire une idée du travail qu'elle exige. MM. Jonard et Magnin livrent annuellement au commerce deux cent mille kilogrammes de pâtes, qui occupent quarante à cinquante personnes, et qui sont le produit de cinq à six mille hectolitres de blé. Le surplus est en farine, qu'ils cèdent avec avantage à la consommation du pays.

Toutes leurs pâtes ont l'avantage de se conserver, d'être une nourriture saine et d'une digestion facile. Lorsque le bouillon est en ébulition, il ne leur faut que douze à quinze minutes pour cuire; elles peuvent aussi rester plusieurs heures sur le potager, sans craindre la dissolution.

N. 1859.— M. DALMAS, conseiller de préfecture, à Clermont-Ferrand (Puy-de-Dôme).

Poids hydrauliques de Dalmas.

Cette mécanique, qui a été agréée sous une autre forme en 1816, par la société centrale d'agriculture, peut être mise en mouvement avec un quart de pouce d'eau, et cependant elle a la puissance d'en élever de grandes quantités. On sait que pour utiliser le bélier, ou toute autre machine de ce genre, il faut un volume d'eau un peu considérable ; avec la machine de M. Dalmas les eaux d'une fontaine ordinaire et coulant dans la plus petite proportion, peuvent être portées dans des lieux bien supérieurs à celui où elles se trouvent ; elle est spécialement destinée à l'agrément des jardins, et au service des hospices, des fabriques et autres établissemens.

Construite en grand, cette même mécanique se simplifie beaucoup. Si elle est employée à l'irruption, on peut faire les seaux en bois reliés en fer et les soupapes peuvent être soulevées par le seul poids de seaux. Dans les localités les plus défavorables, il sera toujours possible d'arrêter les eaux en les refoulant et de les élever à 3 et 4 pieds au-dessus du niveau ordinaire. Rien de plus facile dès lors que de pratiquer une chute d'eau et d'établir sur les terrains adjacens ou des réservoirs ou des jets d'eau. C'est ainsi que cette machine, aussi utile qu'ingénieuse, se prête à une foule d'usages ; elle ne peut manquer de fixer l'attention des propriétaires.

L'auteur désire céder son procédé.—S'adresser, pour traiter, à M. Jadin, rue de l'Arcade-Colbert, n. 2.

N. 1860. — **M. FEUGÉ-FOSSARD**, de Troyes (Aube), fabricant de couvertures façonnées en piqué et autres de deux aunes à deux aunes et demie de large ; doublures et fourrures de divers dessins.

1. (En piqué) : rosaces à écusson, bordures à l'entour, piqûre rouge, double retord ;

2. A carreaux, bordures à guirlandes, oiseaux, portraits ou figures, etc. ;

3. Damassés, à ramages, rosaces et roses, bordure à l'entour, pots de fleurs, etc. ;

4. Brillans, à fleur, fonds étoffés ou lissses.

M. Feugé se charge d'exécuter tous les dessins qui lui seront présentés dans son genre d'ouvrage et autres en toute largeur.

N. 1867. — M. ENFER - BÉON, serrurier à Troyes (Aube), breveté, le 3 février 1834, comme inventeur des soufflets dits d'*Enfer* à double et simple effet à volonté, pour tous genres de forges et de fourneaux.

Ces soufflets se font de différentes formes et hauteurs, selon les emplacemens; on les met très-facilement à double ou simple effet suivant le besoin; ils sont très-doux à manœuvrer et ne sont sujets à aucune réparation; les cuirs étant à l'abri de tout ce qui pourrait leur être nuisible; quelleque soit la forme de ces soufflets qui sont moitié moins volumineux que les soufflets ordinaires, les mieux soignés, ils ne dépasseront pas les prix de ces derniers, à moins qu'on n'y ajoute des enjolivemens extraordinaires; la fabrique est à Troyes place de l'Hôtel-de-Ville; on pourra prendre des renseignemens, à Paris, chez M. Bouissard, rueGodot-Mauroy Chaussée d'Antin, n. 34.

N. 1869. — M. FOURNET - BROCHAYE, à Lisieux (Calvados).

Ce manufacturier a envoyé à l'exposition :

1. Du drap bleu 5|4 croisé à poil. Cet article d'un tissu serré et fin, s'emploie généralement pour habits d'ouvriers et surtout de marins; il est d'un usage excellent;

2. Du cottingue 5|4, lord Biron, qui est d'une laine plus fine et plus légère; il s'emploie aux habits d'hiver pour la classe aisée de la société ;

3. Deux pièces de moleton bleu croisé à poil, servant pour habits de femme d'hiver et se consommant principalement dans les campagnes, sur les bords de la mer et des grandes rivières.

Tous ces articles sont entièrement fabriqués et apprêtés dans les ateliers de M. Fournet-Brochaye; quoique teints en pièce, ils sont d'une teinture solide; leur principale consommation se fait dans les provinces de Bretagne, Normandie, Maine et Anjou. Cette manufacture peut être placée au rang des plus importantes de France.

N. 1894. M. HARTMANN (Jacques), à Munster (Haut-Rhin),
filature de coton.

Cet établissement, formé en 1820, s'est successivement accru
jusqu'à 50,000 broches en fin et filé depuis le n. 6 en déchet
jusqu'aux numéros 150 à 160, dans les divers lainages convenables pour chaque série de numéros.

C'est la première fois que le fondateur de cet établissement
expose ses produits, n'ayant point voulu le faire avant qu'ils
ne fussent arrivés à un degré de perfection qui leur permît de
lutter contre toute concurrence.

Cette filature est mue par deux moteurs hydrauliques ; elle
produit environ 1000 kilo. par jour, dans les numéros 6 à
150/160 ^{mm}, et occupe environ 1200 ouvriers.

N. 1956. — **M. TURQUAN**, à la Ferté-sous-Jouarre (Seine-
et-Marne), fabriquant de cornes à laine, coton, cachemire et
soie par des métiers français.

Ces métiers n'ont aucun rapport avec les systèmes anglais et
américains. Leur précision est sans exemple ; les plaques se peuvent faire comme les rubans d'une longueur indéfinie et à tous
numéros; ils sont tournés à la main, ce qui prévient les fautes et
manquemens considérables qui se rencontrent dans les autres fabriques et qui ne peuvent se réparer qu'au dépends de la régularité et de la solidité.

L'avantage de ce système est de fabriquer plus solidement et
plus régulièrement que tous autres et de le pouvoir faire à des
prix plus modérés.

N. 1958. — **M. LEBEL**, entrepreneur de serrureries, à Compiègne (Oise), breveté d'invention pour les plaques de numérotage des habitations, et d'indication de rues.

Les plaques de l'invention de M. Lebel sont en zinc, avec un
boudin profilé au pourtour, et une rosace à chaque angle; sur
ces plaques sont rivés des chiffres ou lettres en zinc et en plomb;
celles de numérotage ont 31 centimètres de long sur 20 de large;
on y applique avec tenons rivés, un ou plusieurs chiffres formant
saillie de 8 millimètres. Quant aux inscriptions des rues, les
lettres sont aussi en saillie et rivées comme les numéros ; ces plaques sont inaltérables; elles sont peintes au vernis; le fonds est

256

d'une couleur, le cadre, les chiffres et rosaces sont d'une autre.
Déjà les villes de Compiègne et de Crépy (Oise) en sont garnies.

Le prix des plaques d'indication des rues est de 2 fr. 90 c.
Celui des plaques de numérotage avec un ou deux chiffres, 1 20

N.   M. GRENET fils, fabricant de colle, membre de la société d'encouragement, rue du Renard, n. 34, à Rouen.

La *colle blanche* ou *gélatine* de Grenet (dite Grenetine), est
supérieure en qualité à la colle de poisson que nous fournit la
Russie, et remplace cette substance avec une économie de plus
de cent pour cent; le prix de la première qualité est de 14 francs
le kilogramme.

Cette découverte importante pour les arts, a mérité à son auteur, M. Grenet de Rouen, plusieurs médailles d'or et le prix
proposé par la société d'Encouragement à Paris. Dans un rapport présenté au nom du comité des arts chimiques de la société d'Encouragement pour l'industrie nationale, dans la séance
générale le 16 décembre 1829, à Paris, M. Payen s'exprimait
ainsi :

« Nous avons reconnu que la colle de M. Grenet offrait une
qualité supérieure à tous les autres produits connus des fabriques
établies en France et même en Europe. »

N.   M. POLLIART, Tabletier-Tourneur; rue Ganterie,
n. 44, à Rouen.
Poignet mécanique.

Cette pièce est destinée à remplacer la main, et au moyen du
mécanisme ingénieux de l'inventeur, M. Polliart, un manchot
peut écrire et exercer un art quelconque. Elle se compose d'une
boule à douille tournant sur tous sens dans une noix que l'on
serre au moyen de trois vis à pate et qui reçoit toutes sortes d'instrumens à tenon carré que l'on fixe dans ladite douille au moyen
d'une vis à pate *de même qu'un porte-plume pour écrire.* Cette
noix est fixée sur une rondelle pleine, à laquelle est adaptée une
douille à jour faisant ressort pour monter sur le moignon; cette
douille, que l'on nomme chemise, est recouverte d'une deuxième
douille qui se développe à charnière; cette deuxième douille se
nomme corset; elle sert à fixer le tout immuablement. A ce corset est adapté un demi-bracelet avec un rivet mobile, afin
qu'il puisse céder au mouvement du bras.

Ce demi-bracelet d'une forme presque triangulaire et à jour, reçoit une coulisse d'élastique de quatre pouces de long, dont moitié porte sur l'avant-bras jusqu'au coude et l'autre moitié s'étend du coude à l'arrière-bras, ce qui laisse l'articulation du coude très-libre ; à l'extrémité de cette coulisse est un second triangle demi-bracelet, au bout duquel est un anneau, où l'on passe une courroie à boucle, qui est attachée à un bouton sur l'épaule.

Dans l'intérêt de l'humanité M. Polliart livre cette pièce au domaine de l'industrie, espérant qu'un artiste qui s'occupe spécialement des arts mécaniques, lui donnera plus d'extension et l'appliquera au remplacement d'un bras amputé au-dessus du coude, ou de toute autre partie du corps.

M. Polliart, auquel la société libre d'émulation de Rouen a décerné une médaille dans sa séance du 6 juin 1832, expose en outre quelques ouvrages exécutés par lui sur le tour, et notamment une seringue perfectionnée, et un arc de triomphe dans lequel plusieurs difficultés du premier ordre sont heureusement surmontées. Il travaille à un traité-pratique sur l'art du tour, qu'il espère bientôt livrer à l'impression. Par sa méthode il restreint l'étude de cet art dans un cercle si étroit qu'en 6 à 8 leçons il fait fabriquer une bille de billard à la personne la plus inexpérimentée.

N.   MM. WEINLING et Comp., de Strasbourg. —
Globes aérophyses terrestres et célestes.

Les rapports faits par MM. Arago, Rendu et Reaume à l'académie royale des sciences, au conseil royal de l'instruction publique et à la Société de géographie, rendraient inutiles ici d'autres détails sur la nature et l'objet des globes aérophyses.

Nous devons nous contenter de résumer brièvement le résultat unanime de ces trois rapports.

1° Les globes aérophyses ne le cèdent aux globes ordinaires ni pour l'exactitude, ni pour la précision et le complet des détails scientifiques. Ils sont comme les autres de dimensions variées et peuvent soutenir la comparaison pour la netteté et la belle exécution des contours et des indications écrites ;

2° Ils ont sur les globes ordinaires l'avantage considérable d'être d'un transport facile et d'un usage partout également commode. C'est un morceau de peau qu'on porte sur soi, dans une

258

boîte, qu'on tend par le souffle et qu'on dresse partout où l'on veut s'en servir;

3° Leur prix est des trois quarts moins élevé que celui des globes ordinaires.

La monture mobile qui les supporte (dont toutes les parties se rajustent avec promptitude et solidité) se démonte avec facilité, de façon que le globe de 8 pouces, avec sa monture, est contenu dans une boîte de 9 pouces de diamètre sur 3 pouces de hauteur.

Le globe de 18 pouces de diamètre offre en outre le tracé des routes des plus célèbres navigateurs, depuis Christophe Colomb jusqu'à Bechey et d'Urville. Son échelle est assez grande pour qu'il puisse remplacer un atlas entier de géographie moderne.

Le prix du globe de 18 pouces, monté, qui a toujours été de 450 fr., n'est que de 120 fr.

Les dépôts se trouvent à Strasbourg, chez MM. Marin et Schmidt; à Paris, chez M. Flamand, rue Notre-Dame-de-Nazareth, n. 30.

N   — M. COUDER (Jean-Baptiste-Amédée), dessinateur pour les manufactures, rue Cadet, n. 24.

L'article 4 de l'ordonnance royale relative à l'exposition des produits de l'industrie de 1834 autorise les artistes qui, par des inventions ou procédés non-susceptibles d'être exposés séparément, auraient contribué aux progrès des manufactures depuis l'exposition de 1827, à produire leurs titres pour avoir droit aux récompenses.

M. Couder, se trouvant placé dans cette catégorie, a adressé à M. le préfet de la Seine un exposé des services qu'il a rendus, comme dessinateur, à l'industrie manufacturière. M. le préfet s'est rendu à son établissement, l'a visité avec soin dans ses détails et lui a témoigné toute sa satisfaction.

À six ans M. Couder commença à aider son père, qui, par suite des événemens de 93, s'était adonné à l'imitation des dessins de cachemire et y avait acquis une brillante réputation; à onze ans il composait déjà les modèles et dirigeait une douzaine de dessinateurs qui travaillaient ordinairement dans l'atelier de de son père; son frère obtint le prix du salon en 1817.

En 1822 il forma une maison en son propre nom; en 1823 il composa le dessin d'un châle, de la plus grande magnificence, qui, exécuté et mis à l'expositon, attira l'attention de toute la cour, obtint la médaille d'argent et fut acheté par Louis XVIII.

Pendant les années qui suivirent, il reçut de l'intérieur de la France, ainsi que de l'étranger des demandes toujours plus nombreuses, pour des articles différens, et il conçut dès lors toute l'importance du dessin traité à la fois pour toutes les fabrications.

En juin 1830, il ouvrit un établissemeut dans ce but; mais les événemens de juillet suspendirent ses progrès. En 1833, il parvint à un personnel de plus de cinquante personnes; mais ne pouvant avec ce nombre, satisfaire au tiers des demandes qui af-fluaient, il prit un plus vaste local, où il réunit maintenant plus de cent dessinateurs; ils sont classés par divisions : la première ne s'occupe que du cachemire, la deuxième de la nouveauté, la troisième de l'impression en général et la quatrième du papier peint, des tapis et des meubles.

L'exposition actuelle possède plus d'un millier des dessins de M. Couder, exécutés dans tous les genres de fabrication. Mais parmi les châles de ses dessins, il y en a trois surtout qui doi-vent particulièrement fixer l'attention ; l'un nommé *Ispahan*, et les deux autres *Odalisques*, tous en entier de sa composition et exécutés par M. Gaussen. M. Couder vicut donc de créer un caractère de châles de premier ordre, qui, sans être aucunement cachemire, peut cependant rivaliser avec les plus belles produc-tions de l'Iude, que nous connaissions aujourd'hui ; il en a puisé le goût dans le genre persan; il est à présumer que ces nouvelles dispositions seront bien accueillies, car ce ne sont plus les éter-nelles palmes, dont les dames se lassent depuis long-temps ; non-seulement tout le détail de formes est nouveau, mais encore il ne présente à la vue que des contours gracieux et des intentions que tout le monde est à même de saisir. C'est à ces titres que M. Couder se présente devant le Jury :

1. Comme le plus ancien dessinateur de châles exerçant au-jourd'hui, quoi qu'à peine âgé de 31 ans;

2. Comme ayant eu, aux expositions précédentes, des des-sins très-remarquables, dont les exécutions ont obtenu des mé-dailles;

3. Comme fondateur d'un établissement qui doit devenir, avant peu, le point de départ de toutes les modes et rendre d'in-calculables services à l'industrie manufacturière ;

260

4. Comme ayant fait du dessin une industrie, qui, développée sur les bases qu'il a posées, peut faire vivre un nombre considérable de familles, être une ressource pour les artistes, ainsi que pour une infinité de jeunes élèves, dont il aura sans doute amélioré l'avenir;

5. Comme venant d'imaginer un caractère de châles, qui, bien que traité dans un genre étranger, n'en demeure pas moins une création toute française, puisqu'il donne naissance à un genre, les dispositions et l'application n'avaient jamais existé ;

6. Enfin comme le seul qui ait jugé toute l'étendue du dessin spécialement appliqué aux manufactures en général, et qui ait découvert qu'il était possible de former un établissement central, uniquement occupé à rechercher les genres, à créer les nouveautés et à perfectionner l'art du dessin dans cette partie, qui est incontestablement l'une de ses plus utiles, et qui jusqu'à présent, n'avait point encore été l'objet d'une attention assez sérieuse.

Nota. Le public remarquers aans doute aux salles du cachemire et à celles de la toile peinte, quelques devantures de Loges pleines d'élégance ; les dessins sont de la composition de M. Couder.

N.   — M. HUE fils, de Rouen ,

Travaille à faire une mécanique propre à fabriquer des treillages de toutes dimensions ; mais l'époque trop rapprochée de l'exposition ne lui donne pas le temps de la terminer.

Nº 1040. MM. A. LOTH et H. DAVID, place des Victoires, n. 2. — *Filoir (par brevet d'invention). Nouvelle machine à filer, remplaçant le rouet ; procédé de M. Caïnan Duverger.*

Le filoir est plus solide, plus léger que le rouet ; sa construction est plus simple, son volume plus petit ; son mouvement est plus rapide et plus doux ; son prix est moins élevé. Il sert au filage du lin, du chanvre, de la laine, de la soie et du coton.

Dans le filage au rouet, le pied de l'ouvrière fait tourner le mécanisme, et la main abandonne les filamens que le rouet tord et envide simultanément. Mais il fonctionne avec trop de lenteur et d'imperfection sous l'effort du pied pour utiliser toute l'agilité de la main.

Ainsi, accroître la précision et la célérité du rouet, ce serait augmenter la qualité et la quantité de ses produits. Le filoir atteint ce but.

On sait que, malgré son insuffisance et sa cherté, le fil fait à la main est préféré à celui des filatures.

Diminuer par un nouveau système de filage le *prix*, le *volume* et le *poids* de la machine, *simplifier*, *accélérer* et *perfectionner* le travail de l'ouvrière, c'est augmenter le bien-être des fileuses, utiliser les loisirs des ménagères, fournir du travail aux enfans, aux infirmes, retenir dans ses foyers une population d'ouvriers soumis dans les fabriques aux influences les plus pernicieuses, et départir ainsi à chacun la totalité du prix de son travail ; tels sont les avantages du filoir.

Le DÉPÔT GÉNÉRAL est à Paris, place des Victoires, n. 2, chez MM. A. Loth et H. David, propriétaires de deux brevets pour deux systèmes de filoirs.

Nouveaux Dévidoirs construits d'après les mêmes procédés.

Chaque exemplaire porte la marque des propriétaires des brevets, et l'estampille de l'inventeur.

Les contrefaçons seront saisies, et les contrefacteurs poursuivis conformément à la loi.

Les demandes écrites devront être affranchies et contenir un mandat sur Paris.

Nº 1899. M. HARTMAN-WEISS, fabricant à Soultzmatt, canton de Routfach (Haut-Rhin). —*Filature de coton et tissage de toiles de coton de toutes les largeurs, depuis 3[4 jusqu'à 1 2[4 ; percales fines ; articles pour chemises, pour draps de lit, etc.*

Cette fabrique jouit dans toute l'Alsace d'une excellente réputation. Les marchandises sont extrêmement fortes, bien fournies en matière et d'un long usage.

N° 328. M. VOIRY-J., fabricant de peignes, rue des Blancs-Manteaux, n. 4.

M. Voiry, par un procédé nouveau qui présentait de graves difficultés à vaincre, est parvenu à mettre cent dents de peigne, parfaitement droites, dans un morceau d'ivoire d'un pouce de long; il est le seul qui, dans ce genre, rivalise avantageusement avec les ouvrages des Anglais.

N° 1088. M. LEFEBVRE (Charles), chimiste, rue des Amandiers-Popincourt, n. 1, à Paris. — *Amidon gommeux diaphané*, sous les numéros 1, 2 *et* 3. — Seul dépôt chez LELEGARD, rue de Temple, n. 12.

L'aspect des numéros 1 et 2 a l'avantage de la diaphanéité sur les amidons de blé, convertis en empois; indépendamment du brillant qui les distingue, ils sont remarquables par une force équivalente à 2/5 mis en sus de celle que possède l'amidon du commerce: aussi, ce double motif rend-il son usage d'une extrême importance pour servir à tous les genres d'apprêts, pour empeser le linge, pour l'encollage et l'impression des papiers peints, l'épaississage des couleurs destinées à l'impression des toiles peintes, laines, draps, soies, etc.

Sous le numéro 3, c'est le même amidon gommeux diaphané, moins soluble dans toutes proportions d'eau froide. Pur et combiné avec les deux premiers échantillons, il sert dans l'impression des étoffes à épaissir toute espèce de bain ou de couleur; et malgré la modicité de son prix, comparativement à celui des gommes qu'il remplace entièrement, un tiers de moins en poids produit le même épaississement et la même adhérence; le nétoyage s'opère avec la plus égale facilité, et l'éclat des couleurs est pour le moins aussi vif.

N° 1130. M. PAYOT, rue des Lombards, n. 28, *au Marc d'Or*. — *Pharmacie portative et perfectionnée*.

La plus grande de ces pharmacies, hermétiquement fermées, renferme 150 articles dans un très-petit espace et sous un petit volume.

Lès médicamens qui y sont contenus s'y sont conservés sans altération depuis 1826 , près de 8 années.

Elles seraient très-utiles pour les armées en campagne, pour les villages , bourgs et autres lieux éloignés de toutes pharmacies ; enfin, pour les armateurs et capitaines de navires au long cours et autres qui sont forcés de renouveler intégralement les médicamens à chaque voyage.

Il s'y trouve de plus des ustensiles de pharmacie, comme mortier, pilulier, entonnoir, flacons, spatules ; et des instrumens de chirurgie, tels que trousse, lancetier, bandes, compresses, charpie, etc. ; le *Manuel de Santé* de Marie St.-Ursin ; enfin, un exposé manuscrit exact et clair des médicamens simples et composés que ces pharmacies renferment, avec leur dose et la manière de les employer.

N. 856. Mme Ve DELPECH, quai Voltaire, n. 3, imprimeur et éditeur de Lithographie.

C'est à M. Delpech que l'on doit la perfection de la lithographie. Cet artiste avait senti depuis long-temps les ressources que cette branche d'industrie offrait au commerce : il s'y est donc livré avec ardeur, et la France lui doit une partie de ses succès. Madame veuve Delpech a reproduit à cette exposition des épreuves tirées sur des pierres qui datent de l'origine de la lithographie, pour prouver que l'on peut conserver aussi longtemps que l'on veut ce genre de gravure. Voici le détail des objets qu'elle expose et qui sont vraiment remarquables :

N° 1er et 2. Cadres contenant 32 portraits , faisant partie de la collection de l'Iconographie française, depuis 1515 jusqu'en 1788.

N° 3. 16 portraits , faisant partie des célébrités contemporaines.

N° 4. 16 portraits, faisant partie de la collection de l'Iconographie des contemporains, depuis 1789 jusqu'en 1829.

N° 5. 64 portraits , faisant partie des collections de l'Iconographie française des contemporains et célébrités depuis 1515 jusqu'à nos jours. Format in-octavo.

264

N° 6. Un cadre, contenant 6 lithographies, architecture pittoresque, par Rouargue ; et 8 vues de Naples et d'Italie, par Rémond.

N° 7. Un cadre contenant 6 lithographies, d'après MM. Ingres, Scheffer, Granet, Tourt et Larivière.

N° 8. Un cadre, contenant 6 lithographies diverses.

N° 9 Un cadre de 4 chevaux extraits de la collection de 77 pl. de Ch. Vernet.

N° 10. Un cadre, contenant 6 épreuves d'essai d'une lithographie d'Horace Vernet.

N° 434. MM. SOEHNÉE frères, rue Contrescarpe Saint-Antoine, n° 50.

Voici l'indication des divers vernis exposés par ces fabricans :

1° Nouveau Vernis pour les tableaux, les fresques, les aquarelles, et Vernis à retoucher.

Ce vernis qui a été examiné et approuvé par plusieurs savans artistes de la Société libre des Beaux-Arts, (voir le *Journal des Artistes* du 25 novembre 1832), réunit toutes les qualités requises pour être un vernis parfait : il est incolore, diaphane, luisant, inaltérable à l'humidité, imperméable, dur et souple, non sujet à se rayer à l'angle, ni à gercer ou à écailler, et pouvant être lavé sans perdre son brillant : le frottement à sec par lequel on enlève entièrement les vernis ordinaires, n'a aucune action sur lui. Ce vernis possède ainsi les bonnes qualités du vernis gras sans en avoir les défauts.

2° Vernis pour le maroquin, le veau, la basane, le parchemin, le papier, le bois, les métaux. Ce vernis appliqué au tampon sur le maroquin, le veau, la basane, le parchemin et le papier, leur communique un beau lustre et les préserve de la piqûre des vers et des effets de l'humidité. Appliqué sur les vieilles couvertures des livres, il leur rend la fraîcheur première. Le bois recouvert de ce vernis reçoit un beau lustre : cet enduit ne s'écaille point au soleil, comme le vernis à la gomme laque en usage jusqu'à présent. Appliqué à chaud sur les métaux, il les préserve de l'action de l'air et de l'eau.

3° Vernis blanc au tampon pour les bois blancs et la marqueterie et vernis double blanc au tampon pour les bois blancs seuls. Ces vernis qui joignent la solidité à la beauté, sont généralement employés par les ébénistes et les fabricans de nécessaires pour conserver la blancheur des incrustations en bois blanc, sur les bois d'acajou et de palissandre.

4º *Vernis des arquebusiers*, pour les bois et les métaux. Appliqué sur la crosse des fusils, il leur donne un beau lustre : la dureté qu'il acquiert le rend inaltérable à la chaleur de la main, qui n'y laisse aucune empreinte; il garantit de même les métaux de l'oxidation.

Pour montrer les diverses applications de ces vernis, MM. Sœhnée ont exposé les objets suivans :

1º Un Plateau rond en bois de palissandre avec incrustations en bois blanc, verni avec le vernis blanc au tampon;

2º Plusieurs Ecrans en bois blanc, vernis avec le vernis double blanc;

3º Lithographies coloriées, recouvertes du vernis blanc aux aquarelles. — Reliûre en maroquin;

4º Divers échantillons de cuivres estampés, colorés par des procédés chimiques inventés par Sœhnée frères.

Ces bronzes chromatiques sont recouverts du vernis *dit* des arquebusiers, pour les préserver de toute altération.

Echantillons de cuivres estampés, imitation d'or mat. Application du vernis blanc.

Voici maintenant la note des couleurs exposées par les mêmes fabricans :

Un Flacon échantillon de garance rose fabriquée par un procédé nouveau perfectionné.

Un Flacon carmin de garance.

Un Flacon brun de garance, ton du bitume.

Un Flacon brun de garance.

Un Flacon laque dye et garance.

Un Flacon chrysochrome, ou nouveau jaune pour mettre le cuivre en couleur. Soluble à l'esprit de vin et insoluble à l'eau : cette couleur qui est très-riche de ton, est préférable à la gomme-gutte que l'on employait jusqu'à ce jour pour le même usage; ce dernier ingrédient étant soluble à l'eau, est altérable.

Nº 1446. MM. JEAN LOQUET père et fils et BOSQUIER, fabricans de Rubans-perkales à dents de toutes qualités, et de Rubans en coton, à Thiberville (Eure).

Les beaux rubans superfins en coton, dits perkales unis, perkales à dents et demi-perkales, que l'on tiroit autrefois d'Allemagne, ont été importés et propagés en France par M. Loquet père, il y a près de trente ans. Depuis cette époque, la fabrication de cet établissement s'est graduellement et constamment perfectionnée. Non - seulement les fabricans actuels leur ont donné une qualité bien supérieure, mais encore, chose essentielle, ils sont parvenus à diminuer les prix de 50 à 60 p. °⁄₀, et par suite la consommation s'est de beaucoup étendue. Leurs articles se consomment en France et à l'étranger, notamment en Espagne. Ils emploient plusieurs centaines d'ouvriers, hommes, femmes et enfans. Les soins exclusifs qu'ils consacrent à cette branche d'industrie, les placent, sans contredit, à la tête de ce genre de fabrication.

Nº 1155. M. CROZET doreur, rue Saint-Germain l'Auxerrois, n. 89.

Les six Bordures exposées sous ce numéro, ont été confectionnées entièrement dans les ateliers de M. Crozet. Les amateurs distingueront surtout la plus grande, dont les ornemens en pâte solide, offrent la réunion du goût le plus pur à la plus grande richesse.

Cette bordure qui appartient au roi, est destinée à servir de pendant à celle déjà fournie à Sa Majesté, et qui encadre le beau portrait de la Reine des Belges, peint par M. Scheffer aîné, et qui faisait partie de l'exposition des tableaux de 1833.

N. 831. — M. HENRI, sr de LEPAUTE, horloger de la ville et de la chambre des députés, rue Saint-Honoré, n. 247.

Nos anciens monumens publics attestent que le nom de Lepaute remonte à l'origine de l'horlogerie ; on doit à cette maison une partie des belles horloges de Paris, et notamment celle de l'Hôtel-de-Ville, que l'on regarde avec raison comme le chef-d'œuvre de l'horlogerie dans ce genre. Chaque exposition a toujours signalé d'heureuses innovations de M. Lepaute dans cette importante industrie et l'exposition actuelle témoigne des nouveaux efforts qu'il a faits pour accroître sa réputation. Les connaisseurs admireront en effet la parfaite exécution des ouvrages qu'il expose et dont voici la nomenclature :

1° Plusieurs montres, établissement de Paris, remarquables par leur exécution ;

2º Un petit régulateur de cheminée à force constante, échapemens et trous en pierres, la sonnerie à double quart. Cette pièce est à équation, à quantièmes et marchant un mois ; la pendule bonne exécution et la disposition du mouvement est d'un effet bien entendu ;

3º Une pendule, représentant le groupe de Clodion, dont le mouvement est à jour, la sonnerie à heure et à double quart ; elle marche également un mois ;

4º Nouveau système. Pendule de ronde inventée et exécutée par Henri, sr de Lepaute. Ces pendules, établies sur deux systèmes différens ayant le même résultat, sont destinées à constater les rondes que font chaque nuit les gardiens dans les musées, bibliothèques, et généralement tous les établissemens qui réclament une grande surveillance. Elles ont l'avantage, tout en constatant d'une manière exacte le passage des gardiens, de donner aussi l'heure très-régulièrement. Elles sont combinées de façon à ce que les gardiens ne puissent manquer leurs rondes aux heures fixées pour leur passage ;

5º Une petite horloge exécutée avec la plus grande perfection ; elle est à sonnerie d'heure et de quart par un seul rouage. Le mouvement, qui est à forme constante, indique le temps moyen, le temps sidéral, les quantièmes de mois, ceux de jour et différens effets.

Cette petite horloge est la première qu'on ait vu avec des cloches de cristal.

6º Une horloge en cuivre à sonnerie d'heures et demies d'un petit volume, mais d'une force égale à une grosse horloge ;

7º Une grande horloge, sonnant l'heure et la répétant à la demi-heure, sur deux cloches différentes ; elle indique l'heure sur quatre cadrans de six pouces et demie de diamètre. Cette horloge, exécutée avec soin, a été commandée pour la ville de Roubaix.

Horlogerie de commerce.

8º Une petite horloge en cuivre à sonnerie d'heures et demies, marchant trente heures ;

9º Une horloge dont la cage est en fer ; le rouage en cuivre est à sonnerie d'heures et de demi-heures et marche trente heures ; cette pièce est commandée par la ville de Paris ;

10º Plusieurs cadrans en lave de *Volvic*, émaillée avec des

268

ornemens en rapport avec les édifices auxquels ils doivent être placés.

Ces cadrans sont les premiers que l'on exécute dans ce genre; ils sont commandés par la ville de Paris.

Mécanique.

1° Une machine de rotation pour le phare Saint-Mathieu;

2° Une petite machine de rotation pour le petit phare de Marseille;

3° Une lampe mécanique pour le phare Saint-Mathieu;

4° Une lampe mécanique construite sur les systèmes de M. La-veley.

N. 1041. — M. COIMAN DUVERGER PATENOTTE, rue Saint-Martin, n. 269. — *Clyssoirs.*

Le clyssoir de M. Patenotte est surtout léger, très-facile à transporter. Constitué d'une seule pièce, il ne nécessite jamais ni entretien ni réparations. Il se distingue enfin par beaucoup d'autres avantages qui ne peuvent manquer de le faire adopter par le public. Si nous n'en parlons pas ici plus longuement, c'est que la nature même de son usage interdit plus de détails.

N. 1273. — M. LODDÉ, rue Sainte-Avoie, n. 40. — *Nouvelle invention; plumeaux Loddé.*

Cette machine, très-utile pour l'exploitation, est composée de trois compartimens à vis placés dans la tête du plumeau qui a l'avantage de se démonter en trois pièces. A l'intérieur de la couverture s'applique un cuir en forme de godet qui, soutenu par un second godet, fait reprendre à la plume, au sortir de l'emballage, une forme aussi belle que celle qu'elle avait en sortant de la fabrique.

Cette fabrique ne fournit pas moins de cinq à six mille douzaines de plumeaux par an; elle en confectionne également en plume de vautour et de coq à des prix très-modérés.

N. 1234. — M. D'AIGUEBELLE, rue Neuve-Guillemain, n. 18.

M. d'Aiguebelle, inventeur de l'homographie, est parvenu, à l'aide d'une simple épreuve, à reproduire en grand nombre toutes les impressions sans altérer l'original. Une feuille, imprimée en 1690, et signée par les membres du jury de l'exposition, a été reproduite par M. d'Aiguebelle, avec les signatures. Plus de planches usées ou perdues, puisque, quelle que soit leur antiquité, une épreuve suffit pour les reproduire à l'infini.

N. 961. — M. SAVARESSE et Comp^c., éditeur marchand de musique, facteur d'instrumens, breveté comme fabricant de cordes harmoniques, Palais-Royal, n. 96, galerie de la Rotonde.

La fabrication de cordes harmoniques date de plus de soixante ans, et elle fut apportée en France par le père de M. Savaresse. En 1818, cet art était encore tellement malsain, que le ministre fit proposer un prix pour être décerné à celui qui trouverait le moyen de travailler les intestins des animaux sans putréfaction ; c'est à cette occasion que le chlore fut mis en usage pour la première fois ; M. Labarraque obtint le prix et M. Savaresse reçut une médaille d'or de première classe ; ses moyens de fabrication furent adoptés et publiés.

Ce premier concours n'eut lieu que pour la grosse boyauderie. Plus tard on proposa un nouveau prix, seulement pour la fabrication des cordes harmoniques, et M. Savaresse obtint, à titre de prix pour sa fabrication de grosses cordes, une médaille d'or de première classe.

Un troisième concours eu lieu pour les cordes fines, dites chanterelles, et cette fois M. Savaresse remporta le grand prix et la médaille de première classe. Enfin, à l'exposition de 1823 et à celle de 1827, le même fabricant reçut deux médailles en bronze. Il faut observer que le grand prix était resté dix ans au concours avant d'être remporté ; on avait imposé aux concurrens l'obligation de faire un mémoire de comparaison afin d'établir quels étaient les intestins les plus propres à la fabrication des cordes, de ceux des animaux herbivores, ou de ceux des animaux carnivores.

Par les perfectionnemens que M. Savaresse a introduits dans cette branche d'industrie, il a affranchi notre pays d'un tribut de plus d'un million qu'il payait à l'étranger, tant pour les grosses cordes que pour les fines que l'on tirait d'Italie, tandis que maintenant l'Italie elle-même est obligée de tirer de France les deuxième et troisième cordes de violon, comme étant à meil-marché et bien supérieures en qualité.

N. 318. — MM. CHARLES DIETZ et HERMANN, rue de Charenton, n. 103. — *Pompes à incendie.*

Cette maison qui, en 1827, a obtenu une médaille d'argent, a constamment travaillé à perfectionner de nouvelles pompes à incendie; celles qui se trouvent en ce moment à l'exposition sont d'une simplicité qui les fait rechercher surtout dans les départemens. On remarquera :

1º Pompe à incendie sur chariot qui, en une heure de temps, manœuvrée par six hommes, ne monte pas moins de 11,577 litres d'eau ;

2º Une pompe à double aspiration qui, dans une heure, monte 18,250 litres d'eau à la hauteur de 100 à 110 pieds;

3º Une pompe à incendie portative qui donne par heure 6,048 litres d'eau, étant manœuvrée par quatre ou six hommes ;

4º Une pompe aussi portative donnant 8,100 litres d'eau en une heure et qui est manœuvrée par six ou huit hommes.

On fabrique également, et à des prix très-modérés, dans ce grand établissement, qui est un des premiers de ce genre, des pompes à incendies sur chariot à deux roues.

Nº 1939. DELEVEAU fils aîné, négociant et fabricant d'huile à Toulouse (Haute-Garonne).

On sait combien est tardif sous le rapport de l'industrie, le département de la Haute-Garonne, qui cependant, par ses ressources, comme par sa position serait susceptible de figurer parmi les départemens industriels. Établi commercialement à Toulouse à la suite d'une entreprise qui n'était qu'une succursale des maisons de son père à Nîmes, Montpellier et Avignon, M. Deleveau fils aîné introduisit d'abord l'épuration des huiles de graine, et cet établissement, le premier dans le pays et demeuré le seul), lui permit d'exploiter à peu près exclusivement ce commerce assez important.

Il n'a pas borné là l'application des connaissances acquises par ses études et ses recherches constantes dans la partie qu'il exerce et qu'il étend sur l'éclairage des villes, pour lequel il a fondé plusieurs établissemens dans le Midi ; le pays lui ayant paru susceptible de recevoir la culture des plantes oléagineuses, notamment de celles de colza dont le commerce est devenu pour ainsi dire illimité, il a conçu le projet d'en faciliter l'introduction. Il a excité les essais par l'exemple et les avis. Il se propose même de publier incessamment une notice sur les méthodes à suivre. Pour plus d'encouragement, il n'a pas hésité, au premier essai, de monter une huilerie sur un nouveau système et d'après les perfectionnemens introduits dans le Nord pour la fabrication.

Ainsi l'échantillon des produits qui font partie de son envoi à l'exposition, est une première preuve des sacrifices que fait cet honorable fabricant pour doter le pays d'une nouvelle branche introduite dans l'agriculture, dans le commerce et l'industrie. Comme tout est à créer, le résultat de ses efforts s'étendra sur toutes les professions que réclame la fondation des nombreuses usines qui s'établiront et la classe ouvrière y trouvera des améliorations sensibles dans son sort.

Ce qu'il y a de plus remarquable dans l'exposition de M. Deleveau, ce sont les échantillons d'une fabrique d'huile animale de pied de bœuf, qu'il a fondée depuis deux ans et dont les produits, dirigés sur Paris, obtiennent une préférence positive sur ceux du même genre dont la fabrication est connue. Cette huile, qui garantit les métaux d'oxidation, qui évite les frottemens, ne sèche pas et préserve de tout contact d'humidité, est particulièrement propre au graissage des mécaniques, des cuirs de harnais, etc. ; elle est d'un emploi précieux pour les fabricans de tous ouvrages en fer, cuivre et acier poli, et pour les fabricans de cuirs vernis. Son application doit prendre dans les arts une extension considérable; c'est ce qui a déterminé M. Deleveau à la traiter dans tous les états de perfection qu'elle peut recevoir, selon la délicatesse et le fini des objets auxquels elle doit être appliquée et notamment pour les besoins de l'horlogerie. Ce but paraît très-heureusement atteint dans les trois échantillons qui sont exposés. On verra que ce fabricant à divisé l'huile de pied de bœuf en trois qualités qui possèdent les mêmes propriétés pour les métaux et les cuirs, et reçoivent chacune le degré de finesse convenable à la nature de leur emploi.

La société d'encouragement (Section de chimie), a fait le rapport le plus favorable sur les produits de M. Deleveau, qui le premier a obtenu de pareils résultats.

Nº 805. M. BOSC, rue d'Ulm, n. 20. Encre-Bosc, ineffaçable par tous les agens chimiques.

Le gouvernement, frappé des graves inconvéniens que présente l'emploi de l'encre usuelle par la facilité avec laquelle on l'efface, a consulté l'Académie royale des Sciences de l'Institut sur les moyens d'y remédier. Elle nomma dans son sein une commission qui, sur le rapport de M. D'Arcet, après un examen attentif de toutes les encres qui lui avaient été remises, reconnut que celle de M. Bosc était la seule qui remplît les conditions exigées, qu'elle résistait autant que le papier à toutes les tentatives faites pour l'effacer.

On doit vivement désirer de voir l'usage de cette encre se propager le plus qu'il sera possible; car ce ne sont pas seulement les actes publics et les effets de commerce qu'il est important d'obtenir avec un caractère d'inaltérabilité qui en assure la conservation ; mais les papiers de famille les plus indifférens dans le moment où ils sont écrits, peuvent, dans une foule de circonstances, devenir d'une grande importance pour éclairer la justice, assurer des droits ou conserver des pièces dont les âges suivans regretteraient la perte.

Encres à marquer le linge sans l'altérer et d'une manière indestructible.

L'usage de ces encres commence à se répandre en France comme en Angleterre, en Allemagne et en Suisse. Elles sont d'un emploi prompt, facile, économique, et offrent une plus grande sécurité que les marques au coton que les voleurs enlèvent. On peut écrire son nom entier, et exécuter avec des dessins agréables, comme sur le papier.

Poly-Colle.

Cette colle est blanche comme du lait, et n'altère ni l'éclat, ni la blancheur du papier. Lorsqu'elle est sèche, elle ne se dissout plus dans l'eau. A notre température habituelle, elle est à l'état gélatineux et se liquéfie facilement de 25 à 30 degrés de chaleur (Réaumur), soit qu'on approche la fiole du feu, soit qu'on la plonge dans l'eau chaude, ou de toute autre manière. Elle peut servir économiquement à une foule d'autres usages.

N° 1699. M. FRICHON DE BRYE, à Saint-Étienne (Loire) : fabrique d'Acier fondu.

Cet établissement, fondé depuis deux ans, fournit toutes les qualités d'acier fondu propres aux divers besoins de l'industrie ;

ses produits sont surtout employés pour limes, coutellerie fine e
outils de mécaniciens.

Les échantillons de sabres et de limes joints à l'acier que ses
fabricans ont exposé, justifient la réputation dont jouissent les
produits qui sortent de ce bel établissement.

Nº 1143. M. LEMAISTRE, rue Richer, n. 34, menuiserie
mécanique et de perfectionnement.

Nous avons vu reparaître cette année avec le plus grand plaisir
les produits si utiles de la fabrique de ménuiserie par procédés mécaniques de M. Lemaistre, successeur de MM. Soulié, Roguin et
compagnie, ci-devant rue de Beliévre près la barrière de la Gare.
Cette manufacture, dans laquelle M. Roguin, riche propriétaire et
philantrope éclairé, a sacrifié tant de capitaux pour améliorer le
bien-être, la masse générale des habitations qui s'élèvent non-
seulement dans la capitale mais encore dans toutes les parties de
la France, est enfin arrivée à des résultats très-satisfaisans pour
tous ceux qui s'occupent de constructions; c'est la seule fabrique
où l'on trouve tous les décors en moulures et parquets, soit en
chêne, soit en sapin du Nord, fabriqués d'avance avec le plus grand
soin.

Nº 1431. M. LÉBRIAT, marchand bottier, rue de la Clarté,
n. 2, à Périgueux (Dordogne). Emporte-pièce mobile.

Avec cet instrument de l'invention de M. Lébriat, on peut
tailler d'un seul coup les semelles de chaussons d'escarpin pour
hommes et pour femmes.
Il en résulte de grands avantages, notamment une grande économie de temps et de matières. D'un seul trait et en une minute
on enlèvera dans la pièce du cuir une semelle brochée; les semelles
ainsi taillées n'ont nullement besoin d'être redressées et l'ouvrier
ne risque pas d'atteindre l'empeigne avec le tranché. Le nom de
l'acquéreur ainsi que le numéro de chaque pointure seront imprimés dans les semelles.

L'emporte-pièce pour femme s'allonge depuis 10 points jusqu'à
5 p.; et celui pour chaussure d'hommes, depuis 1 p. jusqu'à 9 p.

Nº 824. MM. PERILLIEUX et MICHELEZ, rue des Lombards,
n. 41, Canevas de coton perfectionnés, tapisseries et broderie

sur canevas et autres tissus, bonneterie à côtes en articles de fantaisie.

Cette maison anciennement connue, pour les articles de tapisserie, a, depuis quelques années, accru sa réputation par la beauté et la solidité des canevas de coton qu'elle fabrique et qu'elle a perfectionnés.

On trouve dans ses magasins un assortiment général de laine et coton écrus et teints de toutes qualités pour la passementerie, la broderie, le tricot, etc., ainsi que des canevas de fil, de soie et autres.

N. 872. — M. LANGLOIS, rue Neuve-des-Petits-Champs, n. 93. — *Cheminées calorifères et poêles.*

Les visiteurs de l'exposition remarqueront l'ingénieuse combinaison des cheminées de M. Langlois. Leur construction, en détournant l'air froid des appartemens, permet d'y porter la chaleur au degré que l'on désire. Elles ont en outre le notable avantage de préserver de tout incendie, de fumée et d'odeur, et peuvent être ramonées aussi facilement que les cheminées ordinaires.

Les appareils calorifères de M. Langlois, dont toute la construction intérieure est en fonte, peuvent être chauffés avec toute sorte de combustibles. Leur forme gracieuse permet en outre de les placer dans quelque endroit que ce soit, même dans les pièces où il n'y a pas de cheminées, et dans lesquelles ils peuvent remplacer un meuble élégant.

Le dépôt est établi rue Neuve-des-Petits-Champs, n. 93. Messieurs les amateurs sont invités à ne pas confondre cet établissement avec celui du n. 95, exploité par le propriétaire de la maison.

N. 146. — M. BLANCHARD, coutelier, rue des Gravilliers, n. 37, fabricant d'outils de sellier et bourrelier.

Ce fabricant, qui a obtenu une médaille de bronze en 1827, a depuis cette époque amélioré encore de beaucoup toute sa fabrication; il a surtout perfectionné de la manière la plus heureuse les instrumens qui abrègent la main-d'œuvre et facilitent le travail de l'ouvrier.

A l'aide de son couteau mécanique, on fait dans un jour l'ouvrage qu'on ne ferait qu'en quatre, et cet ouvrage est mieux fait et avec moins de fatigue.

Sa griffe à roulette a les mêmes avantages ; elle donne à l'ouvrier le moins exercé la facilité de faire la couture avec une régularité parfaite.

Son couteau à parer a l'avantage de réduire en un instant le cuir le plus épais au corps le plus mince et avec une complète égalité.

Enfin le régulateur pour entailler, et divers autres outils de M. Blanchard offrent des avantages analogues. Ce fabricant, par ses nouveaux procédés et la modicité de ses prix, est parvenu à rivaliser avantageusement avec les marchandises anglaises et allemandes. Il expédie dans toute la France et à l'étranger.

N. 1582. — M. J. WERLY, à Bar-le-Duc (Meuse), breveté d'invention. — *Fabrique de corsets sans coutures.*

Les corsets Werly sont composées de balaines du haut en bas et sans aucune couture ; leur forme est gracieuse et pour ainsi dire moulée d'après nature. Les médecins ont approuvé l'usage de ces corsets avec lesquels on peut se livrer aux travaux les plus fatigans sans éprouver aucune gêne. Il est facile, sans ôter les baleines, de les laver à l'aide d'une brosse.

Les personnes peuvent commander leurs corsets par écrit, en prenant 1º la largeur de la poitrine d'une épaule à l'autre qui est indiquée par la vignette de A en B ; 2º le tour de la ceinture aux points désignés par les lettres C D ; 3º le tour du corps sur les hanches aux points marqués EF ; 4 la distance entre le dessus du

276

bras et lr ceinture marquée de A en C. M. Werly, pour empêcher toute contrefaçon, prévient que ses corsets son marqués de
son cachet.

Les prix sont de 100 fr. à 250 fr. la douzaine ; des dépôts
existent à Paris, rue   , à Rouen, à Metz, à
Nancy, à Reims et à Lyon.

N. 677. — M. WAGNER J. neveu, et attaché à la maison
Wagner, rue du Cadran, n. 50, mécanicien horloger. —
Métronome de Maelzel perfectionné.

M. Wagner J. neveu, chargé par M. Maelzel de la confection des métronomes, est parvenu à apporter à cet instrument si
utile les plus heureux changemens. On sait que le métronome
donne d'une manière positive la mesure des chaque mouvement
musical, ce qui le rend d'une utilité pratique pour toutes personnes qui se livrent à l'étude de la musique. Le difficile était d'en
réduire le prix sans nuire à la bonté de l'instrument. Voici les nouveaux prix des métronomes mis à l'exposition :

Petit, en bois d'accajou, 25 fr.

Idem, avec des divisions en ivoire, 28 fr.

Grand modèle en accajou, 30 fr., *idem* divisions, en ivoire,
34 fr.

Métronomes marquant le premier temps de la mesure, 40 fr.

Il a en outre, et conjointement avec M. Wagner, exécuté une
horloge publique, nouveau système avec compensateur et un
nouvel instrument propre à constater la force et la résistance
de toutes espèces de machines, auquel il a donné le nom de
frein.